Mauretania Gregor
Sonne, Mond und Liebe

MAURETANIA GREGOR

Sonne, Mond und Liebe

Der geheime Liebes-Code in Ihren Sternen

Allegria

Allegria ist ein Verlag der Ullstein Buchverlage GmbH
Herausgeber: Michael Görden

ISBN: 978-3-7934-2208-2

© 2011 by Ullstein Buchverlage GmbH, Berlin
Umschlaggestaltung: Geviert –
Büro für Kommunikationsdesign, München
unter Verwendung eines
Motivs von © shutterstock/Alena Root
Lektorat: Marita Böhm
Satz: Keller & Keller GbR
Gesetzt aus der Minion
Druck und Bindearbeiten:
CPI-Clausen & Bosse, Leck
Printed in Germany

Inhalt

Einleitung

»Als Löwe-Frau hätte ich doch eigentlich wunderbar zu meinem Schütze-Partner passen müssen, aber leider ging unsere Beziehung auch wieder in die Brüche. Mit welchem Sternzeichen kann ich denn nun wirklich glücklich werden?« So oder ähnlich lauten die vielen Fragen, die mir ständig zum Thema Liebe in meiner astrologischen Praxis gestellt werden.

Jeder erfahrene Astrologe weiß natürlich, dass eine Partnerschaftsanalyse sehr komplex ist und vielfältige Faktoren zu berücksichtigen sind. Die Übereinstimmung der Sternzeichen spielt dabei sogar eine untergeordnete Rolle.

In meiner langjährigen Beratungspraxis hat sich gezeigt, dass der wichtigste Schlüssel zu einer tragfähigen und harmonischen Partnerschaft der Sonne-Mond-Kontakt eines Paares ist. *Das heißt:* Der Mond im Horoskop des Mannes sollte zur Sonne (dem Sternzeichen) der Frau passen.

Warum? Um das zu verstehen, müssen Sie erst einmal wissen, was Sonne und Mond in einem Horoskop bedeuten.

Die Sonne steht für das in jedem Menschen wirkende männliche Prinzip – für Bewusstsein, Wille, Autorität, Ego.

Die Stärke der Sonne in Ihrem Horoskop entscheidet darüber, wie bewusst Sie sind und wie viel Macht Sie im Leben erlangen können – ob Sie der Regisseur Ihres Lebens werden oder ob Sie sich eher angepasst von anderen beeinflussen und bestimmen lassen.

Sie entscheidet aber auch, wie gut Sie Krisen meistern, wie sehr Sie sich Ihrer Talente und Schwächen bewusst werden, wie hoch Ihr Anspruch an das Leben ist und wie groß

Ihr Dominanzstreben, Ihr Egoismus und Ihr Eigensinn sind.

Die Position der Sonne im Horoskop der Frau (unter anderem in welchem Sternzeichen) gibt Aufschluss über ihre Beziehung zu Männern. Da der erste Kontakt zu einem Mann im Leben einer Frau meist der Vater ist, beschreibt die Sonnenposition in ihrem Horoskop also auch ihr Verhältnis zum Vater, das für ihre späteren Liebesbeziehungen prägend ist.

Hat Ihr Vater viel Zeit für Sie gehabt, Sie geliebt, unterstützt und bewundert, als Sie ein kleines Mädchen waren, haben Sie durch ihn gelernt, Männern zu vertrauen. Eine gute »Mitgift«, um später eher mit einem Partner glücklich zu werden. War der Vater abweisend, streng und für Ihre kleine Mädchenseele emotional nicht erreichbar, haben Sie später Probleme, Männern zu vertrauen, Nähe zuzulassen, und wählen (unbewusst) Partner, die Ihnen Ihr im Unterbewusstsein geprägtes negatives Männerbild durch verletzendes Verhalten bestätigen und mit denen Sie weniger glücklich werden.

Der Mond steht für das in jedem Menschen wirkende weibliche Prinzip, für das Empfangende, das Gemüt, das Unbewusste, die Gefühlswelt und Kindheit. Er spiegelt die Stimmungen und Empfindungen eines Menschen, ist die Quelle seiner Wünsche und Leidenschaften.

Die Stärke, die Position und die Aspektierung (durch andere Planeten) des Mondes in Ihrem Horoskop zeigen, wie weit Sie Ihre Liebesfähigkeit, Ihre Hingabe, Ihre Güte und Ihre Wärme entwickelt haben.

Die Position des Mondes im persönlichen Horoskop des Mannes (unter anderem in welchem Sternzeichen) beschreibt auch seine Beziehung zu Frauen, die entscheidend geprägt ist durch das Verhältnis zu seiner Mutter.

Konnte die Mutter zum Beispiel keine zärtliche Nähe zu ihrem Sohn entwickeln, musste sie viel arbeiten oder war sie gefühlsgehemmt, ist sein emotionales Vertrauen Frauen gegenüber gestört. Er kann sich später einer Frau gefühlsmäßig nicht öffnen, wird sogar abweisend, wenn sie ihm zu nahekommt, oder er sucht sich von vornherein unbewusst immer wieder eine bindungsunfähige Partnerin, die ihn enttäuscht (wie seine Mutter es tat). Je mehr sie ihn dagegen liebte, desto größer ist die Chance, dass er später eine Partnerin wählt, die wirklich zu ihm passt, die liebes- und bindungsfähig ist und mit der er glücklich werden kann.

Erst wenn der Mond des Mannes einen günstigen Aspekt zur Sonne der Frau bildet, hat ein Paar die Chance auf eine erfüllte, glückliche Partnerschaft: Denn erst dieser Aspekt ermöglicht die nötige geistig-seelische Übereinstimmung eines Paares, die aus Sicht meiner astrologischen Praxis für die größte Stabilität und die größten Chancen auf eine Dauerbeziehung sorgt. Denn die Belastbarkeit, der Zusammenhalt und die tiefe Verbundenheit, die Paare durch diesen Aspekt haben, sind so groß, dass sie selbst Krisensituationen besser meistern können als andere.

Erst in dieser Konstellation glätten Sie als Frau viel eher das Gemüt Ihres Partners, sodass er zu mehr innerer Ruhe kommt, Gefühle freier fließen lassen und sich wohlfühlen kann. Und durch den Kontakt mit ihm kommen Sie mehr zu sich selbst, werden stärker und selbstbewusster.

Stehen die Sternzeichen (also die Sonnen!) der Partner in Harmonie zueinander, ist eher eine kameradschaftliche Beziehung gegeben, aber keine Liebesbeziehung. Denn da die Sonnen (die Sternzeichen) männlich sind, findet keine männlich-weibliche Ergänzung statt.

Steht aber der Mond des Mannes in einem harmonischen Aspekt zur Sonne der Frau, fühlen sich beide seelisch stark zueinander hingezogen (es sei denn, es gibt andere ungünstige Planeteneinflüsse, die seinen Mond oder ihre Sonne beeinträchtigen). Jeder spürt dann in einer Beziehung, bewusst oder unbewusst, dass er im Nahsein mit dem anderen lernt, die noch unausgebildeten Seiten seines Wesens, die der andere ihm vorlebt, zu entwickeln.

Also: Ihre Liebe zu einem Partner hängt auch damit zusammen, dass es für Ihr seelisches Wachstum als Frau wichtig ist, durch ihn Ihren eigenen männlichen Seelenanteil zu stärken.

Lieben Sie einen Mann mehr als alle anderen, bedeutet das auch, dass Sie bei der Entfaltung Ihrer männlichen Wesenszüge von ihm geführt werden wollen. Nicht um so zu werden wie er, sondern um in der inneren Auseinandersetzung mit ihm Ihren männlichen und Ihren weiblichen Anteil – den jeder Mensch unabhängig vom Geschlecht in sich trägt – in ein ausgewogenes Gleichgewicht zu bringen.

Dasselbe gilt für Ihren Partner, der, wenn er Sie wahrhaft liebt, in der Entwicklung seiner Weiblichkeit von Ihnen geführt werden möchte.

Bei jeder großen Liebe ist der Partner das Leitbild des anderen. Jeder erkennt im anderen sich selbst, seinen eigenen, noch verborgenen unbewussten Seelenanteil. Deshalb ist es so wichtig, dass Sie sich einen Partner wählen, mit dem Sie die Beziehung so gestalten können, dass Sie ihn aus vollem Herzen bejahen, denn Sie bejahen und fördern damit auch sich selbst.

Zuerst müssen Sie jetzt herausfinden, in welchem Sternzeichen sein (beziehungsweise Ihr) Mond steht. Dazu brauchen Sie das Geburtsdatum (Uhrzeit nicht unbedingt) und die drei folgenden Tabellen auf den nächsten Seiten.

Haben Sie die Zeichenposition seines (Ihres) Mondes errechnet, können Sie unter den zwölf Mond-Texten erfahren, welchen Einfluss sein Mond (durch die Prägungen in seiner Kindheit, die Mutter) auf das Leben und die Liebes-beziehung Ihres Partners hat. Natürlich gibt die Mondpo-sition auch wichtige Aufschlüsse über Sie selbst.

Je stärker der Mond im persönlichen Horoskop gestellt ist, umso deutlicher treten die in den Mond-Texten be-schriebenen Eigenschaften hervor.

Entscheidend für das Liebesglück mit Ihrem jeweiligen Partner (oder Ihrem Ex, Ihrem Schwarm …) ist allerdings die Verbindung zwischen seinem Mond und Ihrer Sonne, und diese Liebesgeheimnisse lüften die Texte, in denen Ihre Sonne (= Sternzeichen) mit allen zwölf möglichen Män-ner-Monden kombiniert ist.

Ganz leicht: Drei Zahlen führen Sie zu seinem (Ihrem) Mond – so geht's!

Schritt 1: Ermitteln Sie seine Mondzahl!

Dafür brauchen Sie die Tabelle A. Suchen Sie in der linken senkrechten Spalte der Jahreszahlen sein Geburtsjahr he-raus, dann aus der dazugehörigen waagerechten Spalte sei-nen Geburtsmonat.

Im Schnitt von Jahreszahl und Geburtsmonat steht seine Monatszahl, die Sie am besten gleich aufschreiben. Bei-spiel: Ist er 1947 im Juni geboren, ist die Mondzahl 225.

Tabelle A: In welchem Monat und Jahr ist er geboren? Ermitteln Sie seine Monatszahl!

von 1920 - 1969

Jahreszahl	Jan	Feb	Mär	Apr	Mai	Jun	Jul	Aug	Sep	Okt	Nov	Dez
1920	40	93	117	169	204	249	281	327	15	52	100	144
1921	195	242	250	294	326	11	45	96	150	188	238	273
1922	317	1	10	56	92	144	183	236	285	319	3	35
1923	81	130	138	191	230	282	317	2	46	78	125	160
1924	212	265	290	340	14	59	92	138	186	224	278	316
1925	6	52	60	104	135	181	216	267	321	359	49	83
1926	127	171	181	228	264	316	356	48	96	129	173	205
1927	251	301	308	2	41	92	127	172	216	249	295	332
1928	24	77	101	151	185	229	262	308	357	36	89	127
1929	177	222	229	273	305	351	26	78	132	170	219	253
Jahreszahl	Jan	Feb	Mär	Apr	Mai	Jun	Jul	Aug	Sep	Okt	Nov	Dez
1930	297	342	351	39	75	129	168	219	266	299	343	15
1931	61	111	119	173	211	262	297	342	26	59	107	144
1932	196	249	274	322	355	39	72	119	168	207	261	298
1933	347	31	39	83	115	162	197	250	304	341	30	63
1934	108	153	162	210	247	301	339	30	77	109	152	185
1935	231	282	290	344	22	73	107	152	196	230	278	315
1936	9	61	85	132	165	209	242	289	339	18	72	108
1937	156	201	209	253	285	333	9	62	115	153	201	234
1938	278	323	332	21	59	112	150	201	246	278	322	354
1939	41	93	101	155	193	244	277	322	7	41	90	128
Jahreszahl	Jan	Feb	Mär	Apr	Mai	Jun	Jul	Aug	Sep	Okt	Nov	Dez
1940	181	233	256	303	336	19	52	99	150	189	242	278
1941	326	10	19	62	96	144	181	234	287	324	11	44
1942	88	134	143	191	230	284	321	11	56	88	132	164
1943	212	264	273	327	5	54	88	133	177	212	262	300
1944	353	45	67	113	145	189	222	269	321	359	53	89
1945	136	180	189	233	267	315	353	47	99	135	181	214
1946	258	305	313	2	41	94	132	181	226	258	301	335
1947	23	75	85	139	177	225	258	303	348	23	73	112
1948	165	216	238	283	315	359	32	79	132	171	223	259
1949	306	350	359	43	78	127	166	219	271	306	352	24
Jahreszahl	Jan	Feb	Mär	Apr	Mai	Jun	Jul	Aug	Sep	Okt	Nov	Dez
1950	68	115	123	173	211	265	302	351	35	67	112	146
1951	195	247	258	311	348	35	69	113	159	194	245	284
1952	336	27	48	93	124	168	202	250	303	341	33	70
1953	116	160	169	214	249	299	338	31	83	117	162	194
1954	238	285	293	344	22	76	117	160	205	237	282	317
1955	6	59	70	123	160	206	239	283	329	4	56	95
1956	147	197	218	262	294	338	12	61	114	153	205	240
1957	286	330	339	25	60	111	150	203	253	287	332	4
1958	48	95	103	155	193	246	283	331	15	47	93	128
1959	179	232	243	295	331	16	49	93	140	175	227	266
Jahreszahl	Jan	Feb	Mär	Apr	Mai	Jun	Jul	Aug	Sep	Okt	Nov	Dez
1960	318	7	27	72	104	148	183	232	286	325	16	51
1961	96	141	149	195	231	283	322	14	64	98	142	173
1962	218	265	274	326	4	57	94	140	185	218	264	300
1963	351	44	55	106	141	186	219	263	309	345	38	77
1964	128	177	197	242	274	319	354	44	98	136	187	222
1965	267	311	320	6	41	94	133	185	234	267	311	343
1966	28	76	85	137	176	228	265	311	355	28	75	111
1967	163	216	227	277	312	357	28	73	120	156	209	247
1968	298	347	7	51	84	130	165	216	270	309	358	32
1969	77	121	130	176	212	265	304	356	44	77	121	152

von 1970 - 2019

Jahreszahl	Jan	Feb	Mär	Apr	Mai	Jun	Jul	Aug	Sep	Okt	Nov	Dez
1970	198	246	256	309	348	40	75	121	166	199	246	283
1971	335	28	38	88	122	166	198	242	290	326	20	58
1972	109	157	177	222	254	301	337	29	82	121	169	203
1973	247	291	300	346	23	76	115	166	214	247	290	322
1974	9	58	68	121	160	211	246	291	336	9	57	94
1975	147	200	209	259	292	336	7	52	100	137	191	229
1976	280	327	347	32	65	112	148	201	254	292	340	13
1977	57	102	109	157	193	247	286	337	24	56	100	133
1978	179	229	240	293	332	22	57	102	146	180	228	266
1979	319	11	19	69	101	145	177	222	271	309	2	40
Jahreszahl	Jan	Feb	Mär	Apr	Mai	Jun	Jul	Aug	Sep	Okt	Nov	Dez
1980	91	137	158	202	235	283	320	13	66	104	150	183
1981	227	272	279	327	4	58	96	147	194	226	270	303
1982	351	41	52	91	144	194	227	272	316	350	39	77
1983	130	182	190	239	271	315	347	33	82	120	174	212
1984	261	307	328	12	46	94	132	186	238	274	321	353
1985	36	81	89	137	175	229	267	317	4	36	80	114
1986	163	214	225	278	316	4	38	82	126	160	209	247
1987	301	352	360	48	81	125	157	204	254	292	346	24
1988	72	117	138	183	216	265	304	357	49	85	131	162
1989	206	251	260	308	346	40	78	128	174	206	251	285
Jahreszahl	Jan	Feb	Mär	Apr	Mai	Jun	Jul	Aug	Sep	Okt	Nov	Dez
1990	334	26	37	90	127	175	207	251	296	330	20	58
1991	112	162	170	218	251	295	328	15	66	105	158	195
1992	243	288	308	353	27	76	115	168	220	255	300	332
1993	16	61	70	119	158	212	250	298	344	17	62	96
1994	146	199	209	261	298	345	18	61	106	140	191	229
1995	282	333	341	28	61	105	138	187	238	277	330	7
1996	53	98	118	163	197	247	286	340	30	65	110	142
1997	185	232	241	291	330	23	61	109	154	187	232	267
1998	318	11	20	73	109	155	187	231	276	310	1	40
1999	93	143	152	198	231	275	309	358	50	90	142	178
Jahreszahl	Jan	Feb	Mär	Apr	Mai	Jun	Jul	Aug	Sep	Okt	Nov	Dez
2000	224	268	288	332	7	58	96	150	201	235	279	311
2001	355	43	52	103	142	195	233	280	324	357	43	78
2002	129	183	192	243	279	325	357	40	86	121	173	211
2003	264	314	323	8	41	86	120	170	223	262	313	349
2004	33	77	96	142	177	228	266	320	10	44	88	120
2005	165	212	222	275	314	7	43	90	134	167	212	247
2006	299	353	1	53	88	134	166	209	255	291	342	21
2007	74	123	132	178	211	256	290	341	34	73	123	158
2008	203	246	266	312	347	38	78	131	180	214	258	290
2009	335	24	34	87	127	178	214	260	304	336	22	58
Jahreszahl	Jan	Feb	Mär	Apr	Mai	Jun	Jul	Aug	Sep	Okt	Nov	Dez
2010	110	164	172	224	258	303	335	20	66	102	154	194
2011	245	294	303	349	21	66	101	152	206	244	294	328
2012	13	56	76	122	157	210	249	301	351	24	68	100
2013	147	196	206	260	299	350	25	70	114	146	193	228
2014	281	335	343	34	68	113	145	190	237	274	327	6
2015	57	104	114	159	191	236	272	323	17	55	104	138
2016	182	225	246	293	329	21	60	112	161	194	238	271
2017	318	6	18	72	111	161	195	240	284	316	3	39
2018	92	145	153	204	238	283	315	1	49	87	139	178
2019	228	275	284	329	1	47	82	134	188	226	275	308

Schritt 2: Ermitteln Sie seine Tageszahl!

Seine Tageszahl bekommen Sie ganz einfach mithilfe der Tabelle B heraus. In der linken Spalte der Tabelle finden Sie seinen Geburtstag und in der rechten Spalte direkt daneben seine Tageszahl. *Beispiel:* Hat er also an einem 22. im Monat Geburtstag, ist die Tageszahl 282!

Tabelle B: An welchem Tag hat er Geburtstag?

Geburtstag	Tageszahl
1.	0
2.	13
3.	27
4.	40
5.	54
6.	67
7.	81
8.	94
9.	107
10.	121
11.	134
12.	148
13.	161
14.	175
15.	188
16.	202
17.	215
18.	228
19.	242
20.	255
21.	269
22.	282
23.	296
24.	309
25.	322
26.	336
27.	349
28.	3
29.	16
30.	30
31.	43

Schritt 3: Zahlen addieren = Geburtszahl!

Zählen Sie jetzt Mond- und Tageszahl zusammen, um seine
Geburtszahl zu erhalten.

Beispiel: 225 + 282 = 507. Die Geburtszahl ist 507. Ist
diese Geburtszahl größer als 360, ziehen Sie die 360 davon
ab. In unserem Beispiel bedeutet das also: 507 – 360 = 147.
Das heißt: Die Geburtszahl schrumpft auf 147.

Ist die Geburtszahl kleiner als 360, wird sie unverändert
für den folgenden Schritt übernommen, den Sie machen
können, wenn Sie seine genaue Geburtszeit kennen. Damit
ist es möglich, die Geburtszeit noch zu präzisieren, das
Ergebnis wird genauer (unbedingt nötig ist Schritt 4 aber
nicht).

Schritt 4 (wenn gewünscht):
Geburtszeit berücksichtigen!

Ist er im ersten Tagesviertel, also zwischen Mitternacht und
6 Uhr morgens, geboren, ziehen Sie von der in Schritt 3 er-
errechneten Geburtszahl 6 ab.

Ist er im zweiten Tagesviertel, zwischen 6 und 12 Uhr
mittags, geboren, ziehen Sie von der Geburtszahl 3 ab.

Ist er im dritten Tagesviertel, zwischen 12 Uhr mittags
und 18 Uhr geboren, addieren Sie 3 zur Geburtszahl.

Ist er im vierten Tagesviertel, zwischen 18 und 24 Uhr,
geboren, zählen Sie zur Geburtszahl 6 hinzu.

Schritt 5: Seinen Mond bestimmen!

In Tabelle C suchen Sie jetzt in der linken Spalte heraus,
zwischen welchen Zahlen seine Geburtszahl liegt. In der
rechten Spalte steht nun das gesuchte Sternzeichen, in dem
sein Mond steht. Sind dort zwei Sternzeichen angegeben,

steht sein Mond in einem astrologischen Grenzbereich. Mithilfe der beiden zur Auswahl stehenden Mond-Texte finden Sie heraus, welches der beiden Zeichen besser zu Ihnen passt.

Tabelle C: Mondposition

Seine Geburtszahl liegt zwischen	Sein Mond steht im Sternzeichen
6 - 24	Widder
25 - 34	Widder - Stier
35 - 54	Stier
55 - 64	Stier - Zwillinge
65 - 84	Zwillinge
85 - 94	Zwillinge - Krebs
95 - 114	Krebs
115 - 124	Krebs - Löwe
125 - 144	Löwe
145 - 154	Löwe - Jungfrau
155 - 174	Jungfrau
175 - 184	Jungfrau - Waage
185 - 204	Waage
205 - 214	Waage - Skorpion
215 - 234	Skorpion
235 - 244	Skorpion - Schütze
245 - 264	Schütze
265 - 274	Schütze - Steinbock
275 - 294	Steinbock
295 - 304	Steinbock - Wassermann
305 - 324	Wassermann
325 - 334	Wassermann - Fische
335 - 354	Fische
355 - 5	Fische - Widder

Mond im Widder

Astrologische Entsprechungen

Der *Widder* ist männlich und das erste von drei Feuerzeichen im Tierkreis. Der Herrscher des Widders ist der spontane, leidenschaftliche, aber auch kämpferische, aggressive Mars. Steht der Mond im Mars-Zeichen Widder, bedeutet das eine indirekte Mond-Mars-Verbindung. Das sensible, einfühlsame Mondprinzip und das feurige, leicht aufbrausende Mars-Prinzip sind nicht so leicht vereinbar.

Kurzdeutung in Stichworten

Leicht erregt und reizbar, mutige Kämpfernatur, spontanes Handeln aus dem Affekt heraus, schnelle, oft voreilige Entscheidungen, Offenheit, Naivität, Übereifer, Anpassungsschwierigkeiten, reagiert allergisch auf Kritik, möchte Liebe und Leidenschaft, aber gleichzeitig emotionale Unabhängigkeit.

Immer Kämpfe – schon als Kind

Sie sind temperamentvoll, kontaktfreudig und spontan, haben aber trotzdem oft das Gefühl, ein Außenseiter zu sein, der nirgends richtig dazugehört. Sehr egozentrisch und eigenwillig, fällt es Ihnen schwer, sich in andere einzufühlen, sich anzupassen oder unterzuordnen. Diplomatie ist nicht Ihre Stärke. Sie reden nicht lange um den heißen Brei herum, vertreten mutig Ihre Meinung, sagen auch gegen Widerstände, was Sie denken, egal ob es Ihnen Nachteile bringt (Fettnäpfchen-Gefahr!).

Unbestechlich und oft etwas verbohrt, verlassen Sie sich letztlich nur auf sich selbst. Dabei übersehen Sie, dass jeder Mensch gelegentlich die Hilfe anderer braucht, und haben unbewusst (oder bewusst) Angst, jemandem etwas schuldig zu sein oder sogar abhängig von ihm zu werden. Egal, was geschieht, Ihre optimistische Lebenseinstellung lassen Sie sich nicht nehmen.

Beispielhaft sind Ihr Mut und Ihre Zivilcourage! Solange Sie noch kämpfen können, ist für Sie eine Sache nicht verloren.

Schon Ihre lebendige und vitale Körpersprache sowie Ihr rasches Reaktionsvermögen signalisieren ein ständiges Auf-der-Hut-Sein. Hat jemand Sie verletzt, sind Sie nicht lange erzürnt oder nachtragend, vielmehr verzeihen und vergessen Sie schnell.

Da Sie früh Verantwortung tragen mussten, sind Sie meist charakterstark, stolz und durchsetzungsfähig, schwimmen mutig auch mal gegen den Strom und gehen meist gestärkt aus Krisen hervor. Tapfer und fair fordern Sie von anderen nur, was Sie selbst auch leisten. Gibt es in Ihrem persönlichen Horoskop keine extrem widersprüchlichen Konstellationen, werden Sie niemals auf Kosten anderer leben.

Ihr Problem: extremer Unabhängigkeitsdrang und Eigensinn. Deshalb wehren Sie sich auch energisch gegen jegliche Art der Einmischung in Ihr Leben.

Liebe und Partnerschaft

Obwohl Sie schnell entflammbar sind und eine erfüllte Liebesbeziehung Ihr größter Wunsch ist, verhindern Sie mit Ihrem Eigensinn und Ihrer Egozentrik oft tiefe dauerhafte Bindungen. Unbewusst haben Sie Angst, sich einem Liebespartner gefühlsmäßig auszuliefern und verletzt zu werden.

Aus Angst, enttäuscht zu werden, reagieren Sie schnell

verunsichert und aggressiv, sind andererseits auch schnell Feuer und Flamme und können sich mit rasantem Tempo in eine Beziehung stürzen. *Ihr Problem:* emotionale Nähe mit allen Konsequenzen dauerhaft aufrechtzuerhalten.

Problematisch wird's, wenn Sie den Partner feurig und überschwänglich bedrängen, Riesenansprüche an ihn stellen oder allzu besitzergreifend werden. Dabei können Sie gar nicht begreifen, dass Sie mit Ihrem Verhalten Ihre Partnerschaft belasten oder gar zerstören. Warum Sie das tun? Weil Ihr Unterbewusstsein Sie treibt, Sie hin- und hergerissen sind zwischen Ihrer Sehnsucht nach Liebe und der Erhaltung Ihrer inneren Unabhängigkeit. Viele leben deshalb nach häufigem Scheitern ohne die »bedrohliche« Seelennähe zu einem Partner, sind eher freundschaftlich mit ihm verbunden. Einige überwinden diese Problematik durch ausgleichende andere Horoskopelemente.

Dem Widder-Mond-Geborenen fällt es schwer, sich seine eigene Beziehungsschwäche einzugestehen, zumal sie seiner Sehnsucht nach partnerschaftlicher Ergänzung widerspricht, seiner Egozentrik und dem Bedürfnis nach Unabhängigkeit aber entgegenkommt.

Ein weiterer Grund für Ihr extrem widersprüchliches Verhalten, das für jeden Partner eine Herausforderung ist: Meistens mussten Sie in jungen Jahren, zumindest zeitweilig, Ihrer schutzbedürftigen Mutter zur Seite stehen und viel zu früh gemeinsam mit ihr gegen enorme Widerstände kämpfen. Einerseits waren Sie zwar ungeheuer stolz, für Ihre Mutter so wichtig zu sein, aber andererseits auch maßlos überfordert. Diese enorme Belastung war für Ihre kindliche Psyche eine Zerreißprobe. Der permanente Druck auf Ihre Seele und die ständige Überanstrengung führten immer wieder in eine Art »Ohnmacht«, die irgendwann in Aggressivität umschlug und damit Ihre explosive Gemütslage schuf. Auf diese Weise hat sich Ihre männliche Seite, das Aktive und Kämpferische, überbetont entwickelt. Noch heute reagieren Sie schnell gereizt und angriffslustig – besonders auf Kritik. Schon bei kleinsten Gelegenheiten fühlen Sie sich angegriffen, was leicht Konflikte, auch mit dem Partner, heraufbeschwört. Andererseits sind Sie sehr gutgläubig, etwas naiv und schnell versöhnt, können Ihrem Schatz nicht lange böse sein, besonders wenn er Reue zeigt und sich aufrichtig entschuldigt. Gerade deshalb gibt es auch viele, die Ihre Gutgläubigkeit ausnutzen und Sie betrügen, was wiederum Ihr Misstrauen stärkt.

Unterschwellige Ängste aus der Kindheit können Sie auch sexuell blockieren. Viele können sich einem Partner gegenüber nicht unbeschwert in Gefühle fallen lassen, sich ihm ganz hingeben. Wichtig: Sie müssen lernen, über Ihren Schatten zu springen, Misstrauen zu überwinden, auch mal Rat und Hilfe anderer anzunehmen, um konfliktfreier zu leben und glücklicher zu werden. *Ihr Zauberwort:* Vertrauen lernen!

Wichtige Tipps für den Umgang mit einem Widder-Mond-Partner

Verzichten Sie möglichst ganz auf Kritik, loben Sie seine Schwächen lieber weg, indem Sie seine Stärken immer wieder »bejubeln«!

Gestehen Sie ihm Freiräume zu, aber bestehen Sie auch auf eigene und nutzen Sie diese auch wirklich. *Grund:* Er achtet Sie mehr, und Sie bleiben letztlich anziehender für ihn, wenn Sie Ihre Individualität nicht unterdrücken, sich nicht zu sehr anpassen.

Bleiben Sie spannend und erotisch für ihn, bewahren Sie sich ein paar Geheimnisse und halten Sie einen gewissen Abstand, damit er immer wieder einen Ansporn und Lust hat, den zu überwinden und Sie neu zu erobern.

Mond im Stier

Astrologische Entsprechungen

Der *Stier* ist das zweite Zeichen des Tierkreises und das erste der drei Erdzeichen. Herrscherin des Stiers ist die sinnliche und künstlerische Venus. Die Energie des Mondes kann sich im Stier sehr gut entfalten (indirekte Mond-Venus-Verbindung). Darum heißt es in der Astrologie, dass der Mond im festen Zeichen Stier in der Erhöhung steht.

Deutung in Stichworten

Sinnlicher Genussmensch, kleiner (oder großer) Stur- und Dickkopf, materialistisch, bodenständig, naturverbunden, beharrlich, künstlerisch begabt (Musik!), egozentrisch, Sammlernaturell, besitzergreifend, kontrollierend, eifersüchtig.

Sinnlichkeit und Sicherheit

Sie sind mehr als andere ein Gruppenmensch, der stark von der Anerkennung seines sozialen Umfeldes abhängig ist, Schutz und Geborgenheit in Gemeinschaften (Vereinen oder Interessengruppen) sucht.

Um nicht abgelehnt oder ausgeschlossen zu werden, bemühen Sie sich, zumindest nach außen, um Verbindlichkeit und Anpassung. In Wirklichkeit können selbst Krisen, Enttäuschungen, Niederlagen oder Misserfolge aufgrund Ihrer inneren Festigkeit Sie kaum dazu bewegen, Ihr Verhalten nachhaltig zu ändern. Eher passen Sie Ihre Meinungen und Lebensphilosophien Ihrem Verhalten an.

Manchmal können Sie Freunde, Partner, Kollegen oder Familienangehörige mit Ihrer Unflexibilität und Sturheit zur Verzweiflung bringen.

Sie brauchen ein geregeltes Leben mit überschaubaren Abläufen, hängen an Ihrer gewohnten Umgebung und streben nach materieller Sicherheit, brauchen immer eine, zumindest kleine, Geldreserve. Und müssen Sie die irgendwann »angreifen«, kann das Phantom »Angst vor Hunger und Not« Sie regelrecht in Panik versetzen, selbst wenn Sie grundsätzlich finanziell abgesichert sind und keinen Grund zur Sorge haben.

Von Natur aus eher bequem, brauchen Sie häufiger Anstöße von außen, um aktiv zu werden. Ihre Ziele verfolgen Sie dann allerdings geduldig und beharrlich.

Sie halten lange am Altbewährten fest, auch wenn sich Ihnen tolle neue Möglichkeiten bieten. Ihr feines Gespür für Zeitströmungen und Trends lässt Sie oft zum richtigen Augenblick am richtigen Ort die richtige Entscheidung treffen. Folge: Erfolg, meist sogar eine beachtliche Karriere!

Indem Sie Ihr ausgeprägtes künstlerisches Talent entfalten (singen, musizieren, malen, töpfern), glätten Sie Ihre Seele und lösen innere Spannungen.

Sie haben einen starken Bezug zur Natur, zur Erde, zu Holz und anderen Naturstoffen.

Ist Ihr Stier-Mond nicht durch andere, kritische astrologische Einflüsse im persönlichen Horoskop »verletzt«, schätzt man Sie wegen Ihres freundlichen, warmherzigen Wesens. Sie strahlen Ruhe und Friedfertigkeit aus, lassen auch anderen Raum, sich zu entfalten.

Als gemütlicher Genussmensch vermeiden Sie unnötige Anstrengungen, können aber sehr aktiv werden, wenn es um Ihre persönlichen Genüsse geht. Nur ungern verzichten Sie auf Ihren kleinen Luxus, bewirten Ihre Gäste liebevoll und großzügig.

Auch in Krisensituationen bewahren Sie Bodenhaftung und erweisen sich als wahrer Lebenskünstler. *Ihr größtes Problem:* Es kostet Sie enorme Überwindung, freiwillig Opfer zu bringen, auf Bequemlichkeiten zu verzichten oder gar einen finanziellen Verlust hinzunehmen.

Erst wenn Sie sich von der Fessel der Materie befreien, einseitiges Streben nach rein materiellem Besitz lockern und sich bewusst werden, dass geistige Werte im Leben viel höher einzuschätzen sind, können Sie richtig glücklich werden.

Liebe und Partnerschaft

In der Liebe sehnen Sie sich nach einem zuverlässigen, treuen Partner, den Sie fest an sich binden möchten und extrem eifersüchtig bewachen. Süchtig nach Zärtlichkeit und Hautkontakt, sind Sie leicht verführbar und auch im Eros extrem sinnlich und lustbetont. Bei der Wahl Ihres Lebenspartners achten Sie (besonders weibliche »Stier-Mond-Geborene«) nicht nur auf äußere Attraktivität, sondern mehr auf Treue, Beständigkeit und materielle Vorteile.

Ihr größtes Problem innerhalb einer Beziehung: Sie betrachten den Partner als persönlichen Besitz (wie Ihr Haus und Ihr Auto), versuchen ihn zu vereinnahmen, zu kontrollieren und eventuell sogar abhängig zu machen, um ihn auf keinen Fall zu verlieren.

Männliche Stier-Mond-Geborene beanspruchen erhebliche persönliche Freiräume. In Zeiten ohne feste Beziehung neigen sie dazu, mehrgleisig zu fahren, sich nicht auf eine Partnerin allein festzulegen. Nicht nur, um sich als stolzer Jäger zu brüsten, sondern auch, um sich gar nicht erst in allzu große Verbindlichkeiten zu verstricken und die Verliebtheitsgefühle nicht durch lästige Routine und Verantwortlichkeiten aufs Spiel zu setzen. Sie wollen sexuelle

Freuden uneingeschränkt, freizügig und »ungestraft« genießen.

Haben Sie sich aber erst einmal auf einen Partner festgelegt, verzeihen Sie ihm nie einen Seitensprung. Bleiben Sie trotzdem bei ihm, ist das Vertrauen derart erschüttert, dass Sie sich ihm, aus Angst vor erneuter Verletzung, einfach nicht mehr unbefangen und entfesselt hingeben können.

Dennoch sind Sie ängstlich bestrebt, den äußeren Schein zu wahren, wollen Ihr Ansehen, Ihren Besitz sowie Ihre materielle Sicherheit auf keinen Fall verlieren.

Mit Ihrem Stier-Mond sind Sie, vorausgesetzt, er wird nicht durch kritische Aspekte in Ihrem persönlichen Horoskop beeinträchtigt, meist länger fruchtbar als andere.

Wichtige Tipps für den Umgang mit einem Stier-Mond-Partner

Ihr Stier-Mond-Partner liebt Streicheleinheiten, Hautkontakt und Massagen. Eine seiner körperlichen Schwachstellen ist der Hals- und Nackenbereich. Da leidet er meist besonders unter Verspannungen. Mit einer Rücken- und Nackenmassage entspannen Sie nicht nur seinen Körper, sondern glätten auch seine Seele, besänftigen sein Gemüt. Massieren Sie ihn öfter – er könnte süchtig danach werden, Ihnen ewig dankbar und verbunden …

Ein Picknick mit seinen Lieblingsspeisen im lichtgrünen, sonnendurchfluteten Laubwald ist eine gelungene Überraschung für ihn. *Steigerung:* Lassen Sie seine besten Freunde etwas später nachkommen. Ein gutes Tröpfchen in fröhlicher Gemeinschaft, etwas Gitarrenmusik und Sie machen ihn glücklich.

Kleine Geschenke (zum Beispiel für seine Sammlung) freuen ihn riesig. *Effekt:* Egal was war, er kann Ihnen nicht mehr böse sein.

Versprechen und Vereinbarungen unbedingt einhalten! Er baut und fixiert sich darauf, kann nur schlecht umdenken, sich schwer auf Veränderungen einstellen.

Versuchen Sie gar nicht erst, ihn von etwas abzubringen, was er sich in den Kopf gesetzt hat. Sie würden auf Granit stoßen, seine Härte und Unbeugsamkeit provozieren.

Mond in den Zwillingen

Astrologische Entsprechungen

Die *Zwillinge* sind das dritte Zeichen im Tierkreis. Herrscher der Zwillinge ist der Kommunikationsplanet Merkur. Steht der Mond in den Zwillingen, ergibt sich eine indirekte Mond-Merkur-Verbindung. Die Zwillinge sind männlich und ein humorvolles, aber innerlich distanziertes Luftzeichen.

Deutung in Stichworten

Kontaktfreudig, hochgetourtes Nervensystem, redegewandt, kreativ, flexibel, unterhaltsam, humorvoll, »unruhiger Geist«, Sprachtalent, schnelle Auffassungsgabe, emotionale Distanz, gefühlsmäßig unberührbar, intelligent, nervös, unberechenbar.

Auf der Flucht vor Gefühlen

Charmant, neugierig und humorvoll, sind Sie meist überall sehr beliebt. Ihre Kommunikations- und Begeisterungsfähigkeit reißt andere mit. Ihre spontanen Einfälle überraschen, inspirieren und beflügeln, können manche aber auch irritieren. *Denn:* Unruhig und flexibel wie kein anderer, können Sie Ihre Meinungen schnell ändern. Während jemand sich gerade auf Ihre Pläne eingestellt hat, haben Sie schon wieder ganz neue Ideen und Absichten, sind immer offen für neue Begegnungen und Lebensreize.

Unruhig und neugierig, haben Sie einen unstillbaren Wissenshunger und können Ihrer Umgebung Löcher in den Bauch fragen! Weniger am Hintergründigen interessiert, faszinieren Sie die Sensationsmeldungen aus den TV-News ebenso wie der neueste Büroklatsch.

Schon in der Schule waren Sie oft das zappelige Kind, sehr einfallsreich und intelligent, aber auch leicht ablenkbar und unkonzentriert. Noch heute haben Sie ein hochgetourtes Nervensystem, interessieren sich zwar für alles und jeden, haben aber nicht die Geduld, sich diszipliniert in Kompliziertes (Dinge oder Menschen) hineinzuknien. Sie fangen vieles an, bringen es aber nicht immer zu Ende. Das wirkt sich auch auf persönliche Beziehungen aus. Kontakte, sogar Freundschaften, bleiben meist irgendwie unverbindlich, immer einen Hauch distanziert und kühl.

Woran liegt das, wovor haben Sie Angst, wovor sind Sie auf der Flucht? In den meisten Fällen hatten die Eltern früher zu wenig Zeit, waren nicht fähig, eine wirklich innige emotionale Bindung zu ihrem Zwillinge-Mond-Kind aufzubauen. Viele Bedürfnisse wurden nicht erfüllt, Vertrauen und Gefühle tief enttäuscht. Diese Mängel haben Ihr Selbstvertrauen erheblich geschwächt. Und so haben Sie sich im Laufe Ihres Lebens antrainiert, vernunftbetont zu handeln, cool und sachlich zu argumentieren und Ihre emotionale Seite zu unterdrücken.

Durch die gefühlsmäßige Distanz zu den Eltern haben Sie den Kontakt zu den eigenen Gefühlen nicht herstellen können. *Folge:* häufige Selbstzweifel und unbewusste Schuldgefühle, mit denen Sie sich selbst unter Druck setzen. Sie leiden darunter, Ihren eigenen Ansprüchen nicht zu genügen.

Durch häufigen starken Redeschwall lenken Sie sich unbewusst oft von Ihren eigenen Empfindungen ab. Echten Auseinandersetzungen, offenen und intimen Gesprächen weichen Sie meist aus, besonders wenn jemand Ihre Gefühle berührt.

Vielfältige Interessen, extreme Arbeit oder immer neue Umweltreize und Ablenkungen können Sie auf Dauer nicht daran hindern, sich Ihrer emotionalen Isolation bewusst zu werden.[1]

Liebe und Partnerschaft

Wie von den Eltern gelernt, wahren Sie auch in persönlichen Beziehungen, sogar in einer Liebesbeziehung, eine gewisse innere Distanz zum Partner. Die erste Zeit heißer Leidenschaft ist oft nur kurz. Ihre Beziehung kühlt rasch ab, wird dann unverbindlicher und nimmt freundschaftliche Züge an, kann sich aber gerade deshalb zu einer stabilen und tragfähigen Partnerschaft entwickeln.

Viele Beziehungen zerbrechen aber auch an zu großer emotionaler Distanz und Unberührbarkeit. Gemeinsame Interessen und Ziele können wiederum eine Brücke zwischen Ihnen und Ihrem Liebespartner schlagen und diese neue, freundschaftlichere Ebene festigen, dass auch ein echtes Glück möglich wird.

Ein weiteres Liebesproblem: Ihr Verstand, die starke intellektuelle Kontrollinstanz, kann Ihr sexuelles Empfinden und Ihre Hingabefähigkeit stark einschränken. Oft empfinden Sie Ihren Geist und Ihre Seele getrennt von Ihrem Körper, sodass Untreue weniger Bedeutung für Sie hat als für die meisten anderen. Den Seitensprung eines Partners, der Sie zwar auch verletzt, können Sie deshalb aber möglicherweise eher verzeihen als andere.

Nur wenn Sie Ihre innere Unruhe überwinden, Ihr Leben nicht ständig auf der Überholspur verbringen, mehr Zeit und echte Gefühle in Freundschaften, in die Familie und den Partner investieren, wirken Sie einer inneren Isolation, Oberflächlichkeit und Gefühlskälte entgegen und können wirklich glücklich werden.

Wichtige Tipps für den Umgang mit einem Zwillinge-Mond-Partner

Versuchen Sie nicht, ihn zu ändern, und mischen Sie sich nicht ständig in seine Angelegenheiten ein. Lassen Sie ihm die Freiheiten, die er braucht, um sich nicht eingeengt und bevormundet zu fühlen. Auf keinen Fall ständige penetrante Handyspionage und Kontrollen!

Auch wenn er viel redet, drängen Sie ihn nicht, über seine intimsten Gefühle zu sprechen (zum Beispiel »Liebst du mich wirklich?« »Was genau empfindest du für mich?«). Zu viel und zu intensive Nähe macht ihm Angst, treibt ihn in die Flucht.

Ungeduldig, wie er ist, erträgt er keine Langeweile und zieht sich schnell genervt zurück, wenn er nicht sofort bekommt, was er will: Also lassen Sie ihn nicht zu lange in der Warteschleife hängen!

Mond im Krebs

Astrologische Entsprechungen

Der *Krebs* ist das erste Wasserzeichen und das vierte Zeichen im Tierkreis. Der Herrscher des Krebses ist der Mond, der somit in dem ihm zugeordneten Zeichen steht, wo er sich gut entfalten kann. Der Krebs ist ein weibliches Zeichen.

Deutung in Stichworten

Sehr gefühlsbetont, einfühlsam, fürsorglich, familienbezogen, liebt Pflanzen (grüner Daumen!), sucht Schutz und Geborgenheit in einem gemütlichen Zuhause, braucht überdurchschnittlich viel Zuwendung und Anerkennung, starke Stimmungsschwankungen. *Scheinbarer Widerspruch*: extrem empfindlich, aber enorm leistungsstark und beharrlich, wenn es darauf ankommt.

Mimosenhaft und leidensfähig

Sie sind eine hochempfindsame, feinsinnige Seele, die sich wie keine andere nach Geborgenheit, Schutz, Zuwendung und zärtlicher Liebe sehnt. Mimosenhaft empfindlich können Ihre Stimmungen schnell und unberechenbar in Extreme umschlagen: Eben noch beseelt und glücklich, können bereits Kleinigkeiten Sie enttäuschen und zu Tode betrüben.

Nur in einer Atmosphäre von Wohlwollen und Wärme mögen Sie sich einem anderen Menschen vertrauensvoll öffnen. Widerstände und Streit machen Sie ausgesprochen

bockig, launisch und aggressiv. Sind Sie erst einmal einge-
schnappt, ist es schwer, Sie aus Ihrer Schmollecke wieder
herauszuholen. Während Sie selbst gut austeilen, Gegner
(auch »unterhalb der Gürtellinie«) zutiefst verletzen können, sind Sie selbst schon bei zartester Kritik tief beleidigt,
erwarten geradezu einen Kniefall, ehe Sie jemandem verzeihen.

Und selbst wenn Sie sich nach unzähligen Entschuldi-
gungen und aufrichtiger Wiedergutmachung zur Verge-
bung durchringen, vergessen werden Sie es nie. Noch nach
Jahren wissen Sie, wer Sie wie und wo und wann verletzte,
allerdings auch, wer Ihnen in schwierigen Lebenssituatio-
nen hilfreich zur Seite stand.

Sie neigen zwar immer mal wieder zu übertriebenem
Selbstmitleid, sind in Extremsituationen aber erstaunlich
zäh und belastbar und haben eine ausgeprägte Leidensfähigkeit.

Ihre große Sensibilität und Ihr außerordentlicher seelischer Tiefgang stärken auch Ihre künstlerischen Talente
und Neigungen, die, je nach Stärke Ihres Mondes im persönlichen Horoskop mehr oder weniger ausgelebt werden,
Ihr Gemüt glätten können.

Dieses starke Einfühlungsvermögen macht Sie auch zum
vertrauenswürdigen Berater, der andere tröstet und aufbaut, wenn sie Ihnen mal wieder ihr Herz ausschütten.

Hatten Sie eine behütete Kindheit, umsorgen Sie Partner
und Familie hingebungsvoll. Leben Sie allein, können Sie
manchmal eine Hilflosigkeit an den Tag legen, die in jedem
den Beschützerinstinkt und das Bedürfnis weckt, Ihnen
beizustehen. Hilfe nehmen Sie allerdings nur dann an,
wenn man sie Ihnen regelrecht aufdrängt, Sie geradezu an-
fleht, sie auch anzunehmen. Jede Form von Mitleid lehnen
Sie ab, da Sie es nicht ertragen, Schwächen zu zeigen.

Liebe und Partnerschaft

Eher scheu und zurückhaltend, erwarten Sie von Ihrem
Partner neben Zärtlichkeit und Wärme sein eindeutiges
Bekenntnis zu Ihnen, bevor Sie sich ihm emotional und se-
xuell ganz hingeben können. Hypersensibel registrieren Sie
genau, wie er auf Sie reagiert, was er sich einfallen lässt, um
Sie zu erfreuen, und versuchen daran abzulesen, wie viel
Sie ihm bedeuten. Vergisst er zum Beispiel den Hochzeits-
tag oder die Marke Ihres Lieblingsparfums, sind Sie tief de-
primiert und fühlen sich auch noch schuldig, weil Sie ihm
Ihre Enttäuschung nicht verbergen können.

Aus mangelndem Selbstwertgefühl können Sie extrem
misstrauisch sein. So vermuten Sie zum Beispiel, dass er hinter einem riesigen Blumenstrauß, den er Ihnen mitbringt,
oder einem großzügigen Geschenk seine Schuldgefühle
verbirgt, weil er Sie möglicherweise betrogen hat. Mit derart selbstquälerischen Fantasien machen Sie sich das Leben
oft schwer.

Trotz Ihrer Liebenswürdigkeit, Wärme und Fürsorge
sind Sie aufgrund innerer Unsicherheit und Überempfindlichkeit auch höchst kompliziert im Umgang. Einerseits
suchen Sie Nähe und Geborgenheit in einer Beziehung, andererseits stört Sie schon die kleinste Andersartigkeit des
Partners derart, dass Sie sich oft emotional in sich selbst
zurückziehen. Total auf die eigenen Gefühle fixiert, haben
ausgerechnet Sie im engen Kontakt wenig Verständnis für
die unterschiedlichen Sichtweisen, Absichten und Empfindungen des anderen, fühlen sich dadurch schnell verunsichert und irritiert.

Da Sie jede Gefühlsregung des Partners wahrnehmen,
auf sich beziehen und glauben, alle seine Bedürfnisse befriedigen zu müssen, setzen Sie sich oft derart unter Druck,
dass Sie sich gefühlsmäßig ihm gegenüber total blockieren

und die Liebe nicht mehr unbeschwert mit ihm genießen können. Orgasmusprobleme, innere Spannungen, häufige Wutausbrüche und Migräneanfälle können die Folge sein.

Trotz Ihrer Überempfindlichkeit sind Sie auch in der Liebe erstaunlich leidensfähig und belastbar. Das zeigt sich, wenn Sie selbst in einer Beziehung ausharren, in der der Partner nur noch eine Belastung für Sie ist, Sie durch ständige Untreue oder unwürdiges Verhalten demütigt und vernachlässigt. Es fällt Ihnen schwer, loszulassen. Sie leiden lieber, ehe Sie Ihr geliebtes Heim aufgeben, gesellschaftlich Ihr Gesicht verlieren, sich und anderen eingestehen müssen, dass Ihre Beziehung gescheitert ist.

Wichtige Tipps für den Umgang mit einem Krebs-Mond-Partner

Zeigen Sie ihm immer wieder, wie wichtig er für Sie ist, dass Sie ihn ernst nehmen und brauchen. Gehen Sie auf seine Bedürfnisse ein und berücksichtigen Sie seine Empfindlichkeiten, ohne sich dabei allerdings selbst zu verleugnen.

Geben Sie ihm auf keinen Fall das Gefühl, dass er Ihren Erwartungen nicht entspricht, Ihren Ansprüchen nicht genügt, damit er nicht in Melancholie und Selbstmitleid versinkt.

Rutscht er mal wieder in ein Stimmungstief, fahren Sie mit ihm ans Wasser (Meer, See, Fluss) oder machen Sie eine Bootsfahrt mit ihm. Schon ein kleiner Spaziergang am Meer kann sein Gemüt glätten, seine Stimmung heben.

Berücksichtigen Sie seine Vorlieben und vergessen Sie auf keinen Fall seinen Geburtstag. Verzichten Sie aber auf Kritik und Vorwürfe, falls er Ihren mal vergisst. Wenn Sie ihn verwöhnen, wird er sich auch fürsorglich um Sie bemühen.

Mond im Löwen

Astrologische Entsprechungen

Der *Löwe* ist das zweite Feuer- und das fünfte Zeichen im Tierkreis. Herrscher des Löwen ist die Sonne (Sternzeichen). Sie steht im Löwen in der Erhöhung. Der Löwe ist ein männliches Zeichen.

Deutung in Stichworten

Überschäumende Energie, Gefühlsegozentrik, charismatische Ausstrahlung, Eitelkeit, hohe Ansprüche, Lebens-, Liebes- und Machthunger, Mut, großzügig, selbstverliebt, strebt in den Mittelpunkt, liebt Schmeicheleien und Komplimente. Großes Bedürfnis nach Anerkennung/Bewunderung, starker Eros.

Egozentrischer Selbstdarsteller – charmant, charismatisch, eitel und mutig

Mit Ihrer Mondposition im Zeichen der Sonne, dem mächtigen, feurigen Löwen, können Sie ungeheure Energien mobilisieren, haben aber oft große Mühe, sie in die richtigen Bahnen zu lenken.

Gefahren: Kurzschlussreaktionen, unkontrollierte Leidenschaft, explosives Temperament und ein geradezu unstillbarer Lebenshunger.

Darum haben Sie auch das Bedürfnis, alles, was Sie im Leben reizt, einmal auszuprobieren, Sie sind abenteuerlustig und risikobereit. Manche liebäugeln sogar (zum Beispiel bei sportlichen Wettkämpfen) mit der Gefahr, genießen es, durch ihren Mut und außergewöhnliche Leistungen im Mittelpunkt zu stehen.

Solange Sie sich stark und überlegen fühlen und auch andere Ihr Gefühl, bedeutsam zu sein, bestätigen, sind Sie charmant und großzügig. Verletzt in Ihrer Ehre und Ihrem Stolz, reagieren Sie »gallig«, ziehen sich ohne Angabe von Gründen zurück und erwarten Reue, Entschuldigung und Wiedergutmachung.

Je nach Stärke der Mondposition in Ihrem persönlichen Horoskop strahlen Sie natürliche Autorität, Power und faszinierenden Eros aus, wollen von Freunden wie von der Gesellschaft respektiert werden.

Im Allgemeinen verstehen Sie es, Ihre Vorzüge, zum Beispiel im angesagten Styling, wirkungsvoll in Szene zu setzen, signalisieren Eros pur – sogar bis ins hohe Alter.

Eitel und körperbewusst, fällt es Ihnen allerdings schwer, sich mit dem Älterwerden abzufinden. Den ersten Falten, grauen Haaren oder Speckröllchen sagen Sie energisch den Kampf an. Viele kompensieren den Abschiedsschmerz von Jugend und sexuellem Begehrtwerden durch extremen Ehrgeiz im Beruf oder künstlerische Aktivitäten. Sie ertragen es nicht, wenn es zu still um Sie wird, wollen andere beeindrucken, sich immer wieder Anerkennung und Respekt verschaffen.

Statt im Laufe der Jahre den Schwerpunkt mehr auf innere Werte und geistige Ziele zu legen, bemühen Sie sich manchmal etwas krampfhaft, Ihre Jugendlichkeit und sexuelle Attraktivität zu erhalten, was peinlich wirken kann, wenn Sie Ihre Reize übertrieben auffällig zur Schau stellen.

Da Sie Luxus sehr lieben, freuen Sie sich besonders über kostbare Geschenke als Liebesbeweis von Ihrer/Ihrem Partner/in.

Niederlagen und Misserfolge ertragen Sie genauso wenig wie Ablehnung und Kritik. Die Ursachen liegen in Schwierigkeiten in der Kindheit, wodurch Sie eigene Fehler und Schwächen mit persönlichem Versagen und Minderwertigkeit gleichzusetzen »lernten«.

Wagt es jemand, Sie öffentlich anzugreifen oder bloßzustellen, verzeihen Sie ihm nie. Selbst berechtigte Kritik tun Sie schnell als Unfähigkeit anderer ab, Ihre wahre Größe zu erkennen.

Solange man Sie nicht infrage stellt, fühlen Sie sich stark und setzen sich rührend für Ihre Mitmenschen ein, helfen, wo Sie nur können, und sind als Gastgeber hinreißend charmant, großzügig und sehr beliebt. Wer Ihnen schmeichelt und das Gefühl von Bedeutsamkeit vermittelt, kann Sie leicht für sich einnehmen und ausnutzen.

Liebe und Partnerschaft

Immer bereit, ein Abenteuer zu wagen und Risiken einzugehen, können Sie sich zu einer schillernden Persönlichkeit entwickeln, die andere total fasziniert und in den Bann schlägt.

Ihre starke Egozentrik kann tiefe partnerschaftliche Bindungen erschweren, weil Sie ständig von sich auf den anderen schließen und sich nur schwer in andersartige, fremde Gefühlswelten hineindenken können.

Vom Liebespartner, der Ihnen helfen soll, in der Gesellschaft zu glänzen, erwarten Sie neben bedingungsloser Liebe, Bewunderung und ungeteilter Aufmerksamkeit, dass er Ihnen als Zierde und »Schmuckstück« an Ihrer Seite einen würdigen Rahmen bietet. Er möchte um Ihretwillen beneidet werden und stolz auf Sie sein können.

Schon wenn er nur mal kurz mit einer/einem anderen flirtet, reagieren Sie extrem eifersüchtig und beleidigt. Das verletzt Ihren Stolz maßlos. Außerdem fühlen Sie sich schnell vernachlässigt und können dann tief enttäuscht schnell auf erotische Schleichwege geraten, um sich Ihre Unwiderstehlichkeit neu zu bestätigen.

Da Sie es nicht ertragen, von einem Partner infrage gestellt zu werden, neigen Sie auch schon mal dazu (je nach Stärke und Selbstbewusstsein), sich auf jemanden einzulassen, der schwächer und Ihnen meist unterlegen ist. Wagt dieser es trotzdem, Sie zu kritisieren, halten Sie ihn für unfähig, Ihre Qualitäten richtig einschätzen zu können. *Folge:* Sie buttern ihn immer mehr unter und vergrößern auf seine Kosten Ihre Freiräume. Aber auch einen starken Partner versuchen Sie mit Schuldgefühlen zu manipulieren, wenn er nicht genug auf Ihre Wünsche und Bedürfnisse eingeht, Ihnen nicht immer wieder neue Liebesbeweise liefert.

Am besten passen Sie zu einem realistischen, bodenständigen und belastbaren Partner, der Sie so liebt, dass er Ihr Geltungsbedürfnis und Ihre Egozentrik höchstens ein bisschen eingrenzt, ohne Sie dabei zu beleidigen oder zu verletzen.

Wichtige Tipps für den Umgang mit einem Löwe-Mond-Partner

Vertreten Sie Ihre – auch entgegengesetzten – Standpunkte ihm gegenüber deutlich, aber stellen Sie sich in der Öffentlichkeit niemals gegen ihn. Nichts verletzt ihn so sehr wie Gesichtsverlust in seinem gesellschaftlichen Umfeld.

Achten Sie auf Ihre Optik! So, wie er selbst bewundert werden will, möchte er auch um seine Partnerin beneidet werden.

Seien Sie charmant und freundlich zu seinen Freunden, Kollegen, Angehörigen, aber wahren Sie stets die nötige Distanz zu ihnen. Intensives Interesse an einer anderen Person oder harmloses Flirten empfindet er oft schon als »Majestätsbeleidigung«. *Folge:* Seine Eifersucht, seine Kontrollen oder sogar ständige »Bewachung« könnten unerträglich für Sie werden.

Wehren Sie den Anfängen! Verwöhnen Sie Ihren Löwe-Mond-Schatz, aber übertreiben Sie es nicht! Sonst werden seine Ansprüche maßlos. Er würde ständig neue Liebesbeweise fordern und Sie irgendwann regelrecht tyrannisieren, auch, um zu sehen, wie weit er gehen und Sie beherrschen kann.

Mond in der Jungfrau

Astrologische Entsprechungen

Die *Jungfrau* ist weiblich und das sechste Zeichen sowie das zweite Erdzeichen im Tierkreis. Herrscher der Jungfrau ist der Kommunikationsplanet Merkur. Steht der Mond in der Jungfrau, ergibt sich eine indirekte Verbindung vom gefühlsbetonten Mond und intellektuellem Merkur. Kritisch, weil Gefühle aus Angst vor Verletzungen rationalisiert werden und der Zugang zu Leidenschaft und unbekümmerter Lebensfreude durch ständige Gedankenkontrolle erschwert und blockiert wird.

Deutung in Stichworten

Gebremster Schaum, realistisch, scheu, beherrscht und kontrolliert, angepasst, zuverlässig, ausgeprägtes Pflichtbewusstsein, Durchsetzungsprobleme, Schuldgefühle, ausnutzbar, fleißig, ordentlich, kritisch, misstrauisch, sparsam.

Tolle Intuition, tiefe Empfindungen

Der sensible Jungfrau-Mond macht Sie mimosenhaft empfindlich und verleiht Ihnen eine untrügliche Intuition, mit der Sie Entwicklungen geradezu vorausahnen und Ihre Mitmenschen goldrichtig einschätzen können.

Je nach Stärke des Mondes in Ihrem persönlichen Horoskop sind Sie leicht zu verunsichern und eher scheu und bescheiden. Sie fügen sich in die Gegebenheiten Ihres Lebens und versuchen, das Beste daraus zu machen, Sie können sehr praktisch, effektiv und fleißig arbeiten.

Oft wirken Sie schüchtern, manchmal sogar etwas hilflos. Indem Sie zurückhaltend und nüchtern auf Ihre Umwelt reagieren, schützen Sie sich vor Enttäuschungen.

Es fällt Ihnen schwer, sich gefühlsmäßig zu öffnen, auch
wenn (oder gerade weil) Sie so tief empfinden. Sie sind
ständig bemüht, logische Erklärungen für alles zu finden,
um über unberechenbare Emotionen die Kontrolle zu gewinnen.

Ihre Zuverlässigkeit, Geduld und Anpassungsfähigkeit
machen Sie zum beliebten Mitarbeiter, Ihr Wissen zum ge-
fragten Ratgeber. Sie wirtschaften sparsam und gönnen sich,
vorausgesetzt, widersprüchliche Konstellationen in Ihrem
persönlichen Horoskop sind nicht stärker gestellt, kaum
Luxus und Verwöhnmomente.

Liebevoll helfen Sie, wenn Sie gebraucht werden. Dabei
müssen Sie immer wieder aufpassen, nicht ausgenutzt zu
werden.

Ihr Körper (speziell der Darm!) reagiert meist höchst
empfindlich und braucht eine gesunde Ernährung und eine
extreme Hygiene. Übertriebene körperliche Askese schlägt
Ihnen allerdings aufs Gemüt. Dann ärgern Sie sich über
jede Kleinigkeit, finden ständig ein Haar in der Suppe und
nörgeln an allem herum. In solchen Fällen wird Ordnungsliebe zur Pedanterie und Sauberkeit zur Putzsucht, mit der
Sie sich und anderen das Leben schwer machen.

Richtig unbeschwert leben Sie Ihre Gefühle meist nur in
künstlerischen Aktivitäten aus (bevorzugt Töpfer- oder
Textilarbeiten, Tanz oder Musik) oder indem Sie für irgend-
welche Vorbilder schwärmen.

Sie wollen in geordneten Verhältnissen leben, nicht an-
ecken oder unangenehm auffallen, sind eher unterwürfig
als aufsässig, spielen Ihre Person niemals in den Vordergrund. Sie wollen nur Anerkennung für Ihre Leistungen,
freuen sich aber umso mehr, wenn diese durch Diplome

und Auszeichnungen gewürdigt werden. Ehe Sie den Neid anderer erregen und sich mit Ellenbogen gegen sie durchsetzen müssen, verzichten Sie lieber auf Posten und Karriere.

Nur in einem sicheren beruflichen/sozialen Umfeld fühlen Sie sich wohl, sind zuverlässig und pflichtbewusst. Einen Mangel an Mut, Kreativität und Risikobereitschaft gleichen Sie durch Disziplin, Beständigkeit, gute Sachkenntnisse und Effektivität aus.

Dank Ihrer enormen Feinfühligkeit und Intuition können Sie Entwicklungen oft voraussehen und die Absichten anderer schnell durchschauen, Sie lassen sich von niemandem etwas vormachen.

Liebe und Partnerschaft

Gebremster Schaum in persönlichen Beziehungen: Ein zuverlässiges Team und Freundschaft sind Ihnen in einer Beziehung meist wichtiger als erregende Leidenschaft, Sinnlichkeit und Vergnügen. Sie setzen in Ihrer Partnerschaft auf Stabilität, Geborgenheit und Vertrauen und widerstehen heißen Flirts und verführerischen Verlockungen eher als andere, setzen Ihre Beziehung nicht so leicht aufs Spiel.

Auch wenn der Partner meist der Stärkere in Ihrer Beziehung ist: Ihre Treue, Ihren unermüdlichen Fleiß und Ihre treffsichere Beurteilung von Menschen wie Situationen weiß er zu schätzen. Schließlich haben Sie beide erhebliche wirtschaftliche Vorteile davon.

Gefahr: Durch Ihre emotionale Gehemmtheit und mögliche Entsprechungen des Partners kann sich das gemeinsame Interesse beider zu einseitig auf die Bewältigung des Alltags beschränken. Dadurch bleiben intensive Liebesgefühle meist auf der Strecke, zumal die sowieso schon schwer genug in einer Dauerbeziehung lebendig bleiben können.

Häufige Folge: Jeder sucht sich doch irgendwann die erotische Erfüllung außerhalb der Partnerschaft.

Erst wenn Sie gelernt haben, Ihre Gefühle offener zum Ausdruck zu bringen und sich einem Liebespartner emotional auch mal bedingungslos auszuliefern, ihm offen zu zeigen, was Sie für ihn empfinden, können Sie wirklich glücklich werden.

Wichtige Tipps für den Umgang mit einem Jungfrau-Mond-Partner

Respektieren Sie seine extreme Ordnungsliebe, zumindest in seinen persönlichen Bereichen (zum Beispiel Schreibtisch, Werkstatt), und bringen Sie die kleinen Lieblingsstücke seiner Sammlung niemals durcheinander!

»Verführen« Sie ihn immer wieder mal zu Kunst- und Kulturevents, wo er mit eigenwilligen Individualisten und fantasievollen Kunstobjekten konfrontiert wird, die bürgerliche Enge und intellektuelle Normen sprengen und ihn bewusst oder unbewusst ermutigen, seine ständige Beherrschtheit und Kopfkontrolle zu lockern.

Vermeiden Sie Reibereien, indem Sie für eigene Einnahmen und ein eigenes Konto sorgen, damit Sie sich Ihre ganz persönlichen Wünsche unabhängig von seinen gelegentlich extremen Sparmaßnahmen (Geiz!) erfüllen können.

Seien Sie mutig und zeigen Sie ihm, dass man auch mal gegen den Strom schwimmen kann, damit er erkennt, dass Anpassungskünstler wie er manchmal übersehen, dass es Umstände gibt, mit denen man sich besser nicht abfinden sollte.

Mond in der Waage

Astrologische Entsprechungen

Die *Waage* ist männlich und das zweite Luft- sowie das siebte Zeichen im Tierkreis. Herrscher der Waage ist der Eros-Planet Venus. So ergibt sich für den Waage-Mond eine indirekte Verbindung vom gefühlsbetonten Mond und der sinnlich-verführerischen und kunstsinnigen Venus. Guter Einklang.

Deutung in Stichworten

Harmonie, Schönheit, Charme, Stil, Ästhetik, großer Gerechtigkeitssinn, künstlerische Begabung, Wankelmut, Entscheidungsschwierigkeiten, nervöse Unruhe, gute Beobachtungsgabe, großes Bedürfnis nach Harmonie, Unentschlossenheit, innere Distanz, Coolness.

Freundlichkeit und Anpassung, die innerlich einsam machen können

Höflich und charmant, sind Sie überall beliebt – Botschafter für Schönheit, Kultur und Stil. Zu jedem freundlich und verständnisvoll, sind Sie stets um Harmonie bemüht und ständig dabei, irgendein hitziges Gemüt zu besänftigen. Disharmonie und Streit können Sie zutiefst verunsichern, Ihre Seele geradezu erschüttern. Ihr fast zwanghaftes Bemühen um Frieden, Zuwendung und Sympathie verführt Sie gelegentlich zu extremer Anpassung. Sie schließen dann »faule« Kompromisse auf Kosten Ihrer Selbstentfaltung und inneren Freiheit.

Falls der Mond in Ihrem persönlichen Horoskop nicht durch kritische Konstellationen »verletzt« ist, verfügen Sie über außergewöhnliche Diplomatie und Kontaktfähigkeit. Sie können sich einen großen Bekanntenkreis aufbauen, obwohl Sie meist nur wenige echte langjährige Freunde haben, aber innerlich einfach zu distanziert und unverbindlich bleiben. *Aber:* Humorvoll, unterhaltsam und gesellig, wie Sie sind, sind Sie stets gern gesehener Gast auf Festen und Veranstaltungen.

Geistig sehr wendig und intelligent, haben Sie schon als Kind eine extrem scharfe Beobachtungsgabe entwickelt, um kleinste Veränderungen in der Mimik und Stimmungslage Ihrer Mitmenschen zu registrieren. Bei Missstimmung und Ärger geraten Sie schnell aus dem inneren Gleichgewicht.

Mögliche Gründe: Eine Mutter, die in extreme Pflichten eingebunden war und wenig Zeit für ihr Waage-Mond-Kind hatte, oder Spannungen in der Beziehung Ihrer Eltern waren unbewusste Belastungen für Ihre kindliche Psyche. So entwickelten Sie auch sehr früh diplomatische Strategien, mit denen Sie um die Gunst Ihrer Eltern rangen.

Folge: Ihr höfliches Auftreten und Ihre große Freundlichkeit öffnen Ihnen auch heute noch alle Türen. Dabei merken Sie allerdings gar nicht, wie Sie sich mit Ihrem höflichen, oft unverbindlichen, distanzierten Verhalten der Chance berauben, um Ihrer selbst willen, auch mit all Ihren Ecken und Kanten, geliebt zu werden. Indem Sie ständig Ihre wahren Gefühle unterdrücken, nur um nicht unangenehm aufzufallen oder Stein des Anstoßes zu sein, begeben Sie sich in eine innere Isolation, die Sie oft einsam, sogar depressiv machen kann.

Oft hin- und hergerissen und wankelmütig, haben Sie große Entscheidungsschwierigkeiten: Einerseits haben Sie tiefes Verständnis für die unterschiedlichsten Standpunkte, andererseits große Angst, jemanden vor den Kopf zu stoßen und zu verletzen.

Ihre Unentschlossenheit hängt auch mit einer gewissen nervösen Unruhe zusammen, die später, gekoppelt mit hohen Ansprüchen, dazu führen kann, dass Sie sich nur schwer für ein endgültiges Berufsziel entscheiden können.

Liebe und Partnerschaft

Erst wenn Sie tiefes Vertrauen zu einem Partner gefasst haben, können Sie Ihre Gefühle zeigen, aber nur sehr langsam und vorsichtig. Nach einer intensiven emotionalen Berührung brauchen Sie immer wieder einen gewissen Abstand. Viele scheuen allzu enge Bindungen, weil sie ihre Freiheit wie die Luft zum Atmen brauchen.

Selbst in einer langjährigen engen Beziehung wahren Sie zu Ihrem Liebespartner eine gewisse innere Distanz, bleiben für ihn immer etwas fremd und unberechenbar. Ihre Gefühle können auch völlig unberechenbar und abrupt erkalten, sodass Sie die Beziehung unerwartet abbrechen. So brauchen Sie einen sehr toleranten Partner, der unglaublich viel Verständnis für Sie aufbringt und Ihnen großzügig Freiräume zugesteht.

Er sollte ein intensives Eigenleben, eine individuelle Welt haben, in die er auch ohne Sie eintauchen kann. Symbiotische Enge ertragen Sie nicht, genießen aber immer wieder intensive »Begegnungen« mit ihm, bei denen jeder den anderen neu inspiriert und beflügelt.

Ein Problem: Um der Harmonie willen können Sie sich auch in einer Partnerschaft häufig selbst verleugnen und sich extrem anpassen. Geschieht das aber zu oft, platzen Sie irgendwann vor Wut und können dann Ihre Selbstverwirklichung, zum Unverständnis Ihres Partners, fast brutal durchsetzen.

Nach etlichen gescheiterten Versuchen und schmerzlichen Trennungen ziehen manche Waage-Mond-Geborene (besonders männliche) lockere Beziehungen vor, oft sogar zu mehreren Partnern gleichzeitig, wobei sie gar nicht nachvollziehen können, dass dieses Verhalten den anderen zutiefst verletzt.

Künstlerische Aktivitäten können Ihnen helfen, innere Spannungen zu lösen und Gefühle freier auszudrücken. Je mehr es Ihnen gelingt, Ihre Ängste zu überwinden, auch mal unangepasst zu handeln, desto größer ist die Chance, dass Sie wirklich glücklich werden.

Wenn Sie sich trauen, als eigenständige Persönlichkeit aufzutreten, werden Sie merken, dass der geliebte Partner Sie deshalb nicht verlassen wird, sondern dass er Sie dafür sogar bewundert und achtet.

Wer zu sich selbst steht und sich nicht von der Zustimmung anderer abhängig macht, wird viel anziehender und faszinierender – besonders für Liebespartner.

Wichtige Tipps für den Umgang mit einem Waage-Mond-Partner

Versuchen Sie, ihn nicht in seiner Freiheit einzuschränken. Je mehr Sie ihn einengen oder kontrollieren, desto häufiger »flüchtet« er in seine Hobbys, zu seinen Freunden oder in seine innere Welt, an der er Sie immer weniger teilnehmen lässt.

Ermutigen Sie ihn darin, seine Standpunkte auch gegen die Meinung anderer durchzusetzen, deren Kritik und Ablehnung zu ertragen, damit er stabiler und stärker wird, sich traut, seine Individualität zu entfalten und zu wahren.

Vernachlässigen Sie niemals Ihr Äußeres und möglichst auch nicht die Deko in Ihrer Wohnung. Er ist ein Ästhet, der alles Schöne liebt, Kraft und Lebensfreude daraus tankt.

Bestärken Sie ihn darin, seine künstlerischen Begabungen auch praktisch umzusetzen und auszuleben. Denn in den Augenblicken, in denen er aus der Quelle seiner Kreativität schöpft, überschreitet er rein intellektuelles Denken und kommt in Kontakt mit seinem innersten Seelenkern, seinen Gefühlen, Leidenschaften, Sehnsüchten und Träumen, ohne in Panik zu geraten. Intensiviert er die Begegnung mit sich selbst, kann auch die mit Ihnen offener und intensiver werden.

Überhäufen Sie ihn nicht mit Liebesschwüren und bedrängen Sie ihn nicht mit Ihrem Seelen-Striptease. Das schockt ihn, dem ist er nicht gewachsen. Fällt es Ihnen auch leicht, Ihr Inneres zu offenbaren, können Sie das nicht selbstverständlich von ihm erwarten. Damit würden Sie seine Ängste und Fluchttendenzen aktivieren.

Mond im Skorpion

Astrologische Entsprechungen

Der *Skorpion* ist weiblich und das zweite Wasser- sowie das achte Zeichen im Tierkreis. Herrscher des Skorpions ist der Magieplanet Pluto, der auch für Transformation und Wandlung steht. Koherrscher ist der kriegerische, leidenschaftlich-aggressive Mars.

Deutung in Stichworten

Große Sensibilität, feines Gespür für Grenzbereiche und Übersinnliches, Alles-oder-gar-nichts-Typ, emotionaler Geheimniskrämer, strategisches Geschick, sehr einfühlsam, verletzbar, leidenschaftlich, kämpferisch, rachsüchtig, strategisch, extreme Gefühlsschwankungen, charismatische Ausstrahlung.

Himmel und Hölle in einer Brust

Der Skorpion-Mond ist die extremste und herausforderndste Mondkonstellation überhaupt! Hochsensibel, verletzbar und nachtragend, wie Sie sind, brodelt es ständig in Ihnen. Häufiger Grund: große Härten in früher Kindheit, eine oft belastete schwierige Mutterbeziehung. Zu große Vertrautheit und Nähe einerseits sowie Entbehrungen und Aggressionen andererseits prägten das Verhältnis.

Die Belastungen Ihrer Kindheit führen dazu, dass Sie sich gefühlsmäßig nur schwer öffnen können, sogar Panik davor haben, sich jemandem emotional auszuliefern und wieder verletzt zu werden. Aus Angst vor der Wucht Ihrer eigenen Gefühle verbergen Sie die meistens total. Manchmal erleben Sie die Welt wie aus einer Glaskugel: Sie sehen die Realitäten zwar ganz klar, fühlen und empfinden sie aber nicht, lassen sie nicht nah an sich heran.

Oft quälen Sie sich mit Schuldgefühlen und selbstzerstörerischem Verhalten, besonders wenn Sie Schwächen, Fehler oder Abgründe wie Zorn, Hass oder Rache in sich spüren. Meist unbewusste, aber extreme Wut auf die Schattenseiten der eigenen Seele treibt manche sogar in Alkohol oder Drogen.

Immer wieder sind Sie ständig wechselnden Stimmungen ausgeliefert und neigen zu Extremen: Für Sie gibt es nur Ja oder Nein, Schwarz oder Weiß. Sie leben entweder grenzenlose Begierde oder werden zum totalen Asketen, der »vernebelnde« Genussmittel strikt ablehnt und dann eine faszinierende, charismatische Ausstrahlung entwickelt.

Das Gefühl, einerseits zum Größten, andererseits zum Schlimmsten fähig zu sein, Himmel und Hölle gleichermaßen in der Brust zu haben, führt oft zur Beschäftigung mit Psychologie, Religion und Grenzwissenschaften. Sie wollen die menschliche Natur sowie die Geheimnisse des Lebens ergründen. Früher oder später treiben Fragen wie »Wo kommen wir her?« oder »Wo gehen wir hin?« Sie zur Beschäftigung mit Philosophie und Spiritualität. Viele finden irgendwann Halt und Läuterung im Glauben und schließen sich geistigen Gemeinschaften an. Haben Sie sich erst einmal einer Ideologie oder Weltanschauung verschrieben, kommt es darauf an, nicht dogmatisch und intolerant gegenüber Andersdenkenden zu werden.

Sie haben das Gedächtnis eines Elefanten, vergessen nichts und revanchieren sich noch nach Jahren entweder rächend bei all denen, die Sie hintergangen und verletzt haben, oder aber belohnend bei jenen, die für Sie da waren, als Sie sie brauchten.

Kraftvoll und zäh, haben Sie enorme Energiereserven – positive wie negative – verbunden mit beachtlicher Lernfähigkeit und der Begabung, äußere wie innere Niederlagen wegzustecken und große Herausforderungen zu meistern. Aber selbst wenn Sie Außergewöhnliches erreicht haben, sind Sie niemals richtig zufrieden mit sich selbst.

Ihre ausgeprägten Vorlieben oder Abneigungen bringen Sie durch Ihr Verhalten deutlich zum Ausdruck. Jeder weiß sehr schnell, woran er bei Ihnen ist, ob Sie ihn mögen oder ablehnen.

Liebe und Partnerschaft

Wegen innerer Ängste und Minderwertigkeitsgefühle haben Sie oft Probleme, sich selbst anzunehmen, reagieren auf Zuwendung mit Misstrauen. Sie vermuten bei jedem, der sich um Sie bemüht, grundsätzlich erst einmal eigennützige Motive oder gehen sogar von einem Missverständnis aus.

Und so funkt in Ihre Beziehungen oft ein unbewusstes zerstörerisches Psychomuster hinein: Wegen Ihrer Schwächen und Fehler, die Sie als Ihre dunklen Seiten und Abgründe empfinden, bezweifeln Sie tief im Inneren, dass der Partner Sie um Ihrer selbst willen wirklich lieben kann. Tut er es dennoch, »bestrafen« Sie ihn im Laufe der Partnerschaft dafür und setzen die Beziehung immer wieder durch Aggressionen oder Zurückweisung aufs Spiel.

Oftmals fühlt sich der Skorpion-Mond unbewusst zu Partnern hingezogen, die ihm seine Überzeugung, nicht liebenswert zu sein, bestätigen, indem sie ihn lieblos behandeln, sein Selbstwertgefühl belasten, zum Beispiel indem sie maßregelnd oder bestimmend sind. Paradoxerweise »erleichtern« ihn solche Behandlungen, weil er glaubt, sie »verdient« zu haben – ein unbewusster Bußewunsch!

Eine weitere mögliche Folge seiner Selbstbestrafung: Er hält in einer Beziehung aus, obwohl er erniedrigt wird, ohne noch Liebe für den Partner zu empfinden. *Ein Beispiel und häufig beobachtet:* Beide Partner stehen in permanenter Konkurrenz, wollen jeweils den anderen dominieren. Der eine mit seinen Prinzipien, der andere aufgrund seiner Egozentrik. Aus diesen Kämpfen können allerdings auch immer wieder starke erotische Spannung und Anziehung entstehen.

Um sich, den Partner und Ihre Beziehung vor diesen unseligen Mechanismen Ihrer Seele und der endgültigen Trennung zu schützen, begeben Sie sich möglicherweise sogar in Abhängigkeit, materiell wie psychisch.

Eine wirklich erfüllte Beziehung können Sie nur leben, wenn Sie sich mit sich selbst, Ihrem verletzten inneren Kind und all denen, die Ihnen früher einmal Leid zufügten, ausgesöhnt haben (Therapie!). Denn erst wenn Sie ihnen verzeihen, können Sie auch sich selbst verzeihen, überwinden Ihre meist unbewussten »Schuldgefühle«, gestehen sich endlich mehr Glück und Erfüllung zu und müssen sich nicht mehr mit dem sogenannten »richtigen« falschen Partner »bestrafen«. Und erst dann kann sich ein wirklich tiefes seelisches Verständnis zwischen Ihnen und einem Partner entwickeln.

Sex und Leidenschaft spielen in Ihrem Leben immer wieder eine große Rolle. Aber aus Angst, dem Liebespartner möglicherweise hörig zu werden, können Sie Sex völlig unterdrücken oder aber in wechselnden Beziehungen ausleben, in die Sie dann keine großen Gefühle mehr investieren. Gelingt es Ihnen aber eines Tages, eine echte Vertrauensbeziehung aufzubauen, sind Sie dem Partner unverbrüchlich treu und gehen mit ihm, komme, was wolle, durch dick und dünn.

Wichtige Tipps für den Umgang mit einem Skorpion-Mond-Partner

Belügen, hintergehen und betrügen Sie Ihren Skorpion-Mond-Partner nie, auch nicht heimlich! Auch wenn er keine Beweise findet, er ist derart sensitiv, dass er es zumindest auf unbewusster Ebene »spürt«. *Folge:* Er wird sich emotional immer mehr von Ihnen zurückziehen. Einen Treuebruch verzeiht er nie.

Auch wenn Ihr Skorpion-Mond-Partner aufgrund anderer in seinem persönlichen Horoskop dominant gestellter Planetenkonstellationen stark und selbstbewusst auftritt, hat er im Emotionalbereich meist tief sitzende Ängste, misstraut jeglichen Liebesschwüren, auch Ihren! Darum sollten Sie ihn in allen Aktivitäten unterstützen, durch die er seine schönsten Seiten und Charakterzüge zum Klingen bringen kann (zum Beispiel wenn er anderen hilft oder Gutes tut). Beginnt er sich selbst mehr zu lieben, kann er auch Ihre Liebe annehmen.

Fahren Sie so oft wie möglich mit ihm ans Meer. Er muss ans Wasser! *Ideal für ihn:* ein Segeltörn oder eine Kreuzfahrt! Wenn die Wellen des Meeres im Wind Schaumkronen tragen, wird er ruhig und sein Gemüt glättet sich. Warum? Als Wasserzeichen (Empfindung) kann er sein inneres Brodeln nach außen ans reale Wasser »abgeben«.

Bei einer Trennung möglichst nicht in unsinnige Streitereien verstricken! Seine (magischen) Hassgedanken könnten Sie über alle Entfernungen hinweg energetisch extrem belasten, sogar auf Ihren Körper schlagen.

Mond im Schützen

Astrologische Entsprechungen

Der *Schütze* ist das neunte Zeichen und das dritte und letzte Feuerzeichen im Tierkreis. Der Schütze ist ein Herbstzeichen. Je nach Stärke und Hausposition werden sich für Schütze-Mond-Persönlichkeiten viele ihrer hochgesteckten Ziele und Wünsche erst im Herbst ihres Lebens erfüllen. Herrscher des Schützen ist der Glücksplanet Jupiter.

Deutung in Stichworten

Offen, optimistisch, humorvoll, feuriges Temperament, Abenteuer- und Reiselust, Neigung zu Übertreibungen und Besserwisserei, hohe Ansprüche, große Ziele und Wünsche, Mangel an Durchhaltevermögen und Disziplin, enorme Kreativität, guter optischer Sinn (Kunst, Kultur, Fotografie, Malerei), Großmut, Ängste und Minderwertigkeitsgefühle können hinter großspurigem Auftreten versteckt werden.

Große Ziele – leider wenig Ausdauer und Geduld

Fantasievoll, stürmisch, offen, direkt und spontan: Mit Ihrem Mond im Schützen haben Sie ein feuriges, leicht erregbares Gemüt, sind begeisterungsfähig, temperament- und schwungvoll.

Einerseits optimistisch, frohlich, meist gut gelaunt und großzügig, sind Sie andererseits häufig ruhelos, leicht ablenkbar, unkonzentriert und großen Stimmungsschwankungen ausgesetzt.

Mithilfe Ihrer außergewöhnlichen Kreativität und Sensibilität können Sie seelischen Stress sowie emotionale Spannungen durch künstlerische Aktivitäten (Fotografie, Malerei) ausgleichen, darin beachtliche Leistungen vollbringen. Viele haben den Wunsch und Anspruch an sich selbst, irgendwann im Leben etwas Einmaliges und Großartiges zu schaffen. Leider mangelt es Ihnen aber meist an Ausdauer, Disziplin und Fleiß, Ihre Ziele zu realisieren.

Nichts, was in Ihrem Leben geschieht, ist für Sie endgültig, auch wenn Sie anfangs Feuer und Flamme sind. Auf banale Alltagsroutine und aufwendige Detailarbeiten reagieren Sie allergisch, winden sich geschickt aus lästiger, langweiliger Pflichterfüllung und sind dabei nie um eine Ausrede verlegen. Auf diese Weise bleiben viele Unternehmungen, die Sie mit enormer Begeisterung starten, letztlich in den Anfängen stecken.

Dafür gibt es aber auch noch tiefer liegende Gründe: einerseits die Erfahrung, andere durch fantasievolle Übertreibungen beeindrucken zu können, andererseits eine tief verankerte unbewusste Angst vor Erfolg, die durch Störungen und Verletzungen in der Kindheit ins Unterbewusstsein »programmiert« wurde. Wegen verborgener Minderwertigkeitsgefühle glauben Sie nämlich, ihn nicht wirklich verdient zu haben und deshalb unbewusst verhindern zu müssen. So kann zum Beispiel ein lang ersehnter Termin zu einem Vorstellungsgespräch verbunden mit der Präsentation Ihrer künstlerischen Arbeiten dadurch scheitern, dass Sie »versehentlich« Farbtöpfe über Ihre Arbeiten gießen, plötzliches Fieber Sie ans Bett fesselt oder Sie sich derart verspäten, dass der Termin platzt. Das alles sind dann Inszenierungen Ihres Unterbewusstseins, mit denen Sie sich selbst »bestrafen«.

Dieses Psychomuster wird Ihnen aber erst ganz allmählich bewusst. Nach außen hin überdecken Sie mangelndes

Selbstbewusstsein, das Ihnen keiner zutrauen würde, oft mit Besserwisserei und Überheblichkeit.

Ihre Pläne und Meinungen können sich so schnell ändern, dass Ihnen andere oft kaum folgen können und Ihnen manchmal sogar Unzuverlässigkeit vorwerfen. In Wahrheit liegen diese starken Schwankungen aber an einer überschäumenden Fantasie und Ihren vielfältigen Interessen und Talenten. Der Vorwurf, ein fauler Versager zu sein, trifft Sie, weil Sie ihn sich tief in Ihrem Inneren selbst machen.

Ihre schönsten Eigenschaften: umwerfender Charme, mitreißender Schwung, enorme Begeisterungsfähigkeit, unzerstörbarer Optimismus. Selbst nach wiederholten bitteren Enttäuschungen glauben Sie letztlich immer wieder an das Gute im Menschen, verzeihen großherzig, sind hilfsbereit, idealistisch und sehr positiv.

Als unverbesserlicher, stürmischer Abenteurer mit unbändigem Freiheitsdrang suchen Sie immer wieder neue Anregungen. Ständig irgendwie in Aufbruchstimmung, versuchen Sie dem banalen Alltag so oft wie möglich zu entfliehen, zum Beispiel durch häufige Reisen oder vielfältige Kontakte zu eigenwilligen Individualisten.

Ihr Bedürfnis nach seelischer Geborgenheit und der Wunsch, geistige Dimensionen zu sprengen, treiben Sie irgendwann auf die Suche nach einer allumfassenden Lebensphilosophie. Dabei dulden Sie keine Dogmen, sondern suchen eine Wahrheit, die alle Menschen verbindet und niemanden ausgrenzt.

Bevormundung, Kontrolle und Druck ertragen Sie gar nicht. Autoritäten, besonders diejenigen, die es nur kraft ihres Amtes und nicht wegen ihrer wahren Qualifikation sind, können Sie sich nur schwer unterordnen.

Ihr größtes Potenzial liegt in Ihrer unglaublichen Überzeugungskraft. Sind Sie erst mal von einer Sache fasziniert, springen die Funken Ihrer Begeisterung schnell auf andere über, sodass Sie sie für Ihre Ideen und Pläne gewinnen können. Aber nur, wenn Sie auf Übertreibungen verzichten, ehrlich bleiben und nicht zu unrealistischen Höhenflügen abheben, können Sie Ihren Erfolg dauerhaft halten. *Ganz wichtig, um wirklich glücklich zu werden:* Anflüge von Hochmut in Demut wandeln!

Liebe und Partnerschaft

In der Liebe sind Sie immer wieder auf der Suche nach dem Außergewöhnlichen, Extravaganten, Erregenden. Normale Alltagsroutine verliert auch hier schnell seinen Reiz für Sie. *Das größte Problem:* Sie wollen brennende Leidenschaft, intensive Gefühle, seelische Nähe, aber gleichzeitig auch Ihre Unabhängigkeit und Freiheit. Und das ist meist schwer zu vereinen!

Ihr hoher Anspruch, gleichzeitig begehrt, bedingungslos geliebt und möglichst noch total verstanden zu werden, überfordert bei Ihrem höchst komplexen, oft widersprüchlichen Innenleben meist die Möglichkeiten eines Partners.

Da viele Schütze-Mond-Geborene Liebe und Sex trennen können, schnell entflammt und verführbar sind, besteht durchaus immer mal wieder die Gefahr von Seitensprüngen. In Ihrer extremen Gefühlsekstase verlieren Sie nämlich schnell den Bezug zur Wirklichkeit: Sie idealisieren einen Partner und werden dann natürlich enttäuscht. Erst wenn es Ihnen nach etlichen Fehlschlägen gelingt, Ihre eigenen inneren Widersprüche (mal sehen Sie die Dinge so, mal genau entgegengesetzt) zu durchschauen und letztlich zu überwinden, also mehr Frieden mit sich zu schließen, können Sie es auch mit Ihrem Partner.

Das Tolle: Egal, wie enttäuscht Sie werden, Sie sind großherzig, verzeihen schnell und glauben immer wieder neu an die Liebe.

Wichtige Tipps für den Umgang mit einem Schütze-Mond-Partner

Stellen Sie sich von vornherein darauf ein, dass Ihr Schütze-Mond-Partner nicht alle Versprechungen, die er Ihnen im Sturm erster Liebesleidenschaft macht, halten kann (Sie wissen doch, er übertreibt gern!). Machen Sie ihm keine Vorwürfe! Zeigen Sie ihm, dass schon kleine liebevolle Gesten große Wirkung bei Ihnen haben können. Dadurch lernt er, dass Übertreibungen gar nicht nötig sind.

Helfen Sie ihm, wenn er sich mal wieder vor lästigen, aber notwendigen Arbeiten auf dem Weg zu seinem ersehnten Ziel drückt. Packen Sie es gemeinsam mit ihm an, aber lassen Sie sich nicht alles Lästige aufs Auge drücken. Sollte er durch Ihre Mitarbeit sein Ziel erreichen, fühlt er sich Ihnen zutiefst verbunden.

Nur wenn Sie seine Leidenschaft für Abenteuer und Reisen teilen, sich weder scheuen, mit ihm in der Wüste zu zelten, noch sich im Nobelhotel einzuquartieren, können Sie langfristig mit ihm glücklich werden. Wenn Sie keine Zeit haben, er aber »rausmuss«, lassen Sie ihn ohne schlechtes Gewissen ziehen – er geht sowieso und kommt sonst vielleicht nie wieder …

Ziehen Sie nicht zu schnell mit ihm zusammen, auch wenn Sie es beide wollen. Er braucht das Erregende, Ungewisse und die Herausforderung, immer wieder den Abstand zu Ihnen überwinden zu müssen. Kehrt der banale Alltag zu schnell ein (Gewohnheiten, Vertrautes), schaut er sich schnell nach neuen Reizen um. Geben Sie ihm das Gefühl, ständig neu erobert werden zu müssen.

Mond im Steinbock

Astrologische Entsprechungen

Der *Steinbock* ist das erste Winter- und das zehnte Zeichen im Tierkreis. Sein Element ist die Erde, sein Herrscher der strenge Schicksalsplanet Saturn. Steht der Mond im Steinbock, ergibt sich eine indirekte Mond-Saturn-Verbindung. Schwierig.

Deutung in Stichworten

Pflichtbewusst, zäh, diszipliniert, ehrgeizig, starkes Durchhaltevermögen, gutes Gespür für den Zeitgeist, Gefühlspanzer, Ängste, starke Selbstzweifel, Ernsthaftigkeit, Melancholie, leistungsorientiert, qualitätsbewusst, zuverlässig, zielstrebig, emotional leicht zu verunsichern, meist treu, richtig erfolgreich erst in der zweiten Lebenshälfte.

Gefühle unter Verschluss – guter Sex nur mit treuem Partner

Schon als Kind in schwierige Lebensumstände hineingeboren (auch für die Mutter), mussten Sie viel zu früh große Verantwortung übernehmen, emotionale Belastungen ertragen und sich in Gegebenheiten fügen, die Ihre kindliche Psyche überforderten.

Scheu und schutzbedürftig, haben Sie früh »gelernt«, sich emotional bedeckt zu halten, Ihre Gefühle zu verdrängen. Und so haben Sie noch heute Angst vor Gefühlen und wollen sie aus Angst vor Verletzungen um jeden Preis kontrollieren. Da Sie es schon früh lernen mussten, sind Sie beherrscht und bereit, eigene Bedürfnisse zurückzustellen, sich in schwierige Situationen zu fügen. Kaum jemand kann so große Entbehrungen auf sich nehmen wie Sie, um Ihre meist sehr hochgesteckten Ziele zu erreichen.

Da Sie schon als Kind gelernt haben, persönliche Bedürfnisse und Ihre Individualität zu unterdrücken, um ja keinen Anstoß zu erregen, konnten Sie kein stabiles Selbstwertgefühl entwickeln. Schnell zu verunsichern, sind Sie oft überangepasst, halten sich strikt an Vorschriften und Regeln und gleichen Ihre innere Labilität durch ständiges Sichvergewissern aus. Andererseits stellen Sie sich großen Herausforderungen, sind unschlagbar im Durch- und Aushalten belastender Umstände, die Sie ja schon immer ertragen mussten.

Und nicht nur das: Erst wenn Sie große Schwierigkeiten gemeistert, enorme Hindernisse überwunden haben, um ein Ziel zu erreichen, können Sie, doch das auch nur für kurze Zeit, echte Genugtuung und Zufriedenheit empfinden.

Indem Sie mit Leistung überzeugen, lenken Sie sich unbewusst von der Auseinandersetzung mit Ihren Gefühlen ab, messen Ihren persönlichen Wert als Mensch meist nur an Ihrem Erfolg. Dieser völlig überzogene Anspruch an sich selbst führt oft zu totaler körperlicher und mentaler Erschöpfung! So brauchen Sie immer wieder Oasen der Ruhe, in denen Sie richtig entspannen können, sich emotional nicht »bedroht« fühlen.

Mit Problemsituationen im Außen, die Ihr Organisationstalent, Ihre Disziplin und Ihre Sachkenntnisse erfordern, kommen Sie oft besser zurecht als mit Ruhephasen, in denen Sie ganz auf sich selbst zurückgeworfen mit Ihrer inneren Problematik konfrontiert werden. *Denn:* Müssen Sie äußere Hindernisse überwinden, können Sie offenbar innere Spannungen und Ängste loslassen.

Ihre frühkindliche Erfahrung, sich anzupassen und sich in strenge Regeln zu fügen, führte zu einer Überbetonung der Vernunft. Alles Spontane, Unüberschaubare, Emotionale und Unberechenbare macht Ihnen Angst. Oft genug unterdrücken Sie Ihre Individualität, haben Angst, gesellschaftlich ins Gerede zu kommen, aus der Gemeinschaft ausgeschlossen zu werden.

Ihr Fleiß, Ihre Disziplin, Ihr starker Ehrgeiz sowie Ihr Durchsetzungsvermögen und Ihre Zielstrebigkeit garantieren Ihnen spätestens in der zweiten Lebenshälfte Erfolg und sozialen Aufstieg.

Liebe und Partnerschaft

Um Ihre Gefühle haben Sie einen dicken Schutzwall gebaut, mögen niemanden in Ihr Herz und schon gar nicht in Ihre Seele blicken lassen. So meiden Sie auch in einer Beziehung zu engen Kontakt und große Nähe. Damit wollen Sie von vornherein die Möglichkeit ausschließen, verletzt zu werden.

Obwohl Sie in der Liebe jedes Risiko meiden, sind Ihre Beziehungen meist von Dauer. Haben Sie sich erst einmal auf einen Partner eingelassen, halten Sie sogar an ihm fest, wenn die Beziehung sich längst überlebt hat oder emotional auf Ihre Kosten geht. Scheitert eine Beziehung, glauben Sie nämlich, persönlich versagt zu haben.

Heftige Schuldgefühle und Ängste machen es Ihnen unmöglich, einen »hilflosen« Partner zu verlassen. Tief in Ihrer Seele glauben Sie, dass das Schicksal Sie dafür irgendwann bestrafen würde.

Andererseits ist es für viele Steinbock-Mond-Geborene äußerst schwer, sich überhaupt auf eine Beziehung einzulassen. Partner, die Ihnen hinterherlaufen und versuchen, Sie sofort eng an sich zu binden, sind Ihnen suspekt, ma-

chen Ihnen Angst. Da Sie trotz Sehnsucht nach Liebe unbewusst »glauben«, sie nicht verdient zu haben, können Sie
denjenigen, der Sie trotzdem liebt, mit Zurückweisung und
Ablehnung »bestrafen«. Sie halten eher an dem Partner fest,
der Sie emotional auf Distanz hält und Ihnen vielleicht
sogar irgendwie fremd bleibt.

Selbst in einer Partnerschaft sind Ihnen tiefe und erregende Liebesgefühle nicht so wichtig wie eine überschaubare, gut durchstrukturierte und geregelte Partnerschaft,
die beiden Vorteile verspricht. Aus Vernunftgründen können Sie phasenweise sogar auf Sex verzichten.

Der Idealfall für Sie: Für ein Glück zu zweit ist es für Sie
in erster Linie wichtig, gemeinsame Interessen und Ziele
mit dem Partner zu haben. Entscheidend ist, dass Sie ihm
blind vertrauen können. Sie brauchen die Gewissheit, dass
er absolut zuverlässig und treu zu Ihnen steht. Erst dann
können Sie sich allmählich immer mehr in Gefühle fallen
lassen und auch eine erfüllende Sexualität erleben. Die kann
dann sogar ungewöhnlich intensiv sein und erheblich dazu
beitragen, dass Ihre Liebe selbst nach vielen Höhen und
Tiefen ein Leben lang hält.

Wichtige Tipps für den Umgang mit einem Steinbock-Mond-Partner

Rücken Sie ihm nicht zu schnell und zu nah auf die Pelle
und drängen Sie ihn nicht zu ständigen Liebesbekenntnis-
sen oder zum Zusammenziehen. Er braucht Zeit, um sich
an jemanden zu gewöhnen und sich endgültig für ihn zu
entscheiden.

Beziehen Sie seine gefühlsmäßige Verschlossenheit nicht
persönlich auf sich und machen Sie ihm deshalb keine
Vorwürfe. Sie hängt mit seiner Kindheit und seiner Mutter
zu zusammen. Solange er gemeinsame Pläne mit Ihnen

schmiedet und Sie immer wieder dabeihaben will, wenn er wichtige Vereinbarungen und Verträge schließt, können Sie sicher sein, dass er Sie liebt (so gut er eben kann!).

Geben Sie Ihre Wünsche und Ziele niemals auf. Um jemanden zu lieben, muss er ihn achten können. Und selbst wenn er Ihre Vorlieben nicht teilt, beeindruckt es ihn zutiefst, wenn jemand weiß, was er will, und es auch realisiert.

Verwöhnen Sie ihn, aber übertreiben Sie es nicht. Emotional nicht mit sich selbst im Reinen, misstraut er einem Übermaß an liebevollen Gesten und vermutet sofort ein Kalkül dahinter, was Sie wiederum beleidigen oder verletzen könnte. Folge: Missverständnisse und Funkstille.

Da er es gewohnt ist, dass das Leben ständig Leistung von ihm fordert, sollten Sie es bis zu einem gewissen Grad auch tun. Damit bewegen Sie sich in einem für ihn vertrauten Regelsystem, was ihn stabilisiert, weil es ihm die Möglichkeit gibt, sich Erfolgserlebnisse (Lob) zu verschaffen, vor sich selbst und Ihnen gut dazustehen.

Ihr Steinbock-Mond-Partner braucht Sicherheit, Überblick, Vertrautheit und Kontrolle. Spontanaktionen könnten ihn überfordern. Kommen Sie nicht auf die Idee, ihn mit einer großen Geburtstagsparty und zwanzig Freunden zu überraschen. Das könnte ihn derart erschrecken, dass er Ihnen und allen anderen die Laune verdirbt.

Mond im Wassermann

Astrologische Entsprechungen

Der *Wassermann* ist das elfte Zeichen und das dritte Luftzeichen im Tierkreis. Sein Herrscher ist der spontane, unberechenbare, kreative und freiheitsliebende Uranus, sein
Koherrscher der strenge Saturn. Der Wassermann ist das
vorletzte Winterzeichen.

Deutung in Stichworten

Kreativer Freigeist, Schnelldenker, emotional distanziert,
individualistisch, manipulativ, aggressionsgehemmt, liebt
das Außergewöhnliche, verachtet kleinkarierte Bürgerlich-
keit, häufiger Rückzug in eigene Welten und Visionen, erträgt weder Kontrollen noch Einschränkungen, Bindungsangst, bleibt im tiefsten Innersten »unberührbar«.

Sie brauchen Freiheit wie die Luft zum Atmen, suchen immer wieder Abstand

Kreativ, flexibel und reaktionsschnell, aber auch sprunghaft, nervös und häufig sehr exzentrisch, sind Sie zwar vielseitig interessiert und nehmen auch am Leben Ihrer Mitmenschen teil, lassen aber niemanden wirklich an sich
heran.

Schwierige Lebensumstände (zum Beispiel zeitweilige
Trennung von einem oder beiden Elternteilen) schürten
schon früh in Ihrer Kinderseele Ängste vor dem Verlust
von Geborgenheit, Wärme und Liebe. Und so halten Sie
noch heute andere Menschen auf Distanz.

Hin- und hergerissen zwischen dem Bedürfnis, sich von anderen abzuheben, und dem Bemühen, Anerkennung von ihnen zu bekommen, entwickeln Sie sich in gewisser Weise zu einer gespaltenen Persönlichkeit.

So sind Sie einerseits offen für alles Neue und Ungewöhnliche, können aber andererseits fast verbohrt an einer einmal gefassten Meinung festhalten. Sie sind imstande, Ihr Denken wir Ihr Handeln von Ihrem Empfinden zu trennen. *Das heißt:* Im Extremfall können Sie sich gefühlsmäßig völlig von Ihrer Umwelt zurückziehen und Ihr wahres Wesen verbergen, nur um unangreifbar und unbeeinflussbar zu sein. Das ist Ihnen superwichtig, macht persönliche Kontakte und Beziehungen aber sehr schwierig. Sie schaffen sich Ihre eigene Gedankenwelt, in die Sie sich vollkommen zurückziehen und die für andere meist völlig unzugänglich ist.

Wenn in Ihrem persönlichen Horoskop andere Elemente kein Gegengewicht bilden, fällt es Ihnen immer wieder schwer, Ihre Fantasiewelt von der Realität zu unterscheiden.

So, wie Sie um Abgrenzung und Kontrolle – auch über sich selbst – ringen, möchten Sie auch andere kontrollieren und manipulieren, indem Sie ihnen zum Beispiel ein schlechtes Gewissen einpflanzen, wenn sie nicht tun, was Sie wollen.

Einerseits sind Sie extrem abhängig von der Meinung anderer, andererseits tief erschrocken, wenn Sie sich wirklich mal intensiv auf jemanden einlassen, leisten plötzlich heftigen Widerstand, um nicht gebunden oder abhängig zu werden. Da Sie bei jeder neuen Begegnung immer wieder Angst haben, den für Sie erträglichen Abstand zu verlieren, schließen Sie vorsichtshalber lieber eine Vielzahl unverbindlicher Kontakte.

Ihr Urbedürfnis nach Nähe, das Sie natürlich wie jeder andere Mensch auch haben, wird so zwar nicht erfüllt, aber

Sie müssen nicht befürchten, Ihr Ich, Ihre Individualität, zu verlieren.

Sie sind überdurchschnittlich intelligent, haben eine rasche Auffassungsgabe, sind interessiert an allem Außergewöhnlichen, verachten Kleinkrämerei und bürgerliche Norm zutiefst, wollen sich um jeden Preis von der Masse abheben und bevorzugen Kontakte mit Individualisten und Künstlernaturen.

Liebe und Partnerschaft

Auch in einer Liebesbeziehung wollen Sie bis zu einem gewissen Grad frei bleiben, sind deshalb auch dem Partner gegenüber oft distanziert und unberührbar. Sie lassen sich nicht so leicht durchschauen und schrecken vor allzu großer Vertrautheit zurück.

Druck, Bevormundung oder Abhängigkeit erstickt Ihre Gefühle sofort. Versucht der Partner, Sie einzuengen oder zu beherrschen, ergreifen Sie, egal wie verliebt Sie sind, so schnell wie möglich die Flucht.

Ihr Wunsch nach Nähe und Bindung sowie gleichermaßen die Angst vor Vereinnahmung werden immer wieder zur Herausforderung für Ihre Beziehung. *Unerträglich für Sie:* wenn die Beziehung ins Alltägliche und Banale abzugleiten droht, reine Routine wird. Dann können Ihre Gefühle von einem Augenblick auf den anderen erkalten und Sie sich abrupt trennen. Zieht allerdings der Partner sich von Ihnen zurück, weil er emotional auszuhungern droht, gehen Sie wieder auf ihn zu, um ihn zu halten. Ein solches Hin und Her kann sich über Jahre hinziehen und beide Partner an den Rand ihrer Nerven bringen.

Dauerhaft kann eine Beziehung für Sie nur sein, wenn sie sich in einem für Sie erträglichen Maß von Nähe und Abstand einpendelt.

Einerseits dankbar, wenn der Partner Ihnen lästige Alltagspflichten abnimmt und das Familienleben organisiert, ertragen Sie andererseits auf Dauer keine Routine mit Allerweltsannehmlichkeiten, dafür sind Sie viel zu individualistisch, kreativ, eigensinnig und sprunghaft.

Wichtige Tipps für den Umgang mit einem Wassermann-Mond-Partner

Überraschen Sie ihn mit außergewöhnlichen Ideen/Aktionen: Laden Sie ihn zum Beispiel zu einer Ballonfahrt ein, besuchen Sie mit ihm einen Ufo-Kongress oder schenken Sie ihm sein persönliches Horoskop. Damit zeigen Sie ihm, dass Sie ihn nicht für eine Durchschnittspersönlichkeit mit den üblichen Vorurteilen halten, sondern würdigen ihn als Individualisten.

Auch wenn er in seinem persönlichen Horoskop ausgleichende, sehr bodenständige Konstellationen stark gestellt hat, bleibt er ein kleiner »Rebell«, der sich nicht einengen lässt. Sagt er Ihnen nicht, wann er wohin geht und mit wem er sich trifft, sollten Sie ihn nicht mit bohrenden Fragen nerven. Lassen Sie ihm seine Freiräume. Verzichten Sie auf Kontrollanrufe.

Plagen Sie ständige Ängste, dass er Ihnen entgleiten könnte, sind Sie nicht die Richtige für ihn.

Ziehen Sie nicht im ersten Rausch der Leidenschaft sofort mit ihm zusammen. Und selbst wenn der Vorschlag von ihm kommt, könnte er es schnell bereuen, spätestens wenn er sich in die Regeln eines partnerschaftlichen Lebens fügen muss. Sie haben viel mehr von ihm, wenn jeder zunächst seine Wohnung behält. Durch eine längere Kennenlernzeit werden Sie die Form Ihres späteren Zusammenlebens besser auf die gegenseitigen Bedürfnisse abstimmen können.

Ihr Wassermann-Mond-Partner erträgt keine Dummheit. Bilden Sie sich ständig weiter und setzen Sie ihn durch Ihre Kenntnisse immer wieder in Erstaunen. Eine inspirierende Unterhaltung, neue Anregungen, Erkenntnisse und Sichtweisen faszinieren und bereichern ihn.

Versuchen Sie gar nicht erst, ihm seine »verrückten« Ideen und Pläne auszureden. Die sind sein Lebenselixier. Ziehen Sie nicht mit, fühlt er sich zutiefst unverstanden.

Sie haben Lust auf erotische Experimente?! Er mit Sicherheit auch!!!

Mond in den Fischen

Astrologische Entsprechungen

Die *Fische* sind das zwölfte und damit letzte Zeichen im Tierkreis und auch das dritte Wasser- und Winterzeichen. Herrscher der Fische ist der intuitive Neptun, Koherrscher der Glücksplanet Jupiter. Die indirekte Verbindung von Mond und Neptun steigert Sensibilität und Einfühlungsvermögen – je nach Dominanz des Fische-Mondes im persönlichen Horoskop.

Deutung in Stichworten

Intuitiv, einfühlsam, hilfsbereit, beeinflussbar, verträumt, kreativ, ausnutzbar, idealisierend, medial, Probleme, sich abzugrenzen, starke Stimmungsschwankungen, Antriebsschwäche, Sehnsucht: Suche – Sucht, oft Lieblingskind der Mutter, mangelnder Ehrgeiz, Durchsetzungsschwäche, Neigung zu Dreiecksbeziehungen, intensives Gefühlsleben, sechster Sinn, Hang zur Passivität.

Feiner Spürsinn, unstillbare Sehnsüchte, gute Intuition – Ihr Glück ist nicht von dieser Welt

Durch Ihr intensives Gefühlsleben, Ihre tiefe Sehnsucht nach geradezu überirdischer Harmonie, Einheit und Verschmelzung sowie Ihr großes Mitgefühl mit allen Notleidenden fühlen Sie sich manchmal verloren und wie ein Fremder in dieser harten, materiellen Welt, in der (fast) jeder nur ehrgeizig und rücksichtslos seine egoistischen Ziele verfolgt.

Mit feinsten Antennen nehmen Sie die Energien und Atmosphären Ihrer Umgebung wahr, erspüren manchmal förmlich die Absichten anderer, ohne es erklären zu können. Ihre verletzbare Seele verbergen Sie oft hinter einem coolen Pokerface. Einerseits wollen Sie kein »offenes Buch« für andere sein, andererseits wollen Sie sich vor negativen Einflüssen schützen.

Ihre unglaubliche Feinfühligkeit sowie Ihre mediale Wahrnehmung sind Ihre größte Stärke und zugleich Ihre größte Schwäche. Während andere unbeeinflussbar und fest auf dem Boden der Realität stehen, müssen Sie sich manchmal mühsam den Weg aus »himmlischen Sphären«, illusionären Wunschvorstellungen und irrationalen Einschätzungen auf die Erde bahnen.

Nichts Menschliches scheint Ihnen fremd, und so sind Sie außerordentlich tolerant, haben neben einem großen Herzen auch viel Verständnis für Schwächen und Fehler sowie entgegengesetzte Sichtweisen anderer.

Auch wenn Sie wegen Ihrer außergewöhnlichen Fantasie und Verträumtheit immer mal wieder Probleme haben, sich in der ernüchternden Wirklichkeit zurechtzufinden und Ihren Alltag zu strukturieren, kann Ihre geniale Intuition Ihren gelegentlichen Hang zum Chaos und Unpraktischen mehr als ausgleichen.[2]

Als Fische-Mond-Geborener – vorausgesetzt, Ihr Mond ist nicht kritisch aspektiert – sind Sie meist das Lieblingskind Ihrer Mutter gewesen. Denn die Mutter, vom Leben enttäuscht, hat versucht, über Sie ihre eigene Unerfülltheit auszugleichen. Sobald sie Ihr Mitleid erregte, konnten Sie sich ihr nicht mehr entziehen, waren (auch gegen Ihren Willen) bereit, ihre Wünsche, besonders nach Kontakt, zu erfüllen. Jeder Schritt in Richtung Unabhängigkeit, sobald sie leidend und unzufrieden war, hätte in Ihnen sonst unerträgliche Schuldgefühle ausgelöst. Und so sind Sie noch heute über Mitleid manipulier- und »erpressbar«. Jeder traurige Blick trifft Sie mitten ins Herz. Je nach Stärke Ihres Fische-Mondes können Sie sich für Notleidende und Bedürftige förmlich aufopfern und möchten am liebsten die ganze Welt von ihrem Leid erlösen.

Die tiefe Sehnsucht nach »himmlischer« Liebe und Einheit kann Sie großen Gefahren aussetzen, weil die nur in totaler Hingabe an höhere, soziale oder spirituelle Ziele, nie aber durch irgendeine persönliche Beziehung gestillt werden kann. Viele ertragen diese Unerfülltheit aber nicht, betäuben ihren Welt- und Getrenntheitsschmerz zum Beispiel mit Alkohol oder anderen Stimulanzen und stürzen sich damit ins Unglück. Andere lassen sich vom Leben einfach nur noch treiben, verpassen aufgrund von Labilität und Entscheidungslosigkeit große Chancen.

Andererseits sind Sie dann aber wieder so medial und intuitiv, dass Sie oft, wie von unsichtbaren Fäden gezogen, im richtigen Augenblick genau das Richtige tun, ohne es intellektuell und logisch erklären zu können.

Liebe und Partnerschaft

Von der Liebe erwarten Sie die totale Erfüllung und träumen von einer Märchenfee oder einem Prinzen, die/der all Ihre Wünsche und Sehnsüchte stillt. Und so erleben Sie die Zeit erster Verliebtheit meist wie einen Rausch, in dem Sie mit dem anderen zur Einheit verschmelzen, die alle Tragik menschlicher Einsamkeit für Sie aufzulösen scheint.

Romantisch und idealisierend lassen Sie sich ganz in Gefühle fallen, geben sich dem Partner vorbehaltlos hin und projizieren in Ihrer Verklärtheit alle Ihre unerfüllten Sehnsüchte auf ihn. Dabei entwickeln Sie völlig unrealistische Erwartungen, zum Beispiel dass sie/er Ihre heimlichsten Wünsche erahnt, Ihre Seelenlage ohne große Worte erspürt, sich ganz und gar auf Sie einstellt und nie etwas tut, was Sie verletzen könnte. Diesen Illusionen folgen im Alltag natürlich Desillusionierungen und Enttäuschungen.

In solchen Augenblicken kommt es darauf an, ob für Sie eine Welt zusammenbricht und Sie sich nach vielen Tränen auf die Suche nach einem anderen »Glücksbringer« machen, um erneut mit ihm so lange in Rauschzuständen zu schwelgen, wie es eben geht, oder ob Sie bereit sind, der wahren Liebe eine Chance zu geben: sich hinzugeben, ohne sich aufzugeben, ein Teil des anderen zu sein, ohne ihn zu beherrschen und zu erwarten, dass er denkt und fühlt wie Sie.

Vielen Fische-Mond-Partnern geht es in ihrer Liebessehnsucht nicht so sehr um einen Partner, sondern (wenn auch unbewusst) um das Einheitsgefühl an sich, das in ihnen vorübergehend als Illusion durch einen Partner ausgelöst werden kann.

Liebe und gleichzeitig Dauerpartnerschaft ist für viele Fische-Monde in der ernüchternden Realität nur schwer möglich. Daher ist die Neigung zu Dreiecksbeziehungen auch sehr groß. Da Sie aber extrem tolerant sind, Verständnis für alles Menschliche haben, können Sie einen Treuebruch des Partners verzeihen, wollen Sie doch aufreibende Konflikte unbedingt vermeiden.

Wichtige Tipps für den Umgang mit einem Fische-Mond-Partner

Unterstützen Sie seinen Hang zur Bequemlichkeit nicht noch, indem Sie für ihn mitdenken, entscheiden und handeln. Auch wenn es Ihnen gefällt, die Führung zu übernehmen und die Kontrolle zu haben, wird er Ihnen ganz schnell alles Lästige und vor allem auch noch die Verantwortung für seine Pflichten aufhalsen. Dann kann er irgendwann nicht mehr mit Ihnen noch ohne Sie. *Häufige Folge:* Hassliebe.

Entführen Sie ihn auch im Alltag immer wieder in besondere »Fantasiewelten«, die ihn inspirieren und seelisch aufbauen – zum Beispiel in die künstlerischen Traumwelten von André Heller (hat auch den Mond in den Fischen!), deren Zauber seine Seele berühren wird. Solche gemeinsamen Erlebnisse werden unvergesslich für ihn bleiben.

Manchmal versuchen Fische-Monde, besonders in Krisenzeiten, der rauen Wirklichkeit zu entfliehen, indem sie sich immer öfter mit Alkohol »betäuben«. Viel besser: Eröffnen Sie Ihrem Fische-Mond-Partner andere »Fluchtmöglichkeiten«, etwa indem Sie mit ihm meditieren. Ein gemeinsamer spiritueller Weg ist häufig die stabilste Basis, die Sie sich mit einem Fische-Mond-Partner schaffen können. *Voraussetzung:* keine Bindung an dogmatische Gruppierungen, Sekten oder Gurus!!!

Haben Sie schon einmal versucht, einen Fisch im Wasser mit bloßen Händen zu greifen und festzuhalten?! Das wird Ihnen genauso wenig gelingen, wie einen Fische-Mond-Partner festzuhalten. Stellen Sie sich lieber auf eine Beziehung in Freiheit mit ihm ein und seien Sie dankbar für all die romantischen Augenblicke und den seelischen Einklang, den Sie auf diese Weise nur mit ihm erleben können.

Wie passt er zu mir?

**SIE SONNE IM
FEURIGEN MÄNNLICHEN WIDDER**

*SEIN MOND IM
FEURIGEN MÄNNLICHEN WIDDER*

Naturereignis!

Ihre Begegnung ist ein wahres Naturereignis! Beide sind begeisterungsfähig, stürmisch, schnell entflammbar, prallen in brennender Leidenschaft aufeinander und fühlen sich sofort stark zueinander hingezogen. Jeder erkennt sich selbst im anderen und fühlt sich verstanden.

Sie erleben intensives großes Glück, solange jeder im anderen zunächst nur seine eigenen Stärken spiegelt und sich durch ihn bestätigt fühlt. Kritisch wird es allerdings, wenn jeder durch den anderen mit seinen eigenen Schwächen konfrontiert wird und Aggressionen sowie harte Konkurrenzkämpfe entbrennen.

Da beide etwas rechthaberisch und sehr dominant sind, muss nach den ersten Höhenflügen schnell geklärt werden, wer wo und wann die Führung übernimmt. Nur wenn das gelingt, können sie gute Kameraden werden und ihre Partnerschaft bis ans Lebensende aufrechterhalten. Machtgerangel mit verletzenden Vorwürfen und aggressiver Kritik hält die Beziehung allerdings nicht aus.

Beide sind unkomplizierte, feurige Eroberer, die sich, ohne lange zu zögern, nehmen, was sie wollen – auch in der

Liebe. Schon beim Flirten erträgt keiner lange Hinhaltetaktiken, sondern beide probieren lieber sofort aus, ob es im Bett klappt. Nach berauschendem Genuss sinnlicher Liebe fackeln sie auch nicht lange, sondern stürzen sich ebenso spontan und schnell in eine Beziehung.

Beide sind direkt und nehmen kein Blatt vor den Mund und bekunden ohne Umschweife ihre Abneigungen und Vorlieben im praktischen Alltag wie im intimen Eros, und jeder versucht, seine Vorlieben durchzusetzen.

So will auch jeder zwar partnerschaftliche Nähe, aber bei gleichzeitiger Erhaltung seiner inneren Unabhängigkeit. Außerdem sind beide große Egozentriker, die erwarten, dass andere sich ganz nach ihren Bedürfnissen richten und ihre hohen Ansprüche erfüllen. Kritisch wird es, wenn nicht jeder bekommt, was er will, und aus Missmut darüber dem anderen ständig Vorwürfe macht oder sich sogar aus lauter Frust in Seitensprünge und Affären flüchtet. Großes Liebes- und Leidenschaftspotenzial, aber auch geringe Frustrationstoleranz.

Diese Kombi ist schwierig, weil

■ … sie hemmungslose, impulsive Egozentriker sind und keiner dem anderen direkt, offen und schonungslos mit seinen Schwächen konfrontiert. Explosive Streitereien und Vorwürfe schwächen das Liebesband.

Diese Kombi ist möglich, wenn

■ … jeder dem anderen die Freiräume zugesteht, die er braucht, und durch eigene Interessen immer wieder neue Impulse in die Beziehung bringt und durch frischen Wind die Leidenschaft neu belebt.

SEIN MOND IM BEHARRLICHEN WEIBLICHEN STIER

Täuschung führt zu Enttäuschung

Ihr Temperament und Sexappeal können ihm anfangs geradezu den Atem rauben. Er ist zunächst fasziniert von ihrem leidenschaftlichen Feuer, ihrer unkomplizierten Offenheit, ihrem Charme und ihrer Unverklemmtheit, auch im Eros. Sie nimmt ihm dadurch alle Hemmungen, direkt auf sie zuzugehen! Für sie ist er der Fels in der Brandung, die Schulter zum Anlehnen, ein Partner, der ihr Bodenhaftung und materielle Sicherheit bietet. Bei ihm hat sie das Gefühl, endlich zur Ruhe zu kommen. Aber da täuscht sie sich!

Denn schon wenn er sie nur im anregenden, ausgelassenen Gespräch mit anderen beobachtet, sieht, wie naiv und ohne Hintergedanken sie beim Flirten immer wieder ihre Wirkung auf potenzielle Verehrer testet, kocht er vor Eifersucht. Schaltet er dann schmollend auf stur, hängt nur noch müde vorm Fernseher oder zieht sich entnervt zurück, wenn sie ihm eine Szene macht, zum Beispiel auch, weil er keine Fantasie mehr beim Sex entwickelt, reißt ihr der Geduldsfaden. Irgendwann erkennt sie, dass er genau das bei einer Partnerin sucht, was sie bei ihm zu finden geglaubt hat: den ruhigen, sicheren Pol, die Kraft-Tankstelle, bei der er seine Gefühle neu aufladen kann, eine Partnerin, auf die er lästige Verantwortung abschieben kann. Versucht er dann noch, sie finanziell kurzzuhalten, ständig zum Sparen anzuhalten, sie von sich abhängig zu machen und ihren Freiraum immer stärker einzuschränken, geht sie endgültig auf die Barrikaden.

Fazit: Sie würde nur ein Abenteuer für ihn sein. Für eine tiefe, dauerhafte Beziehung mit ihr ist er viel zu starr und unflexibel, weiß ihre wahren Vorzüge nicht wirklich zu schätzen und schon gar nicht zu genießen. Es gäbe immer wieder schmerzliche Missverständnisse ohne Ende. Sie fühlt sich total verkannt, seelisch ausgenutzt und ist letztlich schnell von ihm gelangweilt – auch erotisch …

Diese Kombi ist schwierig, weil

■ … er als bequemes, materialistisches Erdzeichen ihrem feurigen, unberechenbaren Temperament nicht gewachsen ist und sie sich durch seine eifersüchtigen Kontrollen und seinen unbeweglichen Dickkopf total eingeengt fühlt.

Diese Kombi ist möglich, wenn

■ … sie sich durch ausgleichende Konstellationen in ihren persönlichen Horoskopen besser verstehen und ergänzen können. *Wichtig:* Die sexuelle Anziehung darf nicht auf der Strecke bleiben, damit keiner auf erotische Schleichwege ausweicht.

SEIN MOND IN DEN UNRUHIGEN MÄNNLICHEN ZWILLINGEN

Zu viel Kopf – zu wenig Sinnlichkeit und Sex

Sie können herrlich miteinander flirten, nächtelang diskutieren, philosophieren und sich gegenseitig immer wieder auf neue Ideen bringen und tolle Pläne schmieden. Das war es aber auch schon, und dabei bleibt es meist auch.

Beide sind intelligent, flexibel, humorvoll und abenteuerlustig und ständig auf der Suche nach neuen Reizen. Darum kommen sie erst gar nicht dazu, ihre Pläne zu realisieren. Während ihm das Spiel mit der Fantasie reicht, will sie Taten sehen. *Außerdem:* Sie investiert sofort ihr Herz, bringt ihre Gefühle offen und stürmisch zum Ausdruck. Das macht ihm Angst, weil er unfähig zu direkter Emotionalität ist, sein wahres Empfinden hinter einem meist nicht enden wollenden Redeschwall verbirgt. Irgendwann leiden beide unter der Unmöglichkeit einer echten Auseinandersetzung. Und da er es sich in der Beziehung ziemlich leicht macht, einfach nicht über seinen Schatten springt, um emotional offener auf sie zuzugehen, wachsen in ihr Frust, Wut und Enttäuschung.

Gefühlsmäßig hin- und hergerissen, sehnt er sich zwar nach Nähe mit ihr, hat aber ständig Angst davor, seine Unabhängigkeit zu verlieren. So kapselt er sich emotional immer weiter ab, wird kühler, distanzierter und noch unverbindlicher. Dadurch entwickelt er Schuldgefühle, womit er sich selbst psychisch unter Druck setzt. Nur wenn beide ähnliche Interessen und Ziele verfolgen, intellektuell und sozial eine gemeinsame Basis miteinander finden, können sie auf Dauer eine gleichberechtigte Beziehung aufbauen. Die bekommt dann allerdings schnell kameradschaftliche Züge, wobei der Sex anfangs ein sehr starkes Band sein kann, später aber eher eine untergeordnete Rolle spielt. Er kann damit gut leben. Sie nicht. Läuft ihr irgendwann ein sinnlicher Powertyp über den Weg, besteht durchaus die Gefahr, dass sie mit ihm durchbrennt. Und der Zwillinge-Mond wundert sich nur …

Diese Kombi ist schwierig, weil

■ … sie ein feuriger, leidenschaftlicher Vollbluttyp ist, der Herausforderungen, Abenteuer und Sinnlichkeit braucht, während es ihm reicht, viele Ideen zu entwickeln, darüber zu diskutieren, um neue Pläne zu schmieden, die er letztlich aber nicht realisiert. *Außerdem:* Sie will seelische Nähe, geistigen Austausch, aber auch erfüllende Sexualität. Problematisches Duo.

Diese Kombi ist möglich, wenn

■ … sie sich gegenseitig ausreichend Freiräume zugestehen, in denen jeder unabhängig vom anderen in seine »Welten« eintauchen und dem anderen auch mal einen Treuebruch verzeihen kann.

SEIN MOND IM EINFÜHLSAMEN WEIBLICHEN KREBS

Zu viele Widersprüche

Schon bei der ersten Begegnung elementare Fehler – sie zeigt ihm ihre Zuneigung viel zu schnell und zu stürmisch. Sie gibt ihm alles, will ihn erobern und glücklich machen! Seine verletzbare Seele und sein liebesbedürftiges Herz schreien zwar nach Nähe, Zuwendung und Fürsorge, aber er reagiert fast panisch auf ihre feurige Leidenschaft. Ihre spontane Direktheit verunsichert und überfordert ihn. Ihren emotionalen Ausbrüchen fühlt er sich schutzlos ausgeliefert.

Oft tarnt er seine eigene Unsicherheit – auch indem er auf subtile Weise versucht, sie von sich seelisch abhängig zu machen, indem er zum Beispiel einfühlsam über ihre Schwächen, Fehler und Ängste hinwegsieht, sie beruhigt, lobt, tröstet und immer wieder ermutigt. Je mehr er spürt, dass eigentlich sie die Stärkere in der Beziehung ist, desto hysterischer versucht er, sie zu klammern. Sein Verhalten ist voller Widersprüche: Er will zwar ihre Nähe, bestraft sie aber durch verletzendes Verhalten, wenn sie sie ihm gibt. Er will zwar Gefühle austauschen, ist aber der Wucht ihrer starken Emotionen nicht gewachsen.

Von ihr erwartet er Einfühlungsvermögen, Rücksicht, Toleranz und Anpassung, während er ihr all seine Stimmungsschwankungen und Launen von lieb bis mürrisch zumutet und zwischen Zuckerbrot und Peitsche, Verwöhnattacken und verletzender Abweisung ihr gegenüber hin- und herschwankt.

Ihre offene Natürlichkeit macht sie überall beliebt. Darauf ist er eifersüchtig, zieht sich schmollend zurück. Tödlich beleidigt, wenn sie seine zarten Annäherungsversuche übersieht, fühlt er sich schnell missverstanden, missachtet und wertlos und leidet stumm und mutlos vor sich hin. Ewige zermürbende Auseinandersetzungen. Zu große Unterschiede in Charakteren und Lebenszielen lösen schon bei kleinsten Anlässen heftige Krisen aus, die die Beziehung in den meisten Fällen scheitern lässt, auch wenn sie sich irgendwann erschöpft arrangieren.

Nur geringe Glückschancen, weil jeder letztlich wenig Verständnis für die Andersartigkeit des anderen hat und deshalb dem anderen gegenüber immer öfter seine unangenehmsten Seiten zum Ausdruck bringt.

Diese Kombi ist schwierig, weil

■ … ihm ihre stürmische, laute Art und ihre erotischen Ansprüche überfordern und sie seine Überempfindlichkeit und Launen nicht erträgt. Jeder wird immer unzufriedener an der Seite des anderen.

Diese Kombi ist möglich, wenn

■ … er sich von ihrem Temperament mitreißen und sie nicht so an seiner Überempfindlichkeit und seinen Stimmungsschwankungen leiden lässt. Außerdem: Sie sollte ihm nicht nur ihre Aufmerksamkeit, sondern seiner zarten Seele auch ihre ganze Fürsorge schenken.

SEIN MOND IM EROTISCHEN MÄNNLICHEN LÖWEN

Glück, wenn …

Sie verstehen sich auf Anhieb, ihre Herzen schlagen im gleichen Takt. Beide wollen im Feuer der Leidenschaft brennen und sind sinnlich, feurig, leidenschaftlich, stolz und erobernd. Die Frage, wer wen zuerst verführt, erübrigt sich, wahrscheinlich geschieht es gleichzeitig. Sensationelle erotische Highlights! *Die Hürde:* Beide sind auch sehr egozentrisch, fordernd und kompromisslos. Wegen ihrer ähnlichen Charakterstruktur durchschaut jeder schnell den anderen – auch seine Tricks! Deshalb fordert jeder vom anderen immer neue Liebesbeweise, und manchmal tyrannisieren sie sich gegenseitig im Gerangel um Anerkennung, Einfluss und Macht. Jeder will sehen, wie weit er gehen kann.

Schon kleinste Unstimmigkeiten können als unerträglich empfunden werden und zur Krise führen. Dann wird es problematisch, weil jeder vom anderen erwartet, dass er Abbitte leistet, meist aber selbst zu stolz und verblendet ist, um seinen Anteil am Streit einzusehen.

Beide sind extrem empfänglich für alle Schönheiten des Lebens und leicht verführbar. Er betrachtet einen Seitensprung von ihr zwar als Majestätsbeleidigung, verzeiht ihr aber, wenn sie genügend Buße tut und seine Ehre dadurch wiederherstellt. Geht er fremd, leidet sie mehr, als es nach außen den Anschein hat. Denn sie ist zutiefst in ihrem inneren Selbstverständnis erschüttert, zweifelt sofort an ihrer Attraktivität und kann durch seinen Treuebruch in eine regelrechte Identitätskrise stürzen. Er überhäuft sie dann zwar mit kostbaren Geschenken, Liebesbeteuerungen und neuen Treueversprechen (die er meist nicht halten kann), will sie um jeden Preis zurückgewinnen. Beide brauchen intensive gefühlsmäßige Nähe. Dazu müssen sie aber rücksichtsloses, egoistisches Verhalten aufgeben und ihre emotionale Schutzhülle ablegen. Gelingt ihnen das, werden sie ihre gegenseitigen Dominanzansprüche auch noch spielend überwinden. Und dann gibt es Glück pur!

Diese Kombi ist schwierig, weil

■ … beide egozentrische Hitzköpfe sein können, die weder Kritik ertragen noch eigene Schwächen und Fehler zugeben können. *Nervig für sie:* seine Eitelkeit und seine Selbstgefälligkeit. *Nervig für ihn:* ihre Besserwisserei und ihre dominierende Art.

Diese Kombi ist möglich, wenn

■ … beide auch in kritischen Situationen ihren herrlichen Humor bewahren, auf Vorwürfe und Schuldzuweisungen verzichten und nach einem Streit sich ganz der leidenschaftlichen Versöhnung widmen.

SEIN MOND IN DER KRITISCHEN WEIBLICHEN JUNGFRAU

Entwicklungsfördernd, aber anstrengend

Sein mimosenhaft-empfindlicher Jungfrau-Mond steht beziehungslos zu ihrer ungestümen, temperamentvollen Widder-Sonne. Deshalb ist sie zunächst für ihn eine märchenhaft schillernde, sprühende Frau – fremd und faszinierend, wie von einem anderen Stern. Und gerade ihre Andersartigkeit kann ihn anfangs magisch anziehen. Ihr Feuer und ihr unerschütterlicher Optimismus locken ihn aus seiner Passivität, Skepsis und Ängstlichkeit, bringen sein Gefühlsleben auf Trab. Dafür kann sie sich an seiner Seite so richtig austoben und die Regie übernehmen.

Er fördert ihr praktisches Geschick (Tapezieren, Basteln, Renovieren). Und wenn er durch sie den Handwerker sparen kann, steigt sie noch mehr in seiner Achtung, und er überlässt ihr noch viel lieber die Führung in ihrer Beziehung.

Ist die Partnerschaft allerdings überwiegend auf die Bewältigung der Alltagspflichten ausgerichtet, kommt die Widder-Frau zu kurz. *Aber:* Als ungestümes Temperamentbündel mit geringer Frustrationstoleranz macht sie ihre Ansprüche lauthals und deutlich geltend. Sie lässt sich nicht einschüchtern und nichts gefallen und setzt sich meistens durch. Es tut ihr gut, durch ihn erdverbundener und praktischer zu werden. Er genießt es wiederum dank ihrer feurigen Fantasie und Kreativität, einen Ausgleich zu seinem übertriebenen Realismus, seiner extremen Nüchternheit zu finden. An seiner Seite wird sie stärker und selbstbewusster, solange sie spürt, dass er ihren Gefühlsreichtum, ihre Lebendigkeit und Spontaneität braucht und immer wieder zu schätzen weiß. Nimmt er sie aber – vielleicht gerade aus diesen Gründen oder wegen ihrer gelegentlichen Naivität – in wesentlichen Lebensfragen nicht ernst, kracht es gewaltig. Die Funken sprühen. Er ist ihrem Feuer und Temperament auf Dauer nicht gewachsen und unterwirft sich ihr im Laufe der Jahre fast ergeben – vorausgesetzt, sie bleiben überhaupt zusammen.

Während er für Sicherheit, Ordnung und Beständigkeit steht, repräsentiert sie Freiheit, Kreativität, Lebendigkeit.

Eine aufregende, spannende, aber aufgrund der großen Unterschiedlichkeit auch extrem anstrengende Partnerschaft, in der sich beide zwar wunderbar entwickeln, aber auch aneinander aufreiben können.

Diese Kombi ist schwierig, weil

■ … sie seine empfindlichen Nerven mit ihrem ungestümen Feuer reichlich überstrapaziert und sie sich von seiner Pedanterie, seiner Nörgelei und seiner extremen Sparsamkeit (bis hin zu Geiz) total genervt fühlt. Er erträgt es nicht, dass Einwände, Zweifel und Bedenken bei ihr auf taube Ohren stoßen.

Diese Kombi ist möglich, wenn

■ … sie gegenseitig mehr Verständnis für ihre Andersartigkeiten entwickeln, ihre Talente geschickt ergänzen und keiner den anderen in wesentlichen Bereichen seiner Entwicklung einschränkt.

SEIN MOND IN DER DISTANZIERTEN MÄNNLICHEN WAAGE

Konfliktreich

Ihr Strahlen, ihr Optimismus, ihr feuriges Temperament, ihre vitale Kraft sowie ihr sagenhafter Mut und Humor hauen ihn förmlich um. Sie fährt total auf seine guten Manieren, seinen Charme, sein umwerfendes Outfit und seine unzähligen kleinen Aufmerksamkeiten ab. Durch sein ausgeglichenes Wesen sowie seine innere Harmonie kommt sie (erst einmal!) zur Ruhe.

Ganz und gar betört von seiner smarten Erscheinung, stürzt sie sich bedingungslos und leidenschaftlich in eine Beziehung mit ihm. Spürt er allerdings, dass auch sie von ihm uneingeschränkte Hingabe erwartet, schnürt es ihm bei aller Liebe regelrecht die Kehle zu! Er verzehrt sich zwar nach ihrem erotischen Feuer, fühlt sich von ihrer Natürlichkeit und Wärme extrem angezogen und beglückt, aber was sie ihm gibt, kann er ihr nicht bieten. *Im Gegenteil:* Er bemüht sich von Anfang an, jeder Verbindlichkeit und Verantwortung aus dem Weg zu gehen, weicht ihr aus, wenn sie ihn festnageln möchte und Zukunftspläne schmiedet. Er reagiert zwar freundlich, aber trotz gemeinsamer Interessen und Anziehung emotional nicht wirklich erreichbar für sie. Während sie um neue Gemeinsamkeiten kämpft, scheint er immer mehr auf dem Sprung zu sein, um ihrer Fessel zu entkommen. Während sie sich bemüht, für ihn so verführerisch und attraktiv wie möglich zu sein, versucht er schon bald, seinen Freiraum so weit wie möglich auszudehnen – und das meist auf ihre Kosten.

Trotz tiefer Anziehung und leidenschaftlicher Liebesgefühle ist für ihn nur eine Beziehung in Freiheit denkbar und erträglich. Auch wenn es ihnen gelingt, viele Streitpunkte auszuräumen – sie seinetwegen sogar auf Piercings, Tattoos und kultig-schrille Rasurhaarschnitte verzichtet –, je stärker seine Gefühle für sie werden, desto panischer und verzweifelter sucht er bei ihr nach Fehlern, um sich bloß nicht zu stark an sie zu binden. Nur wenn sie seine Fluchtmanöver und sein ständiges Ringen um Unverbindlichkeit nicht allzu persönlich auf sich bezieht, sondern durchschaut, dass seine Angst, sich gefühlsmäßig ganz auszuliefern, seine ureigene innere Problematik (ausgelöst durch schmerzliche Kindheitserfahrungen) ist, die ihn daran hindert, sich vertrauensvoll und gänzlich auf einen Menschen einzulassen, und wenn sie sich damit arrangieren kann, hat ihre Beziehung eine Chance. Sehr konfliktgeladen.

Diese Kombi ist schwierig, weil

■ ... sie kein Blatt vor den Mund nimmt, sondern auch mal ins Fettnäpfchen tritt, während er sich dann vor Peinlichkeit windet. Sie ist genervt von seinem Anspruch, ständig topgestylt sein Aushängeschild sein zu müssen. *Außerdem:* Er scheut sich vor Nähe und Verbindlichkeit – sie braucht das offene Bekenntnis des Partners.

Diese Kombi ist möglich, wenn

■ ... sie dank vielfältiger gemeinsamer Interessen (zum Beispiel Kunst) immer mehr Verständnis füreinander entwickeln und jeder tolerant über die Schwächen des anderen hinwegsehen kann.

SEIN MOND IM EMPFINDLICHEN WEIBLICHEN SKORPION

Wenig Chancen – viel zu aufreibend

Eigentlich offen und risikobereit, wecken schon bei der ersten Annäherung dunkle Ahnungen sämtliche Warnsysteme bei ihr. Ihr Unterbewusstsein schlägt Alarm, wenn er sich immer intensiver um sie bemüht. Zu Recht! Während ihr stürmisches Temperament, ihre sprühende Lebensfreude und ihr mitreißender Optimismus Balsam für seine schwerblütige, melancholische Seele sind, wirkt seine besitzergreifende und dominante Art bedrohlich auf sie. Wenn sie sich nicht davor hütet, ihm naiv und blind zu vertrauen, macht er sie mit seinem Charisma, seiner Magie und seinen subtilen Methoden ganz schnell abhängig von sich.

Er erträgt es nicht, abgelehnt oder verlassen zu werden, und belastet die Beziehung mit seiner rasenden Eifersucht und seinen ständigen Kontrollen. Er verspricht, alles für sie zu tun, und hält sein Versprechen auch. Hat er sie erst einmal materiell abhängig gemacht, versucht er auch, sie seelisch vollkommen an sich zu binden.

Bemüht sie sich, verunsichert und eingeschüchtert, um Harmonie mit ihm, verdirbt er die Stimmung mit seinem extremen Misstrauen, verletzt sie mit seinem »giftigen« Skorpion-Stachel. Aber immer wieder betören sie seine Liebes- und Besserungsschwüre, machen sie sein verführerischer Charme und seine fast animalische Sinnlichkeit ganz schwach. Bevor er sie zu einem endgültigen Bekenntnis drängen kann, ihre Entscheidung für ein gemeinsames Leben mit ihm »erpresst«, versucht sie, sich von ihm zu lösen und noch rechtzeitig den Absprung zu finden. Aber will sie endlich gehen, weil sie die nervlichen Zerreißproben und eifersüchtigen Kontrollen nicht mehr erträgt, wird er wieder unendlich liebevoll und sie wieder zu Wachs in seinen Händen.

Da eine befriedigende dauerhafte Beziehung nur auf tiefem Verständnis und Vertrauen aufgebaut werden kann, haben diese beiden Charaktere wegen ihrer zu großen Unterschiede kaum Chancen, es miteinander auszuhalten, geschweige denn glücklich zu werden.

Diese Kombi ist schwierig, weil

■ … er ihr mit seinem extremen Misstrauen, seinen eifersüchtigen Kontrollen und subtilen Manipulationsversuchen regelrecht Angst einjagt und sie in die Flucht schlägt. Er fühlt sich vollkommen missverstanden von ihr, fühlt sich zurückgewiesen und abgelehnt, wenn sie immer mehr größere Freiräume beansprucht.

Diese Kombi ist möglich, wenn

■ … er mit therapeutischer Hilfe an seinem tief verletzten inneren Kind arbeitet und beide lernen, vertrauensvoll aufeinander zuzugehen.

SEIN MOND IM OPTIMISTISCHEN MÄNNLICHEN SCHÜTZEN

Seelenverwandt

Wo immer sie sich auch begegnen, beim Joggen, einer Podiumsdiskussion, einer Fotosafari, im Fitnesscenter oder im Reisebüro, sie fühlen sich sofort zueinander hingezogen. Schon beim ersten Blickkontakt haben sie das Gefühl, sich Ewigkeiten zu kennen und endlich wiederzufinden … Seelenverwandtschaft!

Beide lieben anregende Geselligkeit, nächtelanges Philosophieren, Abenteuer, sportliche Wettkämpfe, weite Reisen, Flirts und entfesselte Leidenschaft. Sie haben den gleichen Humor, den gleichen unerschütterlichen Optimismus und sind großzügig, temperamentvoll und mitreißend.

Er fährt sofort auf ihren Sexappeal ab, sie auf seinen Charme, seine Verführungskünste. Sie empfinden sich wie füreinander geschaffen und glauben anfangs an eine Traumbeziehung. Eine Traumliebe ist es auch! Aber kompliziert wird es, wenn sie auf Verlobung, Heirat, Familiengründung oder auch nur eine gemeinsame Wohnung drängt: Auch er will zwar Liebe total, aber er braucht auch extrem große Freiräume und völlige seelische Unabhängigkeit. Sie fällt bei seinem Zögern und seinen »Fluchtversuchen« aus allen Wolken, fühlt sich schnell minderwertig, ist unsäglich traurig und gefrustet, besonders wenn er auf ihre Nähe plötzlich mit immer größerer Angst reagiert, Verabredungen immer häufiger absagt und immer mehr auf Distanz geht. Sie macht ihm Szenen, wenn er immer heißer mit anderen flirtet. Er entwickelt dann zwar Schuldgefühle, versteht aber nicht, dass sie sich aus Verzweiflung über sein Verhalten in eine Affäre stürzt, im Grunde, um ihn eifersüchtig zu machen und zurückzugewinnen.

Das geht ihm aber entschieden zu weit. Sein Stolz ist verletzt, sein Glaube an ihre große Liebe erschüttert. Und obwohl er großzügig ist, ist es nicht sicher, ob er über ihren Fehltritt hinwegkommt. Wenn nicht, beginnt er, das innere Band zu ihr zu lösen.

Sie ist zu eigensinnig, uneinsichtig und naiv, um zu erkennen, was da wirklich in ihm vorgeht, und kann die Situation nicht auffangen. Sein großer Freiheitsdrang und sein Wunsch nach einer einzigartigen, außergewöhnlichen

Partnerin lässt ihn nie richtig zur Ruhe kommen. Seine Blicke wandern immer ...

Nur wenn beide behutsam, tolerant und nachsichtig miteinander umgehen und so stark sind, dass sie nach ihren Höhenflügen des Glücks auch mal einen »Absturz« verkraften, sich zum Beispiel gegenseitig einen Seitensprung verzeihen, kann diese Beziehung auf Dauer wirklich Bestand haben. Eigentlich große Glückschancen.

Diese Kombi ist schwierig, weil

■ ... für beide Flirts, Liebe und Leidenschaft echtes Lebenselixier sind, während Routine und Alltagspflichten in einer strukturierten Dauerpartnerschaft sie aber große Überwindung kostet.

Diese Kombi ist möglich, wenn

■ ... sie einen Weg finden, ihre Liebe auch noch nach Jahren der Partnerschaft so lebendig zu erhalten, dass keiner die Beziehung durch ständige Seitensprünge gefährdet.

SEIN MOND IM GEFÜHLSGEHEMMTEN WEIBLICHEN STEINBOCK

Unvereinbare Welten – Fetzen fliegen!

Geprägt durch eine entbehrungsreiche Kindheit (schwierige Mutterbeziehung), zweifelt er unbewusst zutiefst daran, Liebe überhaupt verdient zu haben. Deshalb kann er noch als Erwachsener große seelische Belastungen aushalten und neigt dazu, in der Liebe genau die »richtigen« falschen Frauen anzuziehen und eine Partnerschaft auch dann noch aufrechtzuerhalten, wenn beide dabei eigentlich nur noch leiden. Kein Wunder, dass er irgendwann auch mal bei einer Widder-Dame landet. Wenn die von all ihren treulosen Charmeuren und windigen Abenteurern mal wieder restlos enttäuscht wurde, könnte auch sie bei ihm Halt, Schutz und Geborgenheit suchen, weil er, ruhig, zuverlässig und solide, sich so wohltuend von seinen Vorgängern abhebt.

Ihr feuriges Temperament tickt ihn zunächst erotisch sehr an. Ihre Geradlinigkeit, Offenheit und Naivität ermutigen ihn, Ordnung in ihrem Leben zu schaffen, sie aus ihrem gelegentlichen Liebes- und Gefühlschaos zu befreien.

Obwohl er sie mag, geht sie ihm aber nicht so tief unter die Haut, dass er Angst haben müsste, sich ganz an sie zu verlieren und ihr emotional ausgeliefert zu sein. Sie durchbricht seinen eisernen Gefühlspanzer nicht und findet auch keinen echten Zugang zu seiner Seele. Beide geben sich dennoch redlich Mühe, miteinander auszukommen.

Er will auf keinen Fall ein Versager sein, erträgt schon deshalb nicht, dass ihre Beziehung zerbricht. Hat sie sich an seiner Seite wieder von ihren vielen Enttäuschungen und kräftezehrenden Liebeseskapaden erholt, erwachen ihre Abenteuerlust und ihr Leichtsinn aufs Neue. Dann kann sie die Flirts mit ähnlichen Temperamentbündeln nicht lassen. *Folge:* Die Fetzen fliegen!

Es tut ihr zwar leid, dass sie seine Gefühle so tief verletzt, aber wenn sie erkennt, dass er nicht aus wahrer Liebe so extrem an ihr festhält, sondern weil er das Verlassenwerden nicht erträgt, ringt sie sich schnell zu einem Schlussstrich durch, kappt alle Bande rigoros. Dann findet er das Urmuster seiner Psyche mal wieder bestätigt, dass er keiner Frau je vertrauen kann. Es mag eine Weile dauern, aber dann erkennt jeder, dass ihre Beziehung eine wichtige Lern- und

Entwicklungsphase für jeden war, die Trennung aber eine echte Erlösung für beide darstellt.

Diese Kombi ist schwierig, weil

■ ... ihre großen Gegensätze anfangs für beide etwas Spannendes und Erregendes hatten, aber innerhalb einer andauernden Beziehung zur echten Belastung werden.

Diese Kombi ist möglich, wenn

■ ... beide sich miteinander auf ein Abenteuer einlassen, keine großen Erwartungen aneinander knüpfen, sich für gewisse Zeit gegenseitig in ihrer Entwicklung fördern, sich nur gelegentlich sehen und nicht zusammenziehen.

SEIN MOND IM UNNAHBAREN MÄNNLICHEN WASSERMANN

Ausschlussverfahren – Sex oder Liebe

Er mag ihre Fröhlichkeit, ihr direktes, unbekümmertes, naives Wesen und ihre unangepasste Art, sich gelegentlich etwas schrill, etwas zu laut und sexy zu präsentieren. Er ist ein unorthodoxer Exzentriker, der es liebt, wenn eine Frau – so wie sie – aus der Mischung »verrücktes Huhn« und »Femme fatale« ihre Reize deutlich unterstreicht und völlig ungeniert zur Schau stellt, auch um damit Spießbürger zu provozieren und zu schocken.

Sie reagiert fasziniert auf seine Intelligenz, seine lockeren Sprüche, seine außerordentliche Fantasie und seine herrlichen Verrücktheiten und genießt das freche Wort-Pingpong beim Flirten mit ihm. Solange die Beziehung unverbindlich bleibt, jeder jedem die Freiheiten lässt, die er braucht, läuft alles bestens.

Er wahrt allerdings mehr innere Distanz als sie. Er fühlt sich extrem zu ihr hingezogen, solange sie keine Ansprüche stellt, keine Lippen- und Liebesbekenntnisse von ihm erwartet und nicht versucht, ihn in eine feste Beziehung zu locken. Sobald er aber merkt, dass er sein Herz an sie verliert, wahre, tiefe Liebe für sie empfindet, geht er schnell wieder auf Abstand zu ihr, vor allem in erotischer Hinsicht. Bei ihm gibt's nur Sex oder Liebe. Das eine schließt das andere in seinem unbewussten Empfinden immer mehr aus.

Sie aber wird unglücklich, wenn sie sich nicht mehr von ihm begehrt fühlt, braucht Zeit und Reife, um sein kompliziertes Wesen zu ergründen. Für sie wird immer klarer, dass er sich ihr gefühlsmäßig nicht annähernd so öffnet wie sie sich ihm. Da mag sie lange hoffen, dass sie ihn ändern kann – ohne zu erkennen, dass er sich, möglicherweise mit therapeutischer Hilfe, selbst ändern müsste.

Trotz großer Anziehung zwischen den beiden kann es nur eine dauerhafte Beziehung geben, wenn jeder bereit ist, ganz bewusst an seiner eigenen Problematik zu arbeiten und sich den »blinden Flecken« seiner Seele zu stellen. Um das zu schaffen, müssten beide heftige Krisen und den Weg durch tiefe Täler gemeinsam durchstehen. *Das Schwierigste dabei:* der Mut für die schmerzlichen Konfrontationen mit sich selbst, den beide auch noch gleichzeitig aufbringen müssen. Sehr unwahrscheinlich.

Diese Kombi ist schwierig, weil

■ ... er sich emotional nur bedingt öffnen kann und feste Bindungen scheut. *Und:* Sie braucht ein klares Liebesbekenntnis, will begehrt werden und leidenschaftlich lieben.

Diese Kombi ist möglich, wenn

■ … beide sich tolerant und großzügig gegenseitig all die Freiräume zugestehen, die jeder braucht, und keiner auf die Idee kommt, den anderen an die kurze Leine zu legen, ihn zu vereinnahmen und in eine bürgerliche, feste Beziehung zu locken.

SEIN MOND IN DEN SEHNSUCHTSVOLLEN WEIBLICHEN FISCHEN

Feuer und Wasser – fremde Welten

Wenn er anfangs in seiner illusorischen Verschmelzungssehnsucht und Verliebtheit auch glaubt, dass sie die Erfüllung all seiner Träume ist, weil er sie idealisiert und seine unerfüllten Sehnsüchte auf sie projiziert, merkt er im Alltag schnell, was er eigentlich schon in der ersten Sekunde geahnt, aber gleich wieder verdrängt hat: dass sie beide in völlig unterschiedlichen und unvereinbaren Welten leben!

Sie, stürmisch, abenteuerlustig und gierig auf das pralle Leben, wünscht sich einen weltgewandten, unternehmungslustigen Partner, der mit ihr reist und ausgeht, einen feurigen Liebhaber, der sie heiß begehrt, und einen Kumpel, mit dem sie alles teilt. Aber schon bald muss sie erkennen, dass er ein sensibler Träumer mit vielen emotionalen Schwächen, Ängsten und Unsicherheiten ist, der sich eher mühsam durch das raue Leben kämpft. Die meiste Zeit schwebt er in höheren Sphären, strebt geistige Ziele und eine spirituelle Entwicklung an, was ihr völlig fremd ist. Seine Lust auf Partys und irdische Abenteuer hält sich in Grenzen und versiegt im Laufe der Zeit immer mehr. Er trifft sich lieber mit Gleichgesinnten in psychologischen Workshops, Selbsterfahrungsgruppen oder Meditationsrunden. Ihre laute, ungestüme Art erschreckt ihn. Er kann nicht verstehen, dass sie seine Gedanken und Wünsche nicht erahnt, so wie er ihre. Trotzdem hat er aber ein so tiefes Verständnis für alles Menschliche, dass er sie an seiner Seite so akzeptiert, wie sie ist.

Aber: Durch den mangelnden Gleichklang öffnet er sein Herz für neue Begegnungen, hält sich zunächst heimlich eine, zwei oder sogar drei »Nebenfrauen«, ohne dabei seine »Hauptfrau« abzulehnen oder gar verletzen zu wollen. Sie langweilt sich entsetzlich, wenn er sich in seine philosophischen Bücher vergräbt, das Hirn über den Sinn des Lebens zermartert oder in einem Meer von Weltschmerz versinkt. Jeder geht seiner Wege, und beiden wird erst, wenn schon alles längst zu spät ist, bewusst, dass sie sich sang- und klanglos aus den Augen verloren haben – und keiner ist wirklich traurig darüber.

Diese Kombi ist schwierig, weil

■ ... sie als erstes Frühlingszeichen und er als letztes Winterzeichen mit völlig unterschiedlichen Anlagen und letztlich in ebenso unterschiedliche Richtungen streben. Sie ist ein Frühstarter, der das Leben aufreißen und erobern will, und er ein Spätstarter, der in höheren geistigen Aufgaben aufgeht.

Diese Kombi ist möglich, wenn

■ ... er ihre vitalen Lebensinteressen (Familie gründen, Sport treiben oder die Welt bereisen) akzeptiert und sie seine künstlerischen und spirituellen Neigungen.

SIE SONNE IM BEHARRLICHEN WEIBLICHEN STIER

SEIN MOND IM FEURIGEN MÄNNLICHEN WIDDER

Nicht einengen

Es imponiert ihr, mit welcher Entschlossenheit, welcher Power und welchem Mut er Hindernisse aus dem Weg räumt und wie begeistert, offen und leidenschaftlich er sie umwirbt.

Ist er erst einmal ihrem Charme, ihrem sinnlichen Eros, ihren hinreißenden Zärtlichkeiten, Grübchen und einmaligen Kochkünsten erlegen, kann er gar nicht mehr anders, als ihr ganz schnell ins Netz zu gehen.

Sie will ein Haus. Er baut es ihr. Dass sie mit ihm den Handwerker spart, weil er fast alles selbst reparieren kann, findet sie super, und das bindet sie noch stärker an ihn. Langsam, aber sicher ergreift sie immer mehr Besitz von ihm. Indem sie eifersüchtig jeden seiner Schritte überwacht, legt sie ihm immer engere Fesseln an. Spätestens dann leuchten alle Warnlampen bei ihm auf. Als feuriger Freigeist will er zwar leidenschaftlich lieben, ringt aber gleichzeitig um seine innere Unabhängigkeit. Das kann sie nicht dulden, da sie ihren Partner ebenso wie ihr Auto, Haus oder Bankkonto als Eigentum betrachtet. Fängt sie erst an, ihn zu kritisieren, hin und her zu schubsen, über ihn zu verfügen, ihn durch materielle Abhängigkeit an sich zu ketten, ihm zu drohen, ihn zu erpressen – psychisch oder finanziell –, dann bricht er aus. Das Gefühl des Ausgeliefertseins erträgt er ebenso wenig wie Ablehnung, Reglementierung, Einschränkung und, am allerwenigsten, Kritik.

Hat sie erst einmal seinen Stolz verletzt, ihn rücksichtslos vor anderen bloßgestellt, dann hat sie ihn endgültig verloren, selbst wenn er erkennt, dass nur ihre tief liegenden Verlustängste sie geradezu zwanghaft zu diesem Verhalten treiben. Er will Liebe, Abenteuer, viele gemeinsame Aktivitäten, aber niemals auf Kosten seiner Freiheit. Sie sucht in erster Linie Sicherheit, Schutz, Geborgenheit, Wärme und Zärtlichkeit. Sie will den ganzen »Tanz«, er nur die ersten Schritte … Beginnt er auszubrechen und fremdzugehen, fällt sie in tiefe Depressionen, ihr letzter Versuch, ihn doch noch über Mitleid zu halten. Aber damit kann er erst recht nicht umgehen und packt seine Koffer. Hoffnungslos. Erst wenn sie später feststellt, dass er das Geld mit beiden Händen ausgegeben hat – auch ihre Ersparnisse! –, weint sie ihm keine Träne mehr nach.

Diese Kombi ist schwierig, weil

■ … sie die Schlinge um ihn immer fester zieht und er mit allen Mitteln um seine Freiräume kämpfen muss. Außerdem steht sie mehr auf endlose Schmusestunden und Kuschelsex, während er eine feurige, experimentierfreudige Geliebte braucht. Er ist ihr zu umtriebig und sie ihm zu langweilig.

Diese Kombi ist möglich, wenn

■ … beide eine starke materielle Ausrichtung haben und gemeinsam erarbeitete Immobilien, Kunstschätze oder Ersparnisse niemals durch eine Trennung aufs Spiel setzen würden. Außerdem müsste sie ihre Eifersucht besiegen und er seine Fremdflirts stark reduzieren.

SEIN MOND IM BEHARRLICHEN WEIBLICHEN STIER

Seelenheimat

Haben sie sich erst einmal ineinander verliebt, kann jeder seine seelische Heimat im anderen finden. Beide möchten eine feste Bindung eingehen und wollen auf Dauer nicht allein sein. Hat es gefunkt, legt sie ihn sofort an die kurze Leine. Er strampelt zunächst noch etwas, weil er Angst vor Abhängigkeit und zu großer Verantwortung hat, der er sich nicht mehr entziehen kann. Aber da beide eine gewisse emotionale Unbeweglichkeit haben und lange an Meinungen, Gewohnheiten und Lebensumständen festhalten, weil sie Schwierigkeiten im Umgang mit allem Neuen und eine Vorliebe für geordnete Verhältnisse und Traditionen haben, wird meist schnell geheiratet, gebaut, für Nachwuchs gesorgt und eine Familie gegründet. Das gemeinsame Streben nach Sicherheit (Sparverträge, Lebensversicherung, Wertpapiere), ihre Vorliebe für Natur, materiellen Wohlstand, Musik und künstlerische Hobbys sowie die Abneigung gegen größere Veränderungen und Unruhe schweißen sie anfangs eng zusammen.

Insgeheim begehrt er irgendwann gegen diese enge Welt und den Alltagstrott auf und bekommt immer größere Lust auf Abwechslung – auch erotisch. Sie haben eine perfekt geregelte Partnerschaft, in der jeder zuverlässig seine Aufgaben übernimmt, dem anderen hilft und ihn jederzeit unterstützt. Im streng reglementierten Alltag und durch beider Mangel an Fantasie, Mut, Abenteuerlust, Flexibilität und Risikobereitschaft sowie strenge gegenseitige Kontrollen können leidenschaftliche Liebesgefühle auf der Strecke bleiben. Liebe und Gefühle sind »Kinder der Freiheit«! Besonders er neigt dazu, sie fest im Griff und in Abhängigkeit zu halten, sich selbst aber mehr Freiheiten herauszunehmen, als er ihr zugesteht. Für sie bricht eine Welt zusammen, wenn sie eines Tages seinen Seitensprung entdeckt. Er leistet zwar Abbitte, schwört Besserung und schenkt ihr als Zeichen seiner Liebe möglicherweise sogar ein teureres Schmuckstück als bei der Hochzeit, fällt allerdings aus allen Wolken, wenn sie daraufhin allein in den Urlaub fahren will oder ohne sein Einverständnis einen Selbstfindungskurs bucht.

Jetzt kommt es darauf an, dass beide die Krise nutzen, um erstarrte Lebensvorstellungen zu lockern, eigenständiger und unabhängiger voneinander zu werden. Gelingt ihnen das, steht ihrem Glück nichts mehr im Wege. Versuchen beide allerdings, krampfhaft und ängstlich den alten Zustand zu erhalten, ersticken sie ihre Gefühle und verkümmern mit- und nebeneinander.

Diese Kombi ist schwierig, weil

■ ... beide sich aus Angst und Unsicherheit gegen jede Veränderung sträuben und sich dadurch gegenseitig in ihrer Entwicklung hindern. Außerdem können dadurch sinnliches Begehren und Leidenschaft auf der Strecke bleiben.

Diese Kombi ist möglich, wenn

■ ... jeder sich Raum und Zeit für eigene Interessen und Unternehmungen nimmt, um dadurch neue Impulse und mehr Lebendigkeit in die Beziehung zu bringen.

SEIN MOND IN DEN FLEXIBLEN MÄNNLICHEN ZWILLINGEN

Unvereinbar!

Gegensätze ziehen sich an. Zunächst! Er zeigt ihr die weite Welt, das bunte, amüsante Leben in einer Vielfalt, wie sie es noch nie erlebt hat. Das macht ihr Spaß, regt sie an (und etwas auf).

Bei ihm kommt sie aus dem Staunen nicht heraus, und er findet in ihr die große Bewunderin, die ihn anhimmelt und geduldig seinen ständig wechselnden Lebensweisheiten lauscht und auch noch staunend an seinen Lippen klebt, wenn er in seinem unendlichen Redefluss nicht müde wird, ihr von immer neuen Geschichten und Abenteuern seines Lebens zu berichten.

Er wird immer attraktiver für sie, obwohl – oder gerade weil – ihr seine schillernde Gedankenwelt so fremd ist. Er bringt Spannung und Unruhe in ihr geregeltes, etwas eintöniges Leben. Darum bemüht sie sich ganz besonders, ihn irgendwie festzuhalten, ohne zu merken, dass sie damit schon den ersten großen Fehler macht. Je fester ihr Zugriff auf diesen freiheitsliebenden Mondtyp ist und je ernstere Absichten sie ihm signalisiert, desto mehr ergreift ihn das Unbehagen und desto öfter flüchtet er – geht auf berufliche Reisen, beantragt eine Kur. Aus der Ferne schreibt er ihr lange Briefe, in denen er ihr fast poetisch seine intimsten Gefühlsregungen beschreibt und genau die emotionale Nähe zu ihr aufbaut, die sie sich von ihm erträumt, die er ihr aber nicht geben kann, wenn sie ihm zu nah auf die Pelle rückt und Liebesbeweise fordert.

Wenn sie begreift, dass er aus panischer Angst vor Nähe Distanz halten muss und dass sein Verhalten, durch ihren extremen Besitzanspruch noch verstärkt, eigentlich gar nichts mit ihrer Person zu tun hat, können sie sich eine Weile arrangieren.

Er wird dann allerdings immer häufiger unterwegs sein, die Partnerschaft idealisieren und keine Mühe und Energie mehr in die Realisation investieren. Als kreativer Kopfmensch ersetzt ihm sein Wunschdenken über ihre Beziehung das konkrete Erleben. Wenn sie merkt, dass jeder ihrer Versuche, tiefe Seelennähe und eine leidenschaftliche Bindung mit ihm aufzubauen, kläglich scheitert, wird sie möglicherweise seine gute Freundin, sucht sich aber die große Lebensliebe woanders. Sie will Nähe, Sicherheit und Beständigkeit und ihn besitzen, er will grenzenlose Freiheit, Unabhängigkeit und seine Individualität bewahren, scheut große Verantwortung und zu große Verpflichtung. Unvereinbare Welten!

Diese Kombi ist schwierig, weil

■ ... er der freiheitsliebende, emotional unberührbare Denker ist und sie die besitzergreifende, »berührungssüchtige«, pragmatische Macherin. Außerdem reicht ihm eine kurze aufregende Zeit mit ihr, während sie einen festen Dauerpartner sucht.

Diese Kombi ist möglich, wenn

■ ... über andere ausgleichende Konstellationen in ihren persönlichen Horoskopen zumindest eine Freundschaftsliebe möglich wird. Außerdem müssen gegenseitige Ansprüche und Erwartungen erheblich heruntergeschraubt werden.

SEIN MOND IM EINFÜHLSAMEN WEIBLICHEN KREBS

Großer Gleichklang, schöne Harmonie

Sie klammert, er hält fest. Sie will ein Haus, er beschafft das Geld dafür. Materieller Besitz gibt ihr psychische Sicherheit. Auch er braucht ein gemütliches Zuhause, am liebsten mit schönem Garten: Kraft-Tankstelle für seine empfindsame Seele. Sie ist eine anschmiegsame, zärtliche Geliebte und fantastische Köchin. Er sorgt für ein schönes Eigenheim, legt ihr einen Kräutergarten an. Große Übereinstimmung und Harmonie in Hülle und Fülle. Ist sie mal traurig oder verärgert, macht er ihr ein kleines Geschenk. Hockt er erschöpft oder schmollend in der Ecke, bemuttert sie ihn liebevoll.

Jeder nistet sich förmlich in der Aura des anderen ein und vereinnahmt ihn völlig. Ein schwaches Selbstwertgefühl und innere Unsicherheit führen dazu, dass sie sich beide seelisch voneinander abhängig machen. Jeder braucht die Nähe des anderen, trifft keine Entscheidung ohne Absprache.

Stört ein anderer ihre Idylle, erwachen sofort bei jedem Eifersucht und Ängste. Er fühlt sich vernachlässigt und zieht sich missgelaunt zurück, reagiert sogar abweisend auf ihre Nettigkeiten, »bestraft« sie mit Liebesentzug. Dann macht sie ihm böse Vorwürfe und hysterische Szenen. So kann die Nähe der beiden zu unerträglicher Enge werden, sogar gelegentlich Hassgefühle auslösen.

Die tieferen Gründe: Seine belastete Mutterbeziehung muss sie ausbaden, indem er sie unbewusst anstelle seiner Mutter »bestraft«, von der er nie richtig frei werden konnte. Durch solche Krisen erkennen beide, dass sie trotz ihrer großen Übereinstimmung erst einmal an eigenen Psychomustern und Blockaden arbeiten müssen, um wirklich beziehungsfähig zu werden.

Erst wenn sie ihre Eifersucht und ihren extremen Besitzanspruch und er sein ängstliches Klammerverhalten überwunden hat, wenn beide dankbar sind für jede Art der Zuwendung, statt ärgerlich zu werden, wenn der Partner die eigenen Wünsche nicht erahnt und unaufgefordert erfüllt, erst dann haben sie eine echte Chance, dauerhaft miteinander glücklich zu werden.

Diese Kombi ist schwierig, weil

■ … durch die starken Übereinstimmungen schon kleinste Abweichungen von den gegenseitigen Erwartungen aneinander zu verletzendem Verhalten führen können. *Außerdem:* Jeder erlebt sich selbst im anderen und projiziert seine eigenen Schwächen auf ihn – »bestraft« ihn, obwohl er eigentlich sich selbst meint.

Diese Kombi ist möglich, wenn

■ … beide eine Lebensform finden, die jedem einerseits Nähe zum anderen ermöglicht, andererseits freie Entwicklungsspielräume lässt. Außerdem sollten sie sich nicht gegenseitig mit übermäßiger Eifersucht und mimosenhafter Empfindlichkeit quälen.

SEIN MOND IM EROTISCHEN MÄNNLICHEN LÖWEN

Verzehrende Leidenschaft – Kämpfe bis aufs Messer

Obwohl ihre Sonne in höchst kritischer Spannung zu seinem Mond steht, ist sie zunächst hingerissen von seinem Charme und Sexappeal. Seiner Art, ihr den Hof zu machen wie einer Königin, kann sie einfach nicht widerstehen. Auch wenn sie anfangs Bedenken hat und ahnt, dass sie sich mit ihm auf ein superanstrengendes Abenteuer einlässt, das auf ihre Kosten gehen könnte und bei dem im Zweifelsfall sie auf der Strecke bleibt, ist sie seinen unvergleichlichen Flirt- und Eroberungsstrategien sowie seinem Charisma total erlegen. Explosive, vulkanische Leidenschaft, superheißer Eros und filmreife Versöhnungen nach heftigen Streiten und Zerreißproben. Beide entwickeln sofort gegenseitige Besitzansprüche, bewachen sich mit großer Eifersucht.

Stolz und eitel beobachtet er, wie ihr überall bewundernde Blicke folgen, genießt es, um sie beneidet zu werden, reagiert völlig überzogen, wenn sie einem anderen auch nur für kurze Augenblicke ihr Interesse schenkt. Er erwartet von ihr uneingeschränkte Zustimmung, ständige Aufmerksamkeit, Bestätigung und Liebesbeweise. Er möchte zwar, dass sie an seiner Seite wie eine Königin erstrahlt, sich ihm aber im Alltag unterwirft.

Anfangs genießt sie seine Liebesbeteuerungen und großzügigen Geschenke, bis sie eines Tages merkt, dass er seinen eigenen Freiraum auf ihre Kosten ständig vergrößert. Sie hat zu kuschen, er erlaubt sich, was er will.

Nur wenn ihre Liebe stark oder ihre Abhängigkeit von ihm groß genug ist, sein Geltungsbedürfnis, seinen Ehrgeiz und seine oft verletzende Kritik zu ertragen, kann sie mit ihm eine einigermaßen tragfähige Beziehung aufbauen. Ihre realistische, bodenständige Art tut ihm gut, und sein feuriges Temperament, seine Begeisterungsfähigkeit und sein Optimismus nehmen dem Erdzeichen Stier die Melancholie und Schwere.

Sie bleibt auch nach einem Seitensprung bei ihm, genießt die leidenschaftliche Versöhnung. Mit seinen Schmeicheleien, Komplimenten und genialen Verwöhnideen bestätigt er ihre Weiblichkeit und versteht es, sie meistens wieder zu versöhnen.

Diese Kombi ist schwierig, weil

■ ... er als Gefühlsegozentriker zwar ihr Lebensmittelpunkt sein will, aber gleichzeitig erwartet, dass sie ihm alle Freiheiten lässt, die er ihr niemals zugestehen würde. *Außerdem:* Sie kann aus lauter Sorge an seiner Seite zum Schatten ihrer selbst mutieren, während er von ihren Kontrollen und ihrer Eifersucht extrem genervt ist.

Diese Kombi ist möglich, wenn

■ ... beide ihre gegenseitigen Besitzansprüche erheblich lockern würden und jeder dem anderen faire Entwicklungschancen zugesteht und die Luft zum Atmen lässt.

SEIN MOND IN DER MIMOSENHAFTEN WEIBLICHEN JUNGFRAU

Toll im Alter

Eigentlich sucht er ja eine Partnerin, die ganz anders ist als er, ihm einen echten Ausgleich für seinen extremen Realismus und seine nüchterne, erdige Sachlichkeit bietet, eine, die feurige Impulse und Leidenschaft in sein Leben bringt. Aber betört von dem Charme und der weiblichen Sinnlichkeit dieser Stier-Frau, beeindruckt von ihrem praktischen Geschick und ihrer Sparsamkeit, genießt er es, mit ihr auf einer Welle zu schwingen. Er fühlt sich sofort bei ihr durchweg zu Hause und von ihr verstanden.

Der große Schwung, das Erregende, Herausfordernde fehlt in ihrer Beziehung zwar, aber je liebesleiderfahrener, abgeklärter, reifer, älter und ruhebedürftiger beide sind, desto größer ist ihre Chance, dass sie miteinander glücklich werden. Große Entwicklungsschübe können sie allerdings nicht von ihrer Beziehung erwarten, wenn nicht andere Horoskopelemente Spannung in ihr Verhältnis bringen.

Hat sie eine dominante Sonne in ihrem persönlichen Horoskop und damit eine starke Autorität, genügend Eigenständigkeit, Durchblick und Selbstbewusstsein, wird sie früher oder später die Führung in ihrer Beziehung übernehmen. Er ist eher angepasst, ängstlich, empfindlich und unsicher, gelegentlich sogar unterwürfig, möchte aufreibenden Diskussionen aus dem Weg gehen. Einerseits gibt er ihr Geborgenheit und Sicherheit, weil er für sie durchschaubar ist, sie nicht durch unwegbares Verhalten beunruhigt oder verunsichert. Andererseits kann ihre Unzufriedenheit wachsen, weil er ihr zu wenig Anregungen bietet. Es besteht sogar die Gefahr, dass sie ihn dann dafür bestraft, dass ihr gemeinsames Leben zu langweilig verläuft, keinem mehr Entwicklungschancen bietet.

Außerdem müssen beide auch aufpassen, dass sich ihre Schwächen im Zusammenleben nicht verstärken: ihre Sturheit, sein Hang zu Geiz und Nörgelei …

Diese Kombi ist schwierig, weil

■ … durch ihre erdigen, unbeweglichen Naturelle zu wenig Schwung, Bewegung und Entwicklung in ihre Beziehung kommen kann. *Außerdem:* Er sucht immer nach dem Haar in der Suppe, obwohl sie sich alle Mühe gibt, die gemeinsamen Aufgaben zu bewältigen. Seine Einwände rauben ihr jede Motivation.

Diese Kombi ist möglich, wenn

■ … beide das »Geschenk« ihrer Begegnung, ihrer großen Übereinstimmungen und Liebe zu schätzen wissen und es wie eine zarte Pflanze pflegen.

SEIN MOND IN DER DISTANZIERTEN MÄNNLICHEN WAAGE

Schwierig!

Über ihre Sonne (ist ihr Sternzeichen) und seinen Mond herrscht der Eros- und Kunstplanet Venus. *Das bedeutet:* Sie haben beide große Freude an Musik, Theater, Gemälden und allem Schönen, was sie sehr vereinen kann. Aber auf emotionaler, psychischer und geistiger Ebene müssen sie große Unterschiede überwinden. Sie braucht unbedingte

Nähe, um sich sicher und geborgen zu fühlen. Er dagegen hält immer innere Distanz zu seiner Partnerin, ist ebenso sprunghaft, wankelmütig und schwankend in seinen Stimmungen und Launen.

Trotz körperlicher Anwesenheit ist er für sie zu verschlossen und seelisch absolut unerreichbar. So fühlt sie sich neben ihm oft allein und verlassen, versucht krampfhaft, ihn enger an sich zu binden. Aber je mehr sie klammert, desto größer wird sein Unabhängigkeitsdrang. Sie möchte ihm eine seelische Heimat geben, er weigert sich, überhaupt eine finden zu wollen, hat Angst, seine Freiheit zu verlieren und verletzt zu werden.

Er weckt durch sein distanziertes Verhalten alle ihre in der Kindheit geprägten Verlustängste. Sie möchte ein Haus, ein Geschäft, eine sichere Existenz aufbauen. Er bekommt Panik, wenn sie versucht, ihn zu vereinnahmen und in langfristige Verantwortlichkeiten hineinzuziehen. Irgendwann reißt ihr der Geduldsfaden: Sie droht, ihn zu verlassen, ist es leid, immer von ihm hingehalten zu werden. Wenn er sich nicht eindeutig zu ihr bekennt, weder Eigenheim noch Familie mit ihr will, sucht sie sich bei einem anderen, was er ihr nicht bieten kann.

Gelingt es ihr doch noch, ihn in eine feste Partnerschaft zu zwingen, findet er zwar Halt in der äußeren materiellen Sicherheit, die er mit ihr aufbaut, wird aber gefühlsmäßig in dem engen Rahmen, den sie ihm steckt, mit großer Wahrscheinlichkeit niemals glücklich. Macht sie ihm dann auch noch das Leben durch ständige Schuldzuweisungen und Vorwürfe schwer und ihn für ihr Glück oder Unglück verantwortlich, flüchtet er schnell in die Arme einer anderen. Ihre Erdenschwere nimmt ihm die Leichtigkeit. Mit ihren eifersüchtigen Kontrollen raubt sie ihm die Lebensfreude.

Auf Dauer hat ihre Beziehung kaum Chancen!

Diese Kombi ist schwierig, weil

■ ... beide kaum Berührungspunkte miteinander haben, sich seelisch und geistig zu wesensfremd sind. Er entzieht sich großer Nähe, sie kann gar nicht genug davon bekommen. *Außerdem:* Er braucht geistige Anregungen und geselligen Austausch – sie ist ganz auf Partner, Familie sowie Haus und Hof fixiert.

Diese Kombi ist möglich, wenn

■ ... beide über andere Konstellationen in ihren persönlichen Horoskopen Verbindungen knüpfen können, die beiden wichtig sind. *Außerdem:* Sie muss ihm seine Freiheiten lassen, er ihr zumindest die Sicherheit (zum Beispiel durch Besitz) garantieren, die sie braucht.

SEIN MOND IM VERLETZBAREN WEIBLICHEN SKORPION

Nach Sexrausch große Hürden und Zerreißproben

Zunächst ist ihre Beziehung ein sexueller Rausch: sie, beherrscht von Eros-Planet Venus, der großen Verführerin, und er (neben Pluto) auch vom begehrlichen, leidenschaftlichen, aber auch aggressiven Mars, der der großen Verführerin Venus nur allzu gern erliegt. *Folge:* Sie fallen in sinnlichem Begehren geradezu animalisch übereinander her und stürzen sich Hals über Kopf in ein gemeinsames Leben mit allem Drum und Dran – Heirat, Existenzgründung, Hausbau, Kindern.

Wegen großer Verletzungen in ihrer Kindheit ist für beide der Gedanke, verlassen zu werden, so unerträglich, dass jeder den anderen sofort eng an sich zu binden versucht, oft auch durch materielle Abhängigkeiten. Er registriert, wie sie, mit Genugtuung, dass schon die äußeren Umstände, in die sie sich hineinmanövrieren, kaum eine Chance lassen, dass einer den anderen je wieder verlässt.

Aber gerade das bildet im Laufe der Zeit reichlich Nährboden für Konflikte, Krisen, seelische Probleme (zum Beispiel Depressionen). So kann ihre Beziehung schon bald zwanghafte Züge annehmen, wenn etwa jeder beginnt, den anderen misstrauisch zu kontrollieren, wahre Gefühle und Wünsche zu verbergen, weil er die subtilen Bedrohungen des anderen fürchtet und nicht erträgt.

Ausgerechnet die sonst selbst zum Klammern neigende Stier-Frau fühlt sich in dieser Beziehung regelrecht gefangen, leidet maßlos unter seiner Eifersucht und Rachsucht und fürchtet seine aggressiven Ausbrüche und seinen Hass. Spürt er, dass sie ihm entgleitet, blockiert er all ihre Emanzipationsbestrebungen und Freiheiten und behindert ihre Entwicklung, nur um seine Herrschaft über sie zu sichern und zu festigen. Meist gerät ihre Beziehung in eine Sackgasse, weil sie nicht in Freiheit geschlossen, sondern auf psychischen Ängsten und Defiziten aufgebaut wurde.

Schaffen beide es nicht, sich zu vertrauen und sich gegenseitig die Freiheiten zuzugestehen, die jeder braucht, um sich weiterzuentwickeln, bleibt die Beziehung häufig den noch bestehen, aber ohne echte Verständigung und Liebe.

Diese Kombi ist schwierig, weil

■ … er zu misstrauisch und extrem verletzend sein kann und ihr Angst einflößt, sodass sie sich entweder völlig verunsichert anpasst, neben ihm verkümmert oder die Flucht ergreift. *Außerdem:* Sie können sich gegenseitig so große Verletzungen zufügen, die keiner von beiden (besonders er nicht) dem anderen verzeihen kann.

Diese Kombi ist möglich, wenn

■ … beide mithilfe therapeutischer, aber auch geistiger Disziplin (zum Beispiel Yoga, Meditation oder geistiges Heilen) zerstörerische Psychomuster und Verhaltensweisen abbauen.

SEIN MOND IM FEURIGEN MÄNNLICHEN SCHÜTZEN

Untreu? Weg!

Zunächst verfällt er ihrem Charme, ihrer erotischen Schönheit, ihrer Herzlichkeit und ihrer Wärme. Sie ist hingerissen von seinem Temperament, seiner Kreativität und Fantasie sowie seinen großartigen Ideen, Visionen und Idealen. Er hat hohe Ziele im Leben, merkt aber schon bald, dass ihm Realitätssinn, Ausdauer, Geduld und Disziplin fehlen, um sich gegen Widerstände durchzusetzen. Sie scheint genau die Stütze und Hilfe zu sein, die er braucht, um seinen Traum, einmal im Leben etwas Großartiges zu schaffen, verwirklichen zu können. Solange es ihm gelingt, ihren Glauben an ihn zu stärken und zu erhalten, zieht sie mit ihm an einem Strang, tut alles, um ihm zu helfen.

Seine kreativen Ideen und hohen Ideale inspirieren sie. Er bringt frischen Wind und geistige Anregungen in ihr Leben. Allerdings steht sie nur so lange hinter ihm, wie er sich auch darum bemüht, seine Pläne zu realisieren und die hohen Moralansprüche, die er an andere stellt, auch selbst zu erfüllen.

Kritisiert sie ihn, wird er ungehalten. Macht sie ihm Vorwürfe, versucht er, seine Schuld- und Minderwertigkeitsgefühle mit Überheblichkeit und Besserwisserei zu überspielen. Nur wenn sie akzeptiert, dass er als fantasiebegabte Künstlernatur gelegentlich etwas unrealistisch, überspannt und weltfremd ist, kommen beide miteinander aus. Er ist ihr dankbar, wenn sie den Alltag organisiert und das Geld verwaltet (ohne ihn einzuschränken!). *Denn:* Überwältigt von der Vielzahl seiner Empfindungen, Fantasien, Vorstellungen und Gedanken, reagiert er auf Alltagsprobleme oft wie gelähmt, ist blockiert, im richtigen Augenblick zu handeln und wirklich durchzustarten.

Sie ist bereit, diese Bürde für ihn mitzutragen, auch wenn ihr seine Welt fremd bleibt. Kritisch wird's nur, wenn er zu heiß flirtet und ihr untreu wird. Dann fühlt sie sich verraten und wirft das Handtuch.

Diese Kombi ist schwierig, weil

■ … sie extrem praktisch und materiell ausgerichtet ist, ihrem Partner treu zur Seite steht und er idealistisch, visionär und freiheitsliebend (auch in der Liebe) ist. *Außerdem:* Er erträgt ihre eifersüchtigen Kontrollen nicht, sie nerven seine ewigen Ausreden, wenn er mal wieder Pläne schmiedet, sie aber nie realisiert.

Diese Kombi ist möglich, wenn

■ … ihre enormen Unterschiede nicht zu Mauern zwischen ihnen werden. Außerdem wird er ihre eifersüchtigen Kontrollen aushalten und sie sich flexibler auf seine abenteuerliche, bunte Welt einstellen müssen.

SEIN MOND IM GEFÜHLSGEHEMMTEN WEIBLICHEN STEINBOCK

Gutes Team, aber Freude fehlt

Auch wenn beim ersten Flirt nicht gleich tausend Funken sprühen, spüren beide aber sofort, dass sie auf gleicher Wellenlänge schwingen. In der Zielsetzung ihres gemeinsamen Lebens werden sie sich schnell einig: arbeiten, Geld verdienen, Karriere anschieben, fürs Eigenheim sparen, Familie gründen, Rücklagen und Sicherheiten schaffen.

Er kommt erst so richtig in Schwung, wenn er für das Erreichen seiner Ziele zahlreiche Hindernisse überwinden muss, misst seinen persönlichen Wert als Mensch über Erfolg und Leistung. Sie unterstützt ihn nach Kräften. Aber während beide jahrelang schuften, sich kaum Atempausen, Verwöhnmomente und kleine Freuden gönnen, empfindet sie immer deutlicher große, emotionale Defizite: zu wenig Zärtlichkeit, Nähe, Lob und Liebe. Aber auch zu wenig Zeit für offene Zwiegespräche über Gefühle, Sehnsüchte, Träume und Hoffnungen. Zunächst schiebt sie alles auf die viele gemeinsame Arbeit (»Wenn das Haus erst fertig ist ...«). Aber wenn die geschafft ist, merkt sie schnell, dass nichts »... ganz anders und viel besser« wird.

Denn durch eine schwierige Beziehung zur Mutter, die entweder kaum Zeit für ihren Sohn hatte oder gefühlsmäßig distanziert war, hat er nie richtiges Vertrauen zu Frauen entwickeln können und einen Schutzwall um seine Gefühle gebaut. Deshalb neigt er dazu, alles, was er erlebt und fühlt, zu versachlichen oder mit sich selbst auszumachen, wirkt oft kühl, distanziert und verschlossen.

Es ist ein Schock für sie, wenn sie sich eingestehen muss, dass sie mit ihm zwar eine Familie gründen und eine tolle

Existenz aufbauen kann, aber gefühlsmäßig bei ihm nie auf ihre Kosten kommt. Sie fühlen sich zwar sicher, geborgen und verstanden, können sich hundertprozentig aufeinander verlassen, aber: Ihren Seelen wachsen keine Flügel, mit denen sie gemeinsam in Traumwelten entschweben und sich am Glück berauschen können.

Sie führen eine gute, stabile Partnerschaft. Alles wird geordnet, strukturiert und ein bisschen zu starr, unflexibel und langweilig geregelt, selbst der Sex! Ihr gemeinsames Leben hat einfach viel zu viele Pflichten, zu wenig Leichtigkeit, Inspiration, Leidenschaft und Freude. Da aber beide beharrlich und ängstlich sind, bleiben sie meist ein Leben lang zusammen – noch im hohen Alter mit einer unerfüllten Sehnsucht und so manchem Bedauern im Herzen ...

Diese Kombi ist schwierig, weil

■ ... beide vor lauter Strebsamkeit und Pflichterfüllung die Leichtigkeit des Seins verlieren. Sie schnüren sich mit allen ihren strengen Lebensregeln ein viel zu enges »Korsett«, lassen ihrer Psyche und Seele zu wenig Raum für Glück, Weisheit, Liebe und Erfüllung.

Diese Kombi ist möglich, wenn

■ ... beide unabhängig von ihrer engen, erdigen Sonne-Mond-Verbindung auch noch vitale, feurige und luftige Seiten haben, um Freude und Leidenschaft in ihr Leben zu bringen und niemals das Lachen miteinander zu vergessen.

SEIN MOND IM DISTANZIERTEN MÄNNLICHEN WASSERMANN

Reizvoll, aber nervenaufreibend, anstrengend und unbefriedigend

Reizvolle Fremdheit. Er ist für sie ein bewundernswertes Kreativbündel, ein unruhiger Individualist, der sie mit klugen Worten, außergewöhnlich verrückten Ideen und Überraschungen total verblüfft, aus der Reserve lockt und manchmal auch aus der Fassung bringt. Unfassbar und beeindruckend für ihn, wie gut organisiert sie ihr Leben meistert. Welch geniales, praktisches Geschick, welch sparsame Wirtschafterin! Zunächst ganz entzückt von ihren Talenten, überlässt er ihr ganz erleichtert die Haushaltsführung und Lebensplanung, aber nicht das ganze Geld! Geld ist Macht, und die will er behalten, um jeden Preis! Dafür manipuliert er andere auch völlig ungeniert.

Manchmal erträgt er ihre enge Umklammerung, ihren Anspruch auf mehr Nähe und Zärtlichkeit nicht, kann gar nicht verstehen, dass sie stundenlang schmusen möchte. Er ist ein egozentrischer Individualist, braucht zur Partnerin immer eine gewisse Distanz – und unbegrenzte Freiheit –, selbst wenn die auf ihre Kosten geht.

Sie bewacht ihn zwar ständig eifersüchtig, aber das ist auf Dauer völlig hoffnungslos. Irgendwann verliebt er sich garantiert in eine Märchenfee, die zumindest einen kurzen Ausflug mit ihm in seine Fantasiewelten wagt, mit ihm eine Weile der Realität entschwebt, von der er sich inspiriert und, zumindest für eine Weile, besser verstanden fühlt als von ihr.

Die Stier-Frau tobt zwar vor Eifersucht, weint nächtelang in ihre Kissen, lässt sich aber doch immer wieder, kurz bevor sie ihn sich endgültig aus dem Herzen reißt, von ihm becircen und bleibt. Wütend über sich selbst und darüber, dass sie ihm so ohnmächtig ausgeliefert ist, beginnt sie eine Therapie, um nicht ganz die Achtung vor sich selbst zu verlieren und in Depressionen zu versinken.

Schafft sie es, starre Gewohnheiten zu durchbrechen, ihre Verlustängste in den Griff zu bekommen, ihr mangelndes Selbstwertgefühl zu stärken und dadurch endlich unabhängig von ihm zu werden, sucht sie sich eines Tages doch noch einen anderen, der viel besser zu ihr passt.

Letztlich weint keiner dem anderen eine Träne nach. Zu große Unterschiede.

Diese Kombi ist schwierig, weil

■ ... jeder die Welt und das Leben aus völlig unterschiedlichen Perspektiven betrachtet. Anfangs fühlt sich jeder durch das Fremde im anderen angezogen, aber später schürt jeder mit seinem Verhalten nur noch die Ängste des anderen.

Diese Kombi ist möglich, wenn

■ ... er im persönlichen Horoskop ausgleichende Planeten in Erdzeichen und sie in Luftzeichen hat, damit sie sich zumindest miteinander arrangieren können. Außerdem sollten sie von vornherein verabreden, dass ihre Beziehung nur eine Durchlaufstation für beide ist und jeder den anderen freilässt, sobald sie spüren, dass das, was sie miteinander lernen sollten, abgeschlossen ist.

SEIN MOND IN DEN ROMANTISCHEN WEIBLICHEN FISCHEN

Erfüllend, beglückend – unvergesslich

Endlich einer, der schon im ersten »Augenblick« auf dem Grund ihrer Seele all ihre geheimen Wünsche und Sehnsüchte erahnt, der nichts gegen ihren festen Zugriff einzuwenden hat. Für ihn ist die äußere Form des Zusammenlebens in gewisser Weise sowieso nur reine Fassade, eine Illusion, wie das ganze Leben auf dieser Welt. Ihre zärtlichen Streicheleinheiten, ihre Hingabe und Fürsorge rühren sein Herz.

Ihren Wunsch nach Zweisamkeit unter einem Dach schlägt er ihr natürlich nicht ab, denn seine intensiven Gefühle kann er ja trotzdem völlig losgelöst von ihr und der ganzen Welt erleben: in der Traumwelt seiner inneren Seelenräume, in die ihm kaum jemand folgen und in der niemand von ihm Besitz ergreifen kann. Er ist sehr mitfühlend und kann mit seinem weichen Herzen niemandem bewusst wehtun. Und ihr, die ihn mit Streicheleinheiten und allem, was ihm guttut, verwöhnt, bei seinen Zärtlichkeiten regelrecht zu schweben beginnt, ihm vertraut und sich ihm gefühlsmäßig voll und ganz ausliefert, schon gar nicht!

Ihre Bodenständigkeit beruhigt und erdet ihn, von ihrer weiblichen Sinnlichkeit fühlt er sich durch und durch angezogen. Mit ihrem Realitätssinn gleicht sie seine Labilität und Weltfremdheit vollkommen aus und genießt es, von ihm gebraucht und verstanden zu werden. Ihre reale Welt und sein von allem losgelöstes Empfinden ergänzen sich perfekt. Beide schwelgen in Glück und Liebesgefühlen.

Er lässt sich niemals einfangen, besitzen. Sie spürt das zwar, akzeptiert es aber, solange er trotzdem eng mit ihr zusammenlebt. Schwierig wird es, wenn er seinem Hang zu Dreiecksbeziehungen nachgibt, in der illusionären Hoffnung, dass er erst mit zwei Frauen so richtig die Tragik menschlicher Einsamkeit überwinden kann. Es zerreißt ihr das Herz, wenn er sie betrügt, aber er wird ihr aus tiefster Überzeugung und mit treuem Augenaufschlag versichern, dass die andere seine Liebe zu ihr in keiner Weise schmälern kann. Falls sie ihm verzeiht, können sie miteinander alt werden.

Sonst geht sie, weil ihre Eifersucht sie auffrisst. Aber selbst wenn sie sich trennen und sie später mit einem anderen glücklich wird – vergessen kann sie ihn nie …!

Diese Kombi ist schwierig, weil

■ … er eine unstillbare Verschmelzungssehnsucht nach überirdischer Liebe hat, die ihm kein Mensch dieser Welt allein und auf Dauer erfüllen kann, er aber beim ersten Anflug einer neuen Verliebtheit doch wieder darauf hofft und selbst eine gut funktionierende Beziehung damit aufs Spiel setzt.

Diese Kombi ist möglich, wenn

■ … jeder, schon durch andere Liebesenttäuschungen gereift, ihre großen Übereinstimmungen zu würdigen und richtig einzuschätzen vermag. *Außerdem:* Ihm muss bewusst werden, dass hinter seiner extremen Liebessehnsucht eigentlich die Sehnsucht nach dem Göttlichen steht, die nur durch spirituelle Disziplin und aufrichtiges Streben nach Vollkommenheit gestillt werden kann.

SIE SONNE IN DEN HUMORVOLLEN MÄNNLICHEN ZWILLINGEN

SEIN MOND IM FEURIGEN MÄNNLICHEN WIDDER

Geniales Team!

Kein Wunder, dass ihr sprühend-charmantes Flirt-Pingpong sofort bei ihm zündet. Sie lockt mit frechen Wortspielen, neckt und provoziert. Er mag ihr kokettes Spiel, ihr spitzbübisches Lachen und fährt völlig darauf ab, wie offen sie ihn bewundert, anhimmelt und sich ihm dann doch immer wieder entzieht, ihn heiß macht, um ihn dann zappeln und im Ungewissen zu lassen. Das stachelt seinen Eroberungstrieb gewaltig an. Solange er die beiden Seelen in ihrer Zwillinge-Brust nie ganz durchschauen kann, ist er Feuer und Flamme für sie.

Beide wollen zwar Liebe und emotionale Nähe (er jedoch mehr die Leidenschaft), können sie aber auf Dauer nur schwer aushalten. Als Egozentriker haben sie beide große Angst davor, sich einem anderen gefühlsmäßig auszuliefern. So entsteht ein nie endendes, immer neues Werben um den anderen. Und sobald es zu allzu großer Nähe kommt, entwickelt einer der beiden zerstörerische Abwehrmechanismen.

Gut möglich, dass er sie derart mit Zuwendung überschüttet, dass sie ihn erst einmal wegschubsen muss, um in ihrer Beziehung überhaupt noch »Luft« zu bekommen. Wenn er der »Wegschubser« ist, möchte er unbewusst den Urzustand wiederherstellen, sie neu umwerben und zurückerobern können – bis das Spiel zwischen ihnen wieder von vorn beginnt.

Je mehr sie sich zwischendurch von ihm zurückzieht, eigene Wege geht und ihre Weiterentwicklung auch außerhalb der Partnerschaft vorantreibt, desto sicherer ist er ihr.

Wenn er sich durch sie nicht eingeengt und angebunden oder bedrängt fühlt, braucht er seine Sehnsucht nach Liebe und Partnerschaft durch die Einsicht, dass er eigentlich unfähig ist, ständige Nähe zu ertragen, ja nicht aufzugeben.

Weil beide Liebe wollen, jedoch auf Distanz, besteht eine große Chance auf eine lang anhaltende Partnerschaft.

Diese Kombi ist schwierig, weil

■ … durch den Traumstart in ihr Liebesglück in jedem hohe Erwartungen geschürt werden, die trotz großer Freiräume auf Dauer schwer zu halten und nicht regel- und planbar sind, sondern ein unwägbares »Geschenk des Himmels«. *Außerdem:* Trotz aller Liebe können die großen Freiräume, die beide brauchen, sie auf erotische Schleichwege locken, sodass Seitensprünge ihre Beziehung gefährden können.

Diese Kombi ist möglich, wenn

■ … es beiden gelingt, eine gewisse Unabhängigkeit voneinander zu bewahren und eigene Interessen, Vorlieben und Freundschaften – auch ohne den anderen – pflegen zu können.

SEIN MOND IM BODENSTÄNDIGEN WEIBLICHEN STIER

Schöne Momente und Erfahrungen – keine Ehe!

Eigentlich hat er ja klare Prinzipien und seine Gefühle fest im Griff. Aber mit ihrer Lebendigkeit und ihrem Humor gehört sie zu den wenigen, die ihn spontan dazu bewegen können, kurzfristig ganz aus sich herauszugehen, seine Leidenschaft ungeniert zu genießen, ganz im Hier und Jetzt, und nicht nach dem Morgen zu fragen.

Sie gibt ihm zwar nicht die Sicherheit und Geborgenheit, die er in einer Beziehung sucht, dafür bekommt seine Seele Flügel: Mit ihr erlebt er das berauschende Gefühl, mit jemandem ganz nah, aber trotzdem vollkommen frei zu sein, sich den Impulsen des Augenblicks voll hingeben zu können. Sie bringt Dinge in ihm zum Leben, die er so noch mit keinem teilen konnte. Die Zeit mit ihr bleibt unvergesslich für ihn – aber begrenzt! Denn geht es darum, eine Familie zu gründen, nimmt er lieber eine andere. Eine, die er fester im Griff hat, selbst wenn er sie nicht so heiß lieben kann, sich erotisch nicht so stark von ihr angezogen fühlt.

Dann ist die sonst so fröhliche Zwillinge-Frau tief verletzt, fühlt sich von ihm verraten und ausgenutzt. Er kann ihr aber den Grund, warum er sich letztlich für die andere entscheidet, nicht erklären, ohne seine Schwächen zugeben zu müssen. Nur wenn er, hin- und hergerissen zwischen Lust, Leidenschaft und dem Streben nach materieller Sicherheit, seine inneren Konflikte lösen und über Konventionen, Traditionen und familiäre Erwartungen hinauswachsen würde, könnte er sich für sie entscheiden.

Dabei hatte sie so fest daran geglaubt, gerade durch ihn die ihr fehlende innere Sicherheit, Bodenhaftung, Ruhe und Geborgenheit zu finden. Seine starke Schulter, seine Sinnlichkeit, seine Wärme, seine Genussfreude und seine Erdverbundenheit sowie sein Realitätssinn haben sie fasziniert und angezogen.

Wären sie allerdings zusammengeblieben und hätten eines Tages sogar geheiratet, würde sie sich früher oder später wie eine Gefangene im goldenen Käfig fühlen, könnte seine ständigen Kontrollen, seine Eifersucht, seine Trägheit, seine Sturheit und seinen Mangel an Fantasie und geistiger Flexibilität auf Dauer einfach nicht ertragen. Wunderbar für Liebe und Leidenschaft, aber nicht für eine geregelte Partnerschaft.

Diese Kombi ist schwierig, weil

■ … sie ein bunter Schmetterling ist, der seine Freiheit wie die Luft zum Atmen und jede Menge Abwechslung braucht, der eigenwillig, unberechenbar und nicht zu kontrollieren ist, und er letztlich eine Dauerbeziehung anstrebt mit einer Partnerin, die durchschaubar, praktisch, zuverlässig und treu ist.

Diese Kombi ist möglich, wenn

■ … sie die Liebe und die Zeit, die ihnen bleibt, genießen, bis jeder einen Partner gefunden hat, der auf Dauer besser zu ihm passt.

SEIN MOND IN DEN FLEXIBLEN MÄNNLICHEN ZWILLINGEN

Freundschaft

Schon beim ersten Blickkontakt wissen beide, dass ihre Begegnung etwas ganz Besonderes ist. Jeder glaubt, den anderen schon seit Ewigkeiten zu kennen, weil er sich sofort selbst in ihm erkennt und sich vollkommen verstanden fühlt. Sie reden und flirten miteinander, lachen, spielen, amüsieren sich stundenlang, und das über Wochen und Monate immer wieder.

Und jedes Mal, wenn sie sich begegnen, können sie nicht voneinander lassen. Sie vertiefen sich immer wieder in lange Gespräche, philosophieren nächtelang, ohne müde zu werden, um anschließend ganz locker und unverbindlich auseinanderzugehen.

Macht er seine Ausbildung an einem anderen Ort, chatten sie täglich stundenlang im Internet oder telefonieren – meist sogar mehrmals am Tag. Ist jeder weit genug vom anderen entfernt, erwachen plötzlich tiefe Gefühle füreinander. Durch die räumliche Trennung, die sie eigentlich bedauern, können beide ihre Sehnsucht nach mehr Nähe offen zugeben und leben. Jeder flieht dabei allerdings in seine Vorstellung von Partnerschaft, ohne wirklich Zeit und Kraft in die Verwirklichung investieren zu müssen. Beider Sehnsucht nach Nähe ersetzt dann das »bedrohliche« Erleben. In der Entfernung muss keiner fürchten, vom anderen vereinnahmt zu werden und seine Freiheit zu verlieren.

Aus der Entfernung malen sie sich alles in den herrlichsten Farben aus: die Hochzeit, die Ehe, das ganze Leben. Aber erleben die beiden über einen längeren Zeitraum echte räumliche und innere Nähe miteinander, wird ihnen bald klar, auf was sie sich da eigentlich eingelassen haben: bindende Verpflichtungen, nervtötende Alltagsroutine, lästige Ansprüche. Und dann verstummen sie plötzlich ganz wider ihre Natur. Beiden wird die Luft schnell zu dünn. *Trotzdem:* Sie ist letztlich die Mutigere, die es ganz genau wissen will und ihn zur Hochzeit drängt, um es wenigstens miteinander zu versuchen.

Bei gegenseitiger Toleranz, Geduld und genügend Freiraum kann sich aus großer Liebe und Leidenschaft immerhin eine tiefe partnerschaftliche Freundschaftsbeziehung entwickeln.

Diese Kombi ist schwierig, weil

■ … beide nur schwer Abstriche von ihren sensationellen anfänglichen Höhenflügen machen können und jeder dem anderen zwar seine Stärken, aber leider auch seine Schwächen spiegelt, eigene Probleme auf ihn projiziert und zum Vorwurf macht.

Diese Kombi ist möglich, wenn

■ … jeder dem anderen die Freiräume zugesteht, die er auch für sich selbst fordert, und ihn in allen Lebenslagen großzügig und tolerant unterstützt. Außerdem sollte bei keinem gleich die Welt zusammenbrechen, wenn der andere mal fremdflirtet. Selbst einen Seitensprung sollten sie sich verzeihen können.

SEIN MOND IM EMPFINDSAMEN WEIBLICHEN KREBS

Zwei Welten:
Kopf- und Gefühlsmensch

Hingerissen von ihrem sprudelnden Temperament, ihrem hellen Köpfchen, ihrem schelmischen Lachen und ihren höchst amüsanten Geschichten, die sie pausenlos zum Besten gibt, geht er ihr sofort ins Netz und schenkt ihr seine ganze Zärtlichkeit. Sie bringt jede Menge Lebensfreude und Schwung in sein Leben, muntert ihn auf, wenn er mal wieder in ein melancholisches Stimmungstief fällt. Sie ist ganz fasziniert von seinem intensiven Empfinden, seinem Mitgefühl und seinem großen Herz, manchmal sogar richtig fassungslos, wie sehr dieser Mann sich seinen Gefühlen hingeben kann.

Er wundert sich, wie offen sie über Gefühle reden kann, aber wie wenig sie ihn diese spüren lässt. Es dauert nicht lange, bis er erkennt, dass sie ein »luftiger«, distanzierter Verstandesmensch ist, der zwar für alles Erklärungen hat, sich selbst aber höchst selten Zugang zu eigenen Gefühlen erlaubt, geschweige denn einem anderen. Und dann muss er schmerzlich erfahren, dass ihm ihre wahre Seele gänzlich verschlossen bleibt, sie ihn niemals so nah an sich heranlassen kann, wie er es braucht.

Sie ist irgendwann vollkommen genervt von seinen ewigen Stimmungsschwankungen, seinen Launen, seiner mimosenhaften Überempfindlichkeit.

Er ist tief getroffen von ihrem Mangel an Verständnis für ihn, hatte erwartet, dass sie sich auf seine Seelenregungen einstimmt und ihn fürsorglich bemuttert. Und plötzlich empfindet er ihre Coolness als schockierende Oberflächlichkeit und ihre Distanziertheit als erschütternde Gefühlsarmut, wird immer unzufriedener und leidet. Aber selbst wenn ihm die Aussichtslosigkeit ihrer Beziehung längst klar ist, klammert er sich noch beharrlich an sie und kann sie nicht einfach loslassen.

Jammernd und leidend muss er dann erleben, wie sie sich ihm immer mehr entzieht, stundenlang mit Freunden telefoniert, allein ausgeht, nächtelang unterwegs ist, ohne ihn in Urlaub fährt und sogar in seiner Gegenwart ungeniert mit anderen flirtet.

Bis sie eines Tages gar nicht mehr nach Hause kommt und er zur Therapie muss.

Zwei unvereinbare Welten.

Diese Kombi ist schwierig, weil

■ … sie zu viel denkt, er zu dramatisch fühlt und jeder die Welt völlig anders sieht, erlebt und empfindet.

Diese Kombi ist möglich, wenn

■ … beide über andere astrologische Aspekte so viel Gleichklang herstellen würden, dass sie sich zumindest miteinander arrangieren könnten. *Außerdem:* Er müsste geduldig und unerschütterlich nach dem Schlüssel zu ihrem Herz und ihrer Gefühlswelt suchen und dürfte niemals aufgeben.

SEIN MOND IM FEURIGEN MÄNNLICHEN LÖWEN

Riesenglück, gute Chancen

Ihr fröhlicher Optimismus, ihr herrlich offenes Lachen, die witzigen, intelligenten Geschichten, die sie pausenlos erzählt, turnen ihn sofort an. Ihr einzigartiges Flirtspiel entfacht ein riesiges Feuerwerk, dessen Funkenflug nicht nur ihre beiden Herzen entzündet, sondern auch alle anderen in ihrer Umgebung zu neuer Leidenschaft und Liebe inspiriert. Und wenn sie dann noch mit großen Kulleraugen bewundernd zu ihm aufsieht, aus ihrer Begeisterung für ihn keinen Hehl macht (kann sie sich leisten, weil sie ihre intensiven Gefühle ja sowieso erst einmal unter Verschluss hält), ist es um ihn geschehen.

Sein großer Lebenshunger, seine Risikobereitschaft und sein Bedürfnis, alles einmal im Leben auszuprobieren, kommen ihrer Neugier und ihrer Bereitschaft entgegen, sich irgendwann doch mal uneingeschränkt auf »das große Ding« einzulassen (wenn auch nur kurzfristig).

Sie erliegt zwar seinem Charisma und seinem Sexappeal, hat aber auch schnell heraus, dass er sehr egozentrisch und eitel ist, sie ihm das Gefühl seiner Überlegenheit und Größe niemals streitig machen darf, wenn sie die Vorzüge seiner Großzügigkeit uneingeschränkt genießen will. Das fällt ihr superleicht, und sie wird fürstlich von ihm belohnt: Er verwöhnt sie wie eine Königin, himmelt sie an mit seinem ganzen Charme und ist dazu noch der beste Liebhaber ihres Lebens.

Im ständigen Sinnesrausch mit ihm macht sie eine für sie ungewöhnliche Erfahrung: Ihr Herz bricht auf, und durch ihre Liebe zu ihm bekommt sie endlich Zugang zu ihren eigenen Gefühlen, entdeckt ungeahnte, schöne, liebenswerte Seiten an sich, entwickelt mehr Selbstvertrauen, Mut und Stärke und kann endlich Frieden mit sich selbst schließen. Das steigert ihre Liebe zu ihm, der das Gleiche durch sie erlebt, derart, dass die Verbindung traumhaft schön und unauflösbar wird: Sie verstärken gegenseitig ihre Fähigkeit zu lieben, was beide eng zusammenschweißt. Große Liebe, entfesselte Leidenschaft und lang anhaltendes Glück möglich.

Diese Kombi ist schwierig, weil

■ … er unabhängig von seiner Liebe zu ihr stets seine Augen wandern lässt, um sich auch an anderen Schönheiten dieser Welt zu erfreuen. Ihre mögliche Eifersucht wird er nie verstehen und kann zu Konflikten führen.

Diese Kombi ist möglich, wenn

■ … sie dankbar ihr Glück beschützen, anstatt ihre Beziehung mit überzogenen Ansprüchen aufs Spiel zu setzen.

SEIN MOND IN DER MIMOSENHAFTEN WEIBLICHEN JUNGFRAU

Kleine Kriege, aber auch gute Chancen

Sie reißt ihn auf. Er ist eher passiv, lässt sich aber gerne von ihr erobern, sobald er merkt, wie intelligent und humorvoll sie ist. Ihre charmante, unkomplizierte, kokette Art ermutigt ihn, gefühlsmäßig mehr aus sich herauszukommen und auch mal ein Risiko einzugehen. Herrscher ihrer beider

Sternzeichen ist der Kommunikationsplanet Merkur. Kein Wunder, dass ihre stärkste Verbindung die Kommunikation ist. Beide haben einen wachen, scharfen Verstand, setzen auf Intellekt und Logik, er mehr kritisch und materialistisch, sie neugieriger und flexibler.

Sie ist ein bunter, unterhaltsamer Schmetterling, die Farbe in sein Leben bringt und seine Nüchternheit wunderbar ausgleicht. Sie lockt ihn ins pralle Leben, und er stürzt sich mit ihr (endlich!) wieder in sinnliche Genüsse. Er gibt ihr Halt, ordnet ihre Finanzen, strukturiert den Alltag. Er braucht immer überschaubare Regeln, sie weiß gar nicht, was das ist. Er steht für Ordnung und Beständigkeit, sie für Lebensfreude, Leichtigkeit und Unabhängigkeit.

Wenn jeder erkennt, dass die Andersartigkeit des Partners mit allen Vor- und Nachteilen eine große Chance auf die eigene Entwicklung ist, können sie eine spannende Beziehung leben, jedoch oft etwas nervenaufreibend, voller Streit und kleiner Dramen.

Aber sie bekommt festen Halt durch ihn und er durch sie mehr Lebendigkeit. Die Unterschiedlichkeit ihrer Naturelle garantiert eine gewisse emotionale Distanz, die beiden entgegenkommt. Sie braucht viel Freiheit, und er hat alle Zeit der Welt, seine Talente zu entfalten und in die Beziehung einzubringen. Schon bald sagt er aus vollem Herzen Ja zu einem gemeinsamen Leben mit ihr. Er profitiert von ihrer überschäumenden Begeisterungsfähigkeit, sie von seinem Realitätssinn. Bei aller Liebe gerät die Beziehung aber immer wieder in heftige Krisen, zumal jeder ahnt, dass es Partner gibt, die viel besser zu ihm passen würden.

Diese Kombi ist schwierig, weil

■ … sie im Beziehungsalltag deutlicher mit ihren Schwächen und großen Unterschieden konfrontiert werden, was den reibungslosen Umgang miteinander ganz schön erschwert. *Außerdem:* Sie ist genervt von seiner Pedanterie, seiner extremen Sparsamkeit (Geiz!?) und er von ihrer Flatterhaftigkeit, ihrer Unzuverlässigkeit.

Diese Kombi ist möglich, wenn

■ ... sie die Alltagsroutine umgehen, zum Beispiel indem sie getrennt voneinander leben und sich zwar regelmäßig, aber nur dann sehen, wenn jeder den anderen nicht länger missen kann.

SEIN MOND IN DER UNVERBINDLICHEN MÄNNLICHEN WAAGE

Distanziert

Beide sind unruhige, flexible Luftzeichen, emotional distanziert und seelisch nur schwer erreichbar. Sie ist sprunghaft, unruhig, unberechenbar und braucht auch innerhalb einer Beziehung das Gefühl, jederzeit in die Freiheit »fliegen« zu können. Aus der in seiner Kindheit verankerten Angst, verlassen zu werden, und der Überzeugung, dies nur durch Anpassung und geschicktes Taktieren verhindern zu können, hat er sich eine liebenswürdig glatte Höflichkeit antrainiert, die ihn davor bewahren soll, sich unbeliebt zu machen.

Nach anfänglicher Begeisterung füreinander, weil sie sich blendend unterhalten und amüsieren können, aber auch, weil sie sich in ihrer Beziehungsproblematik (seelische Unberührbarkeit) gleichen und keiner fürchten muss, vom anderen besitzergreifend vereinnahmt zu werden, können sie genauso schnell wieder auseinandergehen, wie sie zusammengekommen sind.

Er kennt keine seelische Heimat und weigert sich auch unbewusst, eine zu finden, besonders in ihr, der er gefühlsmäßig genauso wenig traut wie sich selbst. Er wünscht sich zwar schon eine Lebenspartnerin, geht aber in einer Beziehung jeder Verbindlichkeit aus dem Weg. Außerdem hat er Entscheidungsschwierigkeiten, ist schnell verführbar und nimmt es mit der Treue nicht so ernst. *Immerhin:* Mit ihr an der Seite wächst sein Selbstwertgefühl. Denn erst durch sie lernt er, sich selbst, seine Wünsche und seine Bedürfnisse wahrzunehmen.

Da beide trotz großer Übereinstimmung sich seelisch aber nur begrenzt aufeinander einlassen, er sie dennoch misstrauisch beobachtet und schnell irritiert ist, wenn sie ohne ihn ihren vielfältigen Interessen nachgeht und ihre Aktivitäten immer mehr außerhalb der Partnerschaft stattfinden, können seine Gefühle bei der kleinsten Enttäuschung abrupt erkalten. Dann macht er von heute auf morgen Schluss.

Beide trösten sich aber schnell mit einem anderen Partner, obwohl ihr astrologischer Mann-Frau-Kontakt sehr harmonisch ist und sie eigentlich gute Chancen auf eine längere Beziehung hätten.

Diese Kombi ist schwierig, weil

■ … keiner sich wirklich verbindlich zum anderen bekennen mag und beide sich trotz vieler gemeinsamer Interessen und Übereinstimmungen emotional nicht auf den anderen einlassen können.

Diese Kombi ist möglich, wenn

■ … sie sich großzügige Freiräume zugestehen, ohne dabei auf erotische Schleichwege zu geraten und sich gegenseitig zu verletzen. Außerdem sollten sie lernen, in intensiven, offenen Gesprächen über ihre Gefühle, ihre Wünsche und ihre Sehnsüchte zu sprechen.

SEIN MOND IM VERLETZBAREN WEIBLICHEN SKORPION

Verstrickungen

Fröhlich, charmant und unbekümmert stolpert sie in seine überaus zärtliche Umarmung und ahnt nicht im Entferntesten, auf wen sie sich da eingelassen hat und was sie da erwartet: ein besitzergreifender, hochemotionaler, empfindlicher und eifersüchtiger Partner, der sie scharf beobachtet und streng bewacht. Naiv und unkompliziert wie sie ist, wird ihr gar nicht bewusst, dass schon ihre harmlos-frechen Flirts mit anderen sein Blut ständig zum Kochen bringen, er seine brodelnde Wut selbstbeherrscht hinter einer coolen Maske verbirgt.

Es dauert eine ganze Weile, bis ihnen beiden klar wird, dass hinter seinem übertriebenen Misstrauen seine Unfähigkeit, sich selbst anzunehmen und zu lieben, steckt. Die Beziehung bekommt schnell Risse. Sie ist seiner extremen, wuchtigen Emotionalität nicht gewachsen. Seine Grimmigkeit sowie sein »Alles oder nichts«-Motto lassen sie erschauern, in sein hochkompliziertes Naturell kann sie sich nicht einfühlen. Ihr angeborenes Bedürfnis nach Freiheit und Unabhängigkeit deutet er sofort als Ablehnung, ist tief verunsichert und reagiert tödlich beleidigt. Sie ist zwar verwirrt, kann seine Reaktionen und Vorwürfe nicht verstehen, gibt ihm aber, tolerant und leicht verführbar wie sie ist, immer wieder eine Chance.

Seinem großen Manipulationsgeschick ist sie völlig ausgeliefert. Sie merkt zuerst gar nicht, dass er in seinen Vorwürfen seine eigenen Schwächen auf sie projiziert, um ihr Schuldgefühle einzupflanzen, um sie beherrschen zu können. Er ist zwar bereit, alles für sie zu tun, auch finanziell, erwartet dafür aber vollkommene Unterwerfung. Er wird für sie immer mehr zum Buch mit sieben Siegeln. Und wenn sie merkt, dass sie durch ihn immer unselbstständiger wird, flüchtet sie. Eine Beziehung voller Verstrickungen und Missverständnisse.

Diese Kombi ist schwierig, weil

■ … er emotional so unausgesöhnt mit sich und der Weiblichkeit ist, ein Geheimniskrämer, der aus Angst vor Verletzung niemandem seine Gefühle offenbart und sie immer mehr verunsichert. Außerdem haben beide auf der Gefühlsebene kaum Berührungspunkte, können keinen seelischgeistigen Einklang finden.

Diese Kombi ist möglich, wenn

■ … sie wenigstens über unzählige gemeinsame Interessen immer wieder eine Brücke zueinander bauen können.

SEIN MOND IM
OPTIMISTISCHEN
MÄNNLICHEN SCHÜTZEN

Liebesknall – Ausnahmezustand – perfektes Glück

Das ist der totale Liebesknall! Beide glauben sich schon beim ersten Blickkontakt am Ziel all ihrer Sehnsüchte. Da ist so viel Vertrautes, so viel Heimatliches, Ähnliches. Beide wollen ekstatische Leidenschaft und brauchen größtmögliche Nähe, verbunden mit dem Verlangen nach vollkommener seelischer Unabhängigkeit und Freiheit.

Die überschäumende Begeisterung füreinander fegt jedes Hindernis hinweg. Aber nach anfänglichen erotischen und seelischen Höhenflügen holt auch sie der Alltag ein. Nur räumliche Trennungen können die ernüchternden Erfahrungen noch hinauszögern: Solange sich die Beziehung idealisieren lässt, kann das Feuer auf höchster Flamme brennen.

Komplikationen, Routine und lästige Alltagsprobleme erträgt er noch weniger als sie. Solange das Verliebtsein anhält, sie eine gewisse innere Distanz zu ihm wahrt, seine Eroberungslust anstachelt, indem sie ihn immer mal wieder zappeln lässt (er will seine »Beute« stets aufs Neue jagen), besteht keine Gefahr für ihre Beziehung.

Erst wenn beide nach dem Absturz von Wolke sieben auch auf der Erde bereit sind, das Leben miteinander zu teilen, Rücksicht aufeinander zu nehmen und ihre gegenseitige Entwicklung zu fördern, kann echte Liebe wachsen. Auf dem dornigen Weg dorthin können beide auf erotische Abwege geraten, beide mit der mehr oder weniger unbewussten Sehnsucht, diesen herrlichen Rausch der Verliebtheit durch die erregende Fremdheit eines anderen noch einmal in ekstatischer Leidenschaft zu erleben. Ihr Band muss deshalb aber nicht reißen: Das große Verständnis, die vielen Gemeinsamkeiten, die starke seelisch-geistige Übereinstimmung verbinden die beiden und schließen sogar auch eventuelles Fehlverhalten ein.

Gelingt ihnen der Sprung von der Verliebtheit zu echter Liebe, können sie miteinander alt und glücklich werden.

Diese Kombi ist schwierig, weil

■ ... sie sich ähnlich sind und damit jeder dem anderen nicht nur seine Stärken, sondern auch seine Schwächen sehr deutlich spiegelt. Besonders er ist für ein tägliches enges Aufeinanderglucken nicht geeignet, braucht ständig Abwechslung und neue Inspiration. Treue kann er ihr zwar schwören, aber keine Blindheit.

Diese Kombi ist möglich, wenn

■ ... er beim Flirten nicht zu oft und zu exzessiv über die Strenge schlägt. Außerdem müssen beide es schaffen, sich in die Regeln einer strukturierten Partnerschaft zu fügen.

SEIN MOND IM GEFÜHLSGEHEMMTEN WEIBLICHEN STEINBOCK

Ergänzung – Entwicklungshelfer

Wenn sie ihn wirklich will und bereit ist, ganz viel Geduld aufzubringen, und es schafft, sein Misstrauen und seinen Gefühlspanzer etwas aufzubrechen, sodass er die krampfhafte Kontrolle seiner Gefühle ihr gegenüber allmählich aufzugeben lernt und die Fähigkeit zum spontanen Erleben zurückgewinnt, ist ihr zumindest seine tiefe unverbrüchliche Zuneigung sicher. Es ist ein langer, harter Weg für sie, überhaupt erst einmal sein uneingeschränktes Vertrauen zu gewinnen. Je reifer sie ist, desto größer sind ihre Chancen. Junge Zwillinge sind viel zu ungeduldig und vergnügungssüchtig, um seinen wahren Wert zu erkennen und zu schätzen.

Nur eine Zwillinge-Frau, die schon viele leidvolle Erfahrungen mit unzuverlässigen Romantikern und treulosen Charmeuren gemacht hat, nimmt die Mühe mit ihm auf sich. Denn sie ahnt, dass sie bei ihm grenzenlose Geborgenheit, Treue und Stabilität findet. Um ihn auf Dauer halten zu können, muss sie ihre innere Unruhe, ihre Flatterhaftigkeit und ihr mangelndes Durchhaltevermögen überwinden. *Denn:* Eine Frau mit sicherem Job, Fleiß, Zuverlässigkeit, Stehvermögen und klaren Zielen punktet bei ihm letztlich mehr als eine unermüdliche Stimmungskanone, eine erotische Schönheit oder eine umtriebige Abenteurerin.

Bestehen beide die vielen Prüfungen und werden sie eigenständige Persönlichkeiten, die begreifen, dass kein Partner allein einem wirklich helfen kann, die Tragik menschlicher Einsamkeit zu überwinden, haben sie eine gewisse Chance. Nur wenn beide dankbar sind für gegenseitiges Verständnis, Toleranz, Zusammenhalt und immer wieder um ihre Gemeinsamkeiten kämpfen, können sie eine tragfähige Beziehung aufbauen.

Sie wird durch ihn bodenständiger, disziplinierter, wesentlicher, tiefsinniger und stärker, er durch sie fröhlicher, aufgeschlossener, mutiger und offener. Jeder kann durch die Läuterungsprozesse mit dem anderen weit über sich hinauswachsen und viele seiner Schwächen, mit denen er

seinem Glück im Weg stand, besiegen. Eine innere Fremdheit, die beide vor dem Gefühl, sich dem anderen schutzlos
auszuliefern, bewahrt, können sie allerdings nie ganz überwinden. Was vielleicht auch ganz gut so ist.

Diese Kombi ist schwierig, weil

■ … sie nur extrem mühevoll sein Vertrauen gewinnen
kann, weil ihre innere Unruhe und ihre Sprunghaftigkeit
ihn sehr irritieren. Außerdem ist er ein praktischer Macher,
der ein geregeltes Leben bevorzugt, und sie ein bunter
Schmetterling, der Routine verabscheut und sehr große
Freiräume braucht.

Diese Kombi ist möglich, wenn

■ … sie seinen Fleiß und seine Zuverlässigkeit zu schätzen
weiß, und er ihr Temperament, ihren Humor und ihre Un-
ternehmungslust.

SEIN MOND IM DISTANZIERTEN MÄNNLICHEN WASSERMANN

Nur Verstand – zu wenig Gefühl

Es amüsiert ihn, wenn sie ungeniert drauflosplappert, wie
ihr der Schnabel gewachsen ist. Fasziniert lauscht er ihren
ständigen Neuigkeiten und spontanen Geistesblitzen und
genießt ihren Charme, ihre Lebendigkeit und ihre Flexibilität. Er braucht eine Frau, die ihm intellektuell gewachsen
ist und seinen Geist beflügelt. Sie ist beeindruckt von seiner
Intelligenz und seiner Beherrschtheit. Als Frühlingszeichen
ist sie eine ausgeprägte Egozentrikerin, so auf sich selbst

fixiert, dass sie ihn nicht pausenlos zu etwas drängt und keine Marionette aus ihm machen will, um ihn zu beherrschen. Sie lässt ihn frei, weil sie auch Freiräume braucht. Sie lässt ihn in Ruhe, wenn er wieder diesen entrückten Gesichtsausdruck hat, weiß sie doch genau, dass sein unruhiger Geist Streifzüge der Fantasie und ungestörte Gedankentrips in die Zukunft und ins Universum braucht. Vor allem aber glaubt sie an ihn, und genau das zieht ihn so an.

Beide brauchen viel Freiheit und können sie sich ohne große Verlustängste zugestehen. Jeder bekommt die Zuwendung des anderen, ohne dass daran große Bedingungen geknüpft sind. Beide reden viel miteinander, interessieren sich für Kunst, philosophieren über den Sinn des Lebens.

Wenn auch jeder über die Aktivitäten des anderen informiert ist: Über Gefühle wird eisern geschwiegen. Wenn überhaupt, werden sie verallgemeinert und damit unpersönlich. Beide bauen auf Verstand und Logik, fühlen sich durch die Unberechenbarkeit von Gefühlen verunsichert, wollen nicht die Kontrolle über sich verlieren. So können sie Jahre miteinander verbringen, ohne zu merken, dass sie sich deshalb so gut verstehen, weil jeder seine Empfindungen verdrängt und abschottet, sogar vor sich selbst. Sie fühlen sich deshalb auch nie emotional ausgeliefert. Dafür können beide immer neurotischer werden: Keiner kann so richtig mit dem anderen oder ohne ihn leben. Aber nur wenn sie eines Tages doch noch den Durchbruch in ihre Gefühlswelt schaffen, kann ihre Partnerschaft gelingen – auch wenn sie immer etwas Unverbindliches und Kühles behält.

Diese Kombi ist schwierig, weil

■ … sie sich nur in ihrer Denkweise optimal ergänzen, aber keiner seine Gefühle frei und offen fließen lassen kann.

Eigentlich bräuchten beide Partner, die die praktische, bodenständige Seite des Lebens beherrschen, um nicht im Chaos zu versinken.

Diese Kombi ist möglich, wenn

■ … sie mithilfe künstlerischer Aktivitäten (etwa Musik, Schreiben, Zeichnen) ihre Gefühlsbarrieren immer mehr lockern und lernen, sich selbst und den anderen zu »berühren«.

SEIN MOND IN DEN SEHNSUCHTSVOLLEN WEIBLICHEN FISCHEN

Sehr exotisch

Er erliegt ihrem Zauber schnell, glaubt, wie immer am Anfang, seiner Traumfrau und Erlöserin begegnet zu sein. Sie ist spätestens nach den ersten Zärtlichkeiten mit ihm hin und weg. Er liebt ihren Humor, ihre Lebendigkeit, ihre Leichtigkeit, ihren Charme, ihre Neugier und ihre natürliche Naivität. Solange sie der Stoff für seine Träume ist, er in verliebtem Entzücken in selige Himmelssphären entschweben kann, ist er glücklich und zufrieden. Dabei geht es ihm in Wahrheit gar nicht so sehr um sie, was beiden lange nicht bewusst ist, sondern um dieses rauschhafte Liebesgefühl, das seiner Seele die Erdenschwere nimmt, sie vom Leid der Getrenntheit befreit und seinen Weltschmerz heilen soll.

Die vernünftige, kopfgesteuerte Zwillinge-Frau kann ihm aber nicht in die Tiefen seiner Seele folgen. Immerhin lernt sie anfangs durch ihn, eigene Gefühle mehr zuzulassen. Und er lernt durch sie, seine Empfindungen in Worten auszudrücken. Sie ist zwar fasziniert von der Begegnung mit seiner intensiven Gefühlswelt, aber selbst viel zu vernunftbetont. Hat sie ein Problem, muss sie erst einmal darüber reden, hängt stundenlang am Telefon, holt tausend Meinungen ein. Hat er eines, braucht er ein großes, mitfühlendes Herz, das ihn tröstet und in die Arme nimmt. Sie fühlt sich bald fremd an seiner Seite und allein gelassen, wenn er ständig in höheren Sphären schwebt. Kein Wunder, dass auch sie sich ihm entzieht und auf erotische Schleichwege gerät.

Er wird ihr einen einmaligen Treuebruch trotz Seelenschmerz großzügig verzeihen und schlittert dann selbst völlig unbeabsichtigt in eine Dreiecksbeziehung. Das verletzt ihre Eitelkeit. Sie gerät in Panik. Aber sobald sie versucht, ihn fest in den Griff zu bekommen, flüchtet er in seine gefühlsseligen Traumwelten, die für sie ein ewiges Rätsel bleiben.

Wenn sie, um sich zu bestätigen, dann immer heißer mit anderen flirtet, was er mit seinen feinen Antennen sofort spürt, stürzt er sich in den Alkohol oder in eine neue Liebe. *Fazit:* exotischer Reiz, aber unüberwindliche Fremdheit.

Diese Kombi ist schwierig, weil

■ … er die Welt erspürt, erfühlt und Menschen ohne große Worte intuitiv erfasst und sie alles intellektuell erklären muss und ihren und den Gefühlen anderer nicht traut. Er ist eher ein stiller Träumer, der ihr zu lahm und langweilig ist, sie dagegen eine quirlige Alleinunterhalterin. Beide sind früher oder später in ihrer unerfüllten Beziehung einsamer, als würde jeder allein leben.

Diese Kombi ist möglich, wenn

■ … beide aufgrund anderer Konstellationen in ihren persönlichen Horoskopen eine gewisse Ergänzung und Übereinstimmung finden, die ihnen mehr gegenseitiges Verständnis ermöglichen.

SIE SONNE IM EMPFINDSAMEN WEIBLICHEN KREBS

SEIN MOND IM STÜRMISCHEN MÄNNLICHEN WIDDER

Kämpfe bis zum K. o.

Schon beim ersten Blickkontakt mit ihm funkt ihr Unterbewusstsein starke Warnsignale! Folgt sie ihrer untrüglichen Intuition, lässt sie sich gar nicht erst auf ihn ein. Sein ungestümes, feuriges Wesen, sein aggressiver Eroberungsfeldzug jagen ihr Unbehagen und Angst ein. Aber er ist keiner, der aufgibt. Zünden seine eindringlichen Blicke und sein feuriges Begehren nicht, »spielt« er den kleinen Jungen und reitet ungeniert auf der Mitleidstour. Und genau bei der Mischung aus männlicher Stärke und seelischer Bedürftigkeit wird sie schwach. Einerseits erliegt ihre schutzbedürftige, verletzbare Seele seiner Entschlossenheit, seinem Eros, seiner Männlichkeit und seinem Mut, andererseits ist sie hingerissen, wenn er eine gewisse Hilflosigkeit an den Tag legt und dankbar auf ihre Fürsorge reagiert, ihren Kochkünsten erliegt. Repariert er ihr dafür Elektroanlagen und Wasserhähne oder streicht und tapeziert ihr das Haus, ist sie ganz hingerissen.

Aber wer so dynamisch zupacken kann und leidenschaftlich ist wie er, ist auch zu gewaltigen Wutausbrüchen fähig. Wird er immer egoistischer, dreister und rücksichtsloser oder erspürt er ihre Wünsche nicht ohne Worte (so wie sie seine), ist sie zutiefst gekränkt. Ihre starken Stimmungsschwankungen und Launen sowie ihre Überempfindlichkeit gehen ihm schnell auf die Nerven. *Folge:* Krach, Streit, Zerwürfnisse. Beide leiden. Er kann es ihr nie recht machen, fühlt sich ständig kritisiert und tobt, wenn sie immer den Finger auf seine wunden Punkte legt und nie zufrieden ist. Ihre strafenden Blicke und Vorwürfe, wenn er mal eigenmächtig abgesprochene Pläne umstößt, treiben ihn permanent in die Verteidigungsposition. Sie fühlt sich unverstanden, zieht sich durch seine Unbedarftheit und Grobheit immer mehr in sich zurück und schottet ihre Gefühle ganz ab.

Solange er noch kämpfen kann, gibt er aber nicht auf und erweist sich als unglaublich hartnäckig und zäh in Krisensituationen. Er kämpft auch dann noch, wenn sie ihn längst aufgegeben und aus ihrem Herzen verbannt hat. Völlig frustriert startet sie dann noch einen letzten Angriff, den keiner ihrer zarten Seele zugetraut hätte: einen extrem verletzenden Schlag weit unterhab der Gürtellinie, der ihn bis ins Mark trifft und endgültig zurücktaumeln lässt.

K.o. – Ende – aus!

Diese Kombi ist schwierig, weil

■ … ihre Temperamente und Lebensweisen völlig konträr sind, er ständig Unruhe und Aufregungen in ihr Leben bringt, unbeherrscht, fordernd und egoistisch ist und sie sich nach Ruhe, Einfühlungsvermögen und Geborgenheit sehnt, extrem überempfindlich reagiert und sehr nachtragend ist.

Diese Kombi ist möglich, wenn

■ … sie sich so selten wie möglich sehen, jeder neben dem anderen sein vollkommen eigenes Leben hat und sie sich nur wegen der Kinder, der Familie oder anderer äußerer Umstände arrangieren müssen.

SEIN SINNLICHER WEIBLICHER MOND IM STIER

Stilles Glück, wenig Höhen und Tiefen

Er hält das Haus in Ordnung, pflegt gemeinsam mit ihr Garten und Auto und ist in seinem Selbstwertgefühl stark abhängig von sozialer Anerkennung. Sie teilt seinen Wunsch nach einem kuscheligen Eigenheim im Grünen, braucht selbst ein gemütliches Zuhause, um zu entspannen und seelisch aufzutanken. Liebevoll bemuttert sie ihn, und er genießt ihre Fürsorge, ganz besonders die kleinen Leckereien, mit denen sie ihn verwöhnt und immer wieder aufmuntert. Sie ist sein Ruhepol, ihr Mitgefühl Balsam für seine innerlich tief verunsicherte Seele (spürt man nach außen nicht so leicht). Er überlässt ihr die Führung, die sie geschickt übernimmt, ohne es ihm offen zu zeigen oder ihn vor anderen bloßzustellen.

Indem er ihr die Regie und damit viele Verantwortlichkeiten überlässt, begibt er sich immer mehr in Abhängigkeit von ihr, was sie aber niemals ausnutzt. Er ist emotional nicht so stabil wie sie, was er aber, zumindest nach außen, nicht wahrhaben will. Wahrt sie den äußeren Schein und lässt ihn in der Gesellschaft die Rolle des starken Mannes spielen, während sie die Fäden ihres gemeinsamen Lebens immer fester in die Hand nimmt, bleibt er handzahm und friedlich. Beide fühlen sich in ihrer Beziehung geborgen, geben sich Sicherheit – ein äußeres wie seelisches Zuhause.

Und selbst wenn sie nach Jahren feststellt, dass er hier und da auf erotischen Schleichwegen wandelte, weiß sie, dass er nie wirklich je einen Gedanken daran verschwendete, sie zu verlassen, auch weil sie materiell derart verzahnt miteinander sind, dass jeder enorme Verluste erleiden würde. Sie verzeiht ihm, vielleicht weil sie selbst auch mal einer heimlichen Romanze nicht widerstehen konnte. Allerdings ist sie schlau genug, die zu verschweigen und als kostbare Erinnerung in ihrem Herzen zu verschließen – Nahrung für ihre geheimen Sehnsüchte und eine Kraftquelle, von der sie ganz genau weiß, dass sie keine mehr wäre, hätte sie den kurzen Traum je Wirklichkeit werden lassen und dem schnöden Alltag geopfert.

So leben beide in einer geregelten, überschaubaren Partnerschaft ohne große Höhen und Tiefen, in der die Stürme der Leidenschaft früh zu lauen Winden werden. Ein stilles, friedliches Glück.

Diese Kombi ist schwierig, weil

■ … der überschaubare Alltagsablauf jedem zwar Sicherheit, aber wenig wirkliche Entwicklungsmöglichkeiten bietet und dadurch viele ihrer Sehnsüchte auf der Strecke bleiben können, außerdem halten beide starr an einmal verabredeten Lebensregeln fest und lassen wenig frischen Wind in ihre Beziehung.

Diese Kombi ist möglich, wenn

■ … keine einschneidenden Schicksalserfahrungen zu erheblichen Veränderungen der Sichtweisen und Lebenszielen des Einzelnen führen und diese sich dadurch dann zu sehr von denen des anderen entfernen würden.

SEIN UNRUHIGER MÄNNLICHER MOND IN DEN ZWILLINGEN

Zwei Welten – zu wenig Nähe und Übereinstimmung

Sie spürt, sie fühlt und empfindet. Er überlegt, er denkt und grübelt. Sie ist ganz Gefühl, er tut alles, um sein Fühlen zu rationalisieren und sich seinen Emotionen bloß nicht ausliefern zu müssen. Ihr feines Gespür, ihre Intuition und ihr starkes Empfinden verleihen ihr innere Gewissheit, er braucht für seine innere Überzeugung und Gewissheit logische Erklärungen, klare Fakten und Beweise. Die beiden sind zwei Welten. Seelisch-geistige Heimat kann jeder nur in sich selbst, vielleicht mit einem neuen Partner, aber niemals im anderen finden. Und dennoch können beide sehr viel voneinander lernen. Mitzuerleben, dass sie Gott, dem Leben, sich selbst und langsam, aber sicher auch ihm immer mehr vertraut, berührt ihn tief. An ihrer Seite wird ihm erst so richtig bewusst, wie weit er sich von seinen eigenen Gefühlen entfernt hat und wie unfähig er zu direkter, offener Emotionalität ist. Kann ihre Begegnung bewirken, dass er es schafft, die gefühlsmäßige Distanz zunächst zu sich selbst und später auch zu anderen mehr und mehr zu durchbrechen, ist sie ein Geschenk des Himmels für ihn! Durch sie entwickelt und festigt er langsam sein Vertrauen in die für ihn durch ihre Unkontrollierbarkeit immer etwas unheimliche Dimension der Gefühle.

Er dagegen bringt jede Menge Schwung, aber auch Unruhe in ihr Leben und fordert ihre Verstandeskräfte heraus, will von ihr alles erklärt und analysiert haben. Das strukturiert ihren Geist, schärft ihren Verstand und ihr Bewusstsein. Für eine Weile tun die beiden sich richtig gut, geben sich gegenseitig positive Impulse und Entwicklungsschübe.

Jeder profitiert von der Lebens-, Denk- und Fühlweise des anderen. Auf Dauer sind sie einfach zu unterschiedlich und sich auf der Gefühlsebene dann doch zu fremd. Das wird ihnen spätestens klar, wenn etwa ihr Arbeitskollege immer öfter ausspricht, was sie gerade denkt, und er gar nicht abwarten kann, dass ihre Cousine wieder zu Besuch kommt, mit der er nächtelang diskutieren, rumalbern und sich köstlich amüsieren kann ...

Diese Kombi ist schwierig, weil

■ ... sie ganz Gefühl ist, auf Intuition, Spürsinn und Empfindung setzt, er kopfgesteuert seinem Verstand folgt und weder sich und noch viel weniger ihr die Chance gibt, seine Gefühle zu »berühren«.

Diese Kombi ist möglich, wenn

■ ... er sie an seiner Seite gefühlsmäßig nicht gänzlich »verhungern« lässt und sie sich ernsthaft für seine Interessen öffnet, um im regen geistigen Austausch mit ihm zu bleiben, was wiederum ihr gegenseitiges Verständnis und Vertrauen stärkt. Außerdem sollte sie ihm die lange Leine lassen.

SEIN EMPFINDSAMER WEIBLICHER MOND IM KREBS

Ähnlich, aber ...

Weil jeder sich selbst im anderen begegnet, sich beide sehr ähnlich sind, fühlen sie sich sofort zueinander hingezogen. Sie lieben die gleiche Musik, sprechen die gleiche Sprache,

reagieren auf kleinste Gesten, registrieren mit feinsten Antennen die Stimmungen des anderen. Spür-Menschen! Da
beide gleichzeitig aber nicht nur ihre Höhen, sondern auch
ihre Tiefen erleben, kann keiner den anderen auffangen,
wenn der in ein Stimmungsloch fällt. Erlebt der eine einen
Schicksalsschlag, versinken beide gleichzeitig und untröstlich im Leid. Ist er beleidigt, schmollt sie auch.

Einerseits brauchen sie sich gegenseitig, andererseits erträgt keiner die Launen, Schwächen und Angriffe des anderen. Sie können sich derart verletzen, dass das gegenseitige
Vertrauen zutiefst erschüttert wird. Dabei bekämpft jeder
die eigenen Schwächen im anderen besonders aggressiv, weil
er dem anderen unbewusst übel nimmt, dass er ihn zwingt,
sich mit der eigenen Unvollkommenheit auseinanderzusetzen. Bei Angriffen von außen halten sie total zusammen,
bauen sich einen Schutzwall gegen den Rest der Welt.

Aber je mehr sie sich gegenseitig verletzen, desto häufiger herrscht Funkstille im Bett. Denn keiner spürt die wunden Punkte eines anderen so sicher auf wie Menschen mit
einer »Krebs-Besetzung« im persönlichen Horoskop, und
auch keiner kann einem anderen so gezielte Tiefschläge versetzen, dass die sogar den Sex »töten«.

Da sie sich total aufeinander fixieren und jeder schon
kleinste Missklänge in der Stimmungslage des anderen
wahrnimmt, sind beide sehr leicht irritierbar und verunsichert. Jeder setzt sich stark unter Druck und glaubt, er
müsse die Bedürfnisse des anderen hundertprozentig be
friedigen. Und so können das anfängliche Glücksempfinden und die Begeisterung über ihre unglaubliche Nähe irgendwann zur Beklemmung und Qual werden. Obwohl
beide lange aneinander festhalten und in Krisenzeiten erstaunlich zäh und belastbar sind, trennen sich viele doch
irgendwann: sehr betroffen und schmerzlich, mit tiefen
Wunden in Herz und Seele.

Diese Kombi ist schwierig, weil

■ ... jeder durch die großen Übereinstimmungen im engeren Zusammenleben nicht nur mit seinen eigenen Stärken, sondern auch durch den anderen mit seinen eigenen Schwächen konfrontiert wird – was, je nach Selbsthass, unerträglich für den Einzelnen sein kann. Man bestraft und verletzt ihn, meint aber unbewusst sich selbst. *Folge:* verzweifelte Kämpfe miteinander.

Diese Kombi ist möglich, wenn

■ ... jeder ziemlich ausgesöhnt mit sich selbst Glück und Harmonie genießen und sich zugestehen kann. Je mehr er sich selbst schätzt, desto mehr erfreut er sich dann auch am anderen. Außerdem sollte keiner der beiden seine Sorgen in Alkohol »ertränken«.

SEIN MOND IM FEURIGEN MÄNNLICHEN LÖWEN

Feuer und Wasser

So wie Feuer und Wasser zischen und verdampfen, wenn sie aufeinanderprallen, so wild und leidenschaftlich kann anfangs der Sex bei Ihnen sein, aber wenn die beiden streiten, fliegen die Fetzen genauso lautstark und dramatisch.

Solange sie ihn bewundert, verwöhnt und umsorgt, ist die Welt für ihn in Ordnung. Sie durchschaut ihn schnell, erkennt sofort seine Egozentrik, Eitelkeit und Selbstgefälligkeit. Es verletzt sie zutiefst, wenn er nur auf der Suche nach Bestätigung sich ständig bei anderen beweisen muss –

Schönere und immer Jüngere beim Flirten bevorzugt und rücksichtslos ihre Bedürfnisse übersieht. Kein Wunder, dass sie sich schon bald vernachlässigt, ausgenutzt und überfordert fühlt. Seine mangelnde Fähigkeit, mit ihrem Frust umzugehen, sein fehlendes Einfühlungsvermögen, seine Rücksichtslosigkeit sowie sein Dominanzstreben und seine große Selbstbezogenheit stehen einer tiefen partnerschaftlichen Bindung mit ihr im Weg. Sie wehrt sich schon bald dagegen, auf seine Dienstbotin oder sein gesellschaftliches Aushängeschild reduziert zu werden. Zugegeben, anfangs war sie fasziniert von seinem Charisma, seiner erotischen Ausstrahlung, seinen großzügigen Einladungen und Geschenken. Aber schon bald wird ihr klar, dass es ihm gar nicht so sehr um sie ging: Vielmehr ist er es sich schuldig, der unvergleichbare Eroberer und Verzauberer einer Frau zu sein.

Meist scheitert die Beziehung an seiner Untreue, dem unstillbaren Bedürfnis, sich auch im höheren Alter noch immer wieder bei anderen beweisen zu müssen. *Und:* Er akzeptiert und »belohnt« nur eine Strahlefrau an seiner Seite – sexy und immer in den angesagtesten Klamotten. Ihr Hang zum Selbstmitleid und Jammern turnt ihn ab, und ihre viel zu braven Outfits widersprechen seinem Schönheitssinn total. *Ihre Rache bei der Trennung:* Sie lässt ihn bluten – auch finanziell.

Diese Kombi ist schwierig, weil

■ … er rücksichtslos auf ihren Gefühlen herumtrampelt, egozentrisch auf die Erfüllung seiner eigenen Bedürfnisse achtet. Sie schluckt ihren Kummer über seine Rücksichtslosigkeit und Untreue eine Weile herunter, staut ihre Wut immer mehr, um sie irgendwann so extrem zu entladen, dass er sich zumindest von ihrem letzten Tiefschlag kaum noch erholen kann.

Diese Kombi ist möglich, wenn

■ … sie seine erotischen Eskapaden nicht so ernst nimmt, an seiner Seite gut für sich selbst sorgt, sich vielleicht sogar irgendwann selbst einen Geliebten hält.

SEIN MOND IN DER EMPFINDSAMEN WEIBLICHEN JUNGFRAU

Harmonie und Glück pur

Sie haben sich gesucht und gefunden! Beide sind gleichermaßen einfühlsam, verständnisvoll und sehr empfindlich. Wenn überhaupt, ermutigt nur eine wie sie ihn, mehr und mehr die Kontrolle über seine Gefühle aufzugeben und sich emotional zu öffnen. Mit ihrem unglaublichen Einfühlungsvermögen und Spürsinn kann sie ihm helfen, seine Scheu, Schüchternheit und allgemeine Lebensunsicherheit zu überwinden, zum Beispiel indem sie beiden einen geordneten Lebensrahmen schafft, der die Sicherheit und Geborgenheit bietet, die er wie auch sie für ihr Wohlbefinden und Glück so dringend brauchen.

Beide sind nach außen hin bescheiden. Meist übernimmt sie sanft und unmerklich die Führung, und er ist sehr dankbar, dass sie dadurch auch in wesentlichen Bereichen die Verantwortung übernimmt, die sie viel zäher und mutiger trägt, als man es ihr zutrauen würde. Als geborene Diplomatin geht sie so einfühlsam und vorsichtig mit ihm um, dass er sich nie vor anderen – und vor sich selbst! – als Schwächling bloßgestellt fühlt. Von Herzen dankbar für ihre Fürsorge, steht er ihr jederzeit mit praktischen Tipps und fundiertem Sachwissen zur Verfügung. Er hält sie über das Weltgeschehen auf dem Laufenden, informiert sie über die wirtschaftliche Entwicklung und legt beider Ersparnisse sicher an. Aber er hilft ihr auch im Haushalt und im Garten, organisiert Familientreffen und Urlaube perfekt und zuverlässig.

Was ihm an Fantasie, Romantik und Kreativität fehlt, macht er durch seinen Fleiß, seine Intelligenz und seine Effektivität wett. Wenn sie ihn sanft und geduldig in die erotische Liebe einführt, ihn langsam an Zärtlichkeiten gewöhnt und in sinnlichen Kuschelstunden dazu verführt, seine noch unentdeckten erotischen Fantasien auszuleben, kann er sich an ihrer Seite zum überaus passablen Liebhaber mausern, der ihr und sich selbst immer mehr irdische und sinnliche Träume erfüllt.

Diese Kombi ist schwierig, weil

■ ... er lange braucht, um sich emotional zu öffnen, alles erst einmal zu versachlichen versucht und extrem zweifelt, ehe er jemandem vertraut. Außerdem bremst er sie und sich oft aus, indem er ständig nörgelt und misstrauisch nach dem Haar in der Suppe sucht. Sie muss sich sehr bemühen, dass seine extreme Sparsamkeit nicht irgendwann in Geiz ausartet.

Diese Kombi ist möglich, wenn

■ ... ihre seelisch-geistige Übereinstimmung sehr groß ist, jeder den anderen auf Anhieb versteht. Außerdem haben sie ergänzende Fähigkeiten, mit denen sie sich gegenseitig bereichern.

SEIN MOND IN DER HARMONIEBEDÜRFTIGEN MÄNNLICHEN WAAGE

Entweder – oder

Charmant, herzlich, liebenswürdig und überaus höflich hat er leichtes Spiel, ihre Sympathie zu gewinnen. Hat sie ihr großes, sehnsuchtsvolles Herz erst einmal für ihn geöffnet und glaubt, sich seiner sicher sein zu können, erwarten sie auch schon seine aufrichtigen Liebes- und Treueschwüre. Verlangt sie allerdings plötzlich auch noch ein klares Bekenntnis von ihm, plant schon Nachwuchs und Eigenheim, wird er merklich nervös. Schon sich entscheiden zu müssen verursacht ihm regelrechte Seelenqualen! Aber ihm wird siedend heiß klar, dass sie ihm nach diesen Offenbarungen keinen Spielraum mehr lässt und ihm die Pistole auf die Brust gesetzt hat: entweder sie oder seine Freiheit!

Er wird zwar eine Weile versuchen, sie immer wieder hinzuhalten. Aber sie wird seinen Wankelmut nicht ewig ertragen. Viele trennen sich an diesem Punkt. Meist geht sie (besonders wenn ihre Sonne im Horoskop stark gestellt ist) – sie, die eigentlich festhält, aber an seiner Seite schnell merkt, dass sie das, wonach sie sich so sehnt, bei ihm sowieso nie und woanders viel leichter bekommt. Bleibt sie bei ihm, obwohl sie eigentlich weiß, dass sie ihn loslassen sollte, befriedigt er noch eine Weile sein Bedürfnis nach Nestwärme und Geborgenheit mit ihr, während sie unter seiner inneren Distanz und emotionalen Unberührtheit leidet.

Er versucht, obwohl er Harmonie will und niemanden verletzen möchte, durch Seitensprünge, ihrer engen emotionalen Umklammerung zu entkommen. Er möchte Abstand gewinnen, weil er sich erdrückt und überfordert fühlt, wenn sie ständig Liebesbeweise von ihm fordert und immer mehr emotionale Nähe erwartet. Harmoniebedürftig und konfliktscheu, wie er ist, möchte er sie nicht verletzen, kann aber sein Naturell nicht verleugnen: Und so flüchtet er schließlich von ihr zu lockerer, unverbindlicher Gesellschaft, wo amüsante unproblematische Kontakte und Gleichgesinnte ihn schon lange wieder erwarten ...

Diese Kombi ist schwierig, weil

■ ... er extreme emotionale Nähe/Distanz-Probleme hat, sich nur ungern fest bindet, obwohl er sich eine Partnerin wünscht. *Und:* weil ihr Ziel immer die Geborgenheit einer Familie ist und sie ihn gefühlsmäßig überfordert.

Diese Kombi ist möglich, wenn

■ ... sie ihm keine Vorwürfe macht und ihn nicht zu sehr vereinnahmt. Sie darf nicht von ihm erwarten, dass er seine Freizeit ausschließlich mit ihr und den Kindern verbringt. Er sollte allerdings daran arbeiten (möglicherweise sogar innerhalb einer Therapie), sein Herz zu öffnen und es ihr irgendwann ganz zu schenken.

SEIN MOND IM VERLETZBAREN WEIBLICHEN SKORPION

Schicksal!

Sie schwärmen und träumen voneinander, verzehren sich nach ihrer Leidenschaft, ihren unglaublich romantischen Rendezvous und ihrem noch nie zuvor erlebten sinnlichen Rausch. Ihre Seelen schwingen auf gleicher Wellenlänge, dürsten nach Nähe, Verschmelzung und immer tieferem Verstehen. Sie ahnt schon bald, dass er noch viel verletzbarer und komplizierter ist als sie, fühlt sich aber dennoch magisch von ihm angezogen. Mit weiblich-mütterlichem Instinkt erahnt sie seine Verletzbarkeit, seine schwierige Mutterbeziehung, sieht ihm vieles nach, zum Beispiel wenn er versucht, sie total von sich abhängig zu machen, weil er es einfach nicht ertragen könnte, dass sie ihn verlässt.

Genauso seine rasende Eifersucht: Sie leidet zwar unter seinem Kontrollzwang, erspürt aber meist den Grund: dass er sich tief in seinem Inneren ihrer Liebe nicht wert fühlt, sie sogar manchmal zurückweist, weil er unbewusst glaubt, dieses wunderbare Geschenk nicht verdient zu haben.

Sie gehört zu den wenigen emotional belastbaren Partnerinnen, die für eine Beziehung mit ihm infrage kommen, weil sie ein so tiefes gefühlsmäßiges Verständnis für ihn hat, ihn am ehesten, und für diesen ewigen Zweifler auch glaubhaft, um seiner selbst willen zu lieben vermag.

Sie hat sich mit ihm zwar einen hochproblematischen Partner ausgesucht, wird aber voll entschädigt, wenn er sich schließlich, getragen von ihrer bedingungslosen Liebe zu ihm, in seine Gefühle fallen lassen kann: Ihre seelische und körperliche Vereinigung kann die verborgensten Tiefen seiner und ihrer Seele berühren und damit enorme Kräfte für die Entwicklung des Einzelnen und das gemeinsame Leben freisetzen. Eine ganz besondere, große Schicksalsliebe!

Diese Kombi ist schwierig, weil

■ … er, obwohl berauscht von ihrer Liebe, immer wieder verzweifelte, unbewusste, innere Kämpfe mit sich selbst austrägt und ausgerechnet die, die ihm am nächsten steht und ihn am bedingungslosesten liebt, zurückweisen und verletzen kann.

Diese Kombi ist möglich, wenn

■ … gemeinsames Glück – seelisch wie erotisch – so unvorstellbar groß sein kann, dass es alle Dimensionen der Vorstellung sprengt und beide der Erde, allem Lebendigen und dem Himmel so unendlich nah sein lässt.

SEIN MOND IM FEURIGEN MÄNNLICHEN SCHÜTZEN

Problematisch, aber befreiend

Falls die beiden sich wirklich auf eine Beziehung einlassen, weil sie gleiche Interessen verbinden oder eine Übereinstimmung der Eros-Planeten Venus und Mars ihre Sexualität anfangs stark anheizt, kann man aber davon ausgehen, dass jeder unabhängig vom anderen erheblich beziehungs- und nähegestört ist. Die innere Problematik des Einzelnen wird durch das gemeinsame Leben nach außen verlagert, das heißt: Die Störung, die jeder unabhängig vom anderen hat, zeigt sich dann in ihrer Beziehung. Wegen zu großer Unterschiedlichkeit und der Unfähigkeit, innere Nähe herzustellen, ist eine echte Partnerschaft unmöglich. Jeder schützt sich mit dem »richtigen« falschen Partner unbewusst davor, sich mit seinen eigenen Gefühlen und Verletzungen zu konfrontieren und auseinanderzusetzen.

In den meisten Fällen dieser Partnerkonstellation hatte sie eine schwierige Vater-, er eine problematische Mutterbeziehung. Der Vater oder die Mutter war für das Kind emotional nicht erreichbar – es erlebte nur die Sehnsucht nach dem Elternteil, aber keine Erfüllung mit ihm. Dieses Muster lebt im Unterbewusstsein des Kindes weiter und versucht, sich im Erwachsenenalter zu bestätigen: Die »falschen« Partner verhindern dabei, dass sie sich emotional hingeben und verletzt werden können.

Und obwohl sie keine seelisch-geistige Übereinstimmung haben, eigentlich nicht zusammenpassen, hat ihre Beziehung doch einen tiefen Sinn und kann lange bestehen bleiben. Überwindet aber einer von beiden eines Tages sein blockierendes Psychomuster, zum Beispiel innerhalb einer Therapie, söhnt sich mit sich selbst aus, wird glücks- und liebesfähiger, gerät die Beziehung ins Wanken. So kann die Trennung der beiden zur Befreiung ihrer Seelen werden, die die schwierigen gemeinsamen Erfahrungen brauchten, damit sie sich überhaupt für die Liebe mit einem wirklich passenden Partner öffnen können.

Diese Kombi ist schwierig, weil

■ … trotz großer Sympathie und Anhänglichkeit ihre Herzen und Seelen keine so tiefe Übereinstimmung finden können, dass sie auf Dauer miteinander glücklich werden. Zu viele Sehnsüchte und Wünsche bleiben bei beiden unerfüllt. Früher oder später könnten sie sich dann in Seitensprünge »flüchten«.

Diese Kombi ist möglich, wenn

■ … beide in ihren unbewussten »Schuldgefühlen« verharren, sich kein Glück »gönnen« und deshalb beim »richtigen« falschen Partner bleiben.

SEIN MOND IM
EMOTIONAL GEHEMMTEN
WEIBLICHEN STEINBOCK

Was für immer

Mit sicherem Instinkt erkennt sie auf den ersten Blick, dass
sie sich mit ihm zumindest einen ihrer Lebensträume erfüllen kann: Familie gründen, Existenz aufbauen. Denn sie
erkennt sofort, dass er ehrgeizig, strebsam, fleißig, zuverlässig und ausdauernd ist. Aber sie spürt auch, dass sie erst
einmal sein Vertrauen gewinnen muss. Sanftmütig, mitfühlend und liebevoll versucht sie also, seine unterdrückten
Gefühle herauszulocken, die Fassade, hinter der er seine
verletzte und verwundbare Seele schützt, einzureißen.

Nur wenn sie ihm einen ungeheuren Gefühlsvorschuss
gibt, wird sein tief verwurzeltes Misstrauen allmählich
schwinden. Und indem sie langsam sein Zutrauen gewinnt,
sein Herz immer mehr berührt, wird er auch im Eros lockerer, einfühlsamer und hingebungsvoller. Der große Zauber
jedes Anfangs, die erregende Verliebtheit, mag hier vielleicht fehlen, aber dafür haben beide die Chance, allmählich
eine vertrauensvolle, tragfähige Beziehung aufzubauen, in
der sogar die Intensität ihrer Sexualität sich noch nach Jahren steigern kann und zum festen, unzerstörbaren Band für
beide wird!

Lernt er durch sie, seine Selbstkontrolle und fast zwanghafte Disziplin etwas mehr auf Normalmaß herunterzu-
schrauben und der Echtheit ihrer Gefühle zu trauen, wird
er ihr treuester Freund, auf den sie sich ein Leben lang verlassen kann, der sich besonders in Krisen als belastbarer
Verbündeter erweist, mit ihr Schwierigkeiten durchsteht,
vor denen jeder andere längst geflohen wäre. Natürlich immer vorausgesetzt, dass sie sein Vertrauen nie enttäuscht,

seine Seele nie wirklich verletzt hat. Keiner weiß ihre Treue, Fürsorge, ihr Mitgefühl so zu schätzen wie er. Belastbare Dauerbeziehung möglich.

Diese Kombi ist schwierig, weil

■ ... sie eine lange emotionale Durststrecke durchstehen muss, ehe sie die Tür zu seinem Herzen allmählich öffnen kann, und seine Liebe eine zarte Pflanze ist, die sie mit ganz viel Gefühlsvorschuss, Mühe und liebevoll pflegen muss.

Diese Kombi ist möglich, wenn

■ ... beide würde- und respektvoll miteinander umgehen – sie seine Zuverlässigkeit und Treue zu schätzen weiß, er ihre Wärme und Fürsorge.

SEIN MOND IM DISTANZIERTEN MÄNNLICHEN WASSERMANN

Total wesensfremd

Seine Coolness und seine seelische Unberührtheit bringen sie, die sich gefühlsmäßig verströmen möchte, schier zur Verzweiflung. Ihr intensives Empfinden, ihr Wunsch nach Romantik und Liebe sowie das Bedürfnis, diese spürbar und lebendig zum Ausdruck zu bringen, erlebt er als befremdliche Gefühlsduselei. Ihre Hingabefähigkeit, auch im Eros, berührt ihn eher unangenehm.

Er hat schon durch eine belastete Mutterbeziehung in seiner Kindheit gelernt, Empfinden und Denken strikt voneinander zu trennen. Gefühle sind bedrohlich für ihn, weil nicht logisch, kontrollierbar und nicht intellektuell steuerbar.

Sie ist ihm nicht nur wesensfremd, sondern in ihrem Anspruch nach tiefer, wahrhaftiger Liebe und dem ständigen Wunsch nach Nähe, körperlicher Zärtlichkeit und Wärme geradezu unangenehm. Er fühlt sich durch sie ständig genötigt, das zu tun, was er doch mit aller Kraft zu verhindern versucht: sich weiblichem Einfluss und seelischer Nähe schutzlos auszuliefern!

Ihr dagegen widerstrebt seine Neigung, über Gefühle spielerisch hinwegzugehen, eine Beziehung unverbindlich und locker zu halten. Ungläubig staunend und befremdet beobachtet sie, wie er sich bemüht, jede Normalität, Vertrautheit, Gewohnheit und Alltäglichkeit innerhalb der Beziehung zu verhindern, immer auf der Suche nach dem Außergewöhnlichen, dem Kick. Seine innere Unruhe, sein ständiges Ausweichen, wenn sie mit ihm über Gefühle, Empfindungen, Eindrücke und ihre unerfüllten Sehnsüchte reden möchte, seine Kühle und seine Flucht in Arroganz und Überheblichkeit, wenn er sich in die Enge gedrängt fühlt, treiben ihr geradezu kalte Schauer über den Rücken und töten ihre Gefühle. Sie vereinsamt und leidet an seiner Seite.

Kein Wunder, dass sie, spätestens wenn er zum ersten Mal fremdgeht, wegläuft, während er wieder erleichtert die Luft der Freiheit atmet. Unvereinbares Paar.

Diese Kombi ist schwierig, weil

■ … er sowieso Probleme mit Gefühlen, Nähe und enger Bindung hat, sie in einer Beziehung Schutz, Geborgenheit, seelischen Gleichklang und tiefe Liebe sucht, die er – aufgrund ihrer unterschiedlichen Lebensentwürfe und Weltsicht – ihr schon mal gar nicht geben kann.

Diese Kombi ist möglich, wenn

■ ... beide ein gemeinsames berufliches oder privates Projekt zusammenschweißt, in das jeder sowieso viel mehr Zeit, Interesse, Leidenschaft und Liebe investiert als in die Beziehung.

SEIN MOND IN DEN SEHNSÜCHTIGEN WEIBLICHEN FISCHEN

Beide fühlen, lieben und leiden

Er gibt ihr das Gefühl, gebraucht zu werden, und ist dankbar, wie sie ihn mit Liebe und Fürsorge überschüttet. Unersättlich dürstet er nach ihrer Zuwendung. Sie ist wie er ein Gefühlsmensch durch und durch. Aber während sie ihren Platz in der rauen Wirklichkeit findet, tüchtig und praktisch ist, ist er in seinem grenzenlosen Empfinden eher orientierungslos, hat diffuse Zielvorstellungen, besonders in einer Partnerschaft. Sie kann tun, was sie will, letztlich kann auch sie wie nie eine andere vor oder nach ihr seinem Wunsch nach himmlischer Liebe nicht gerecht werden.

Er träumt von der Märchenfee, die ihn von allen Seelenqualen befreien und mit der er total zur Einheit verschmelzen kann. Die Krebs-Frau gibt ihm alles und ist untröstlich, dass es ihm offensichtlich nicht ausreicht und genug ist. Er ist zärtlich und liebevoll zu ihr, kümmert sich mitfühlend und aufopfernd um sie, wenn es ihr schlecht geht, bleibt aber trotzdem irgendwie ungreifbar.

Sie denkt manchmal, dass es ihm um tiefe Gefühle an sich geht, aber nicht so sehr um ihre Individualität. Er will durch sie zwar in einen Zustand der Liebe versetzt werden, und sie spürt auch seine Liebesfähigkeit, aber eigenartigerweise nicht seine Liebe um ihrer selbst willen.

Er ist sehr verführbar, erliegt immer wieder der Illusion, dass eine andere mit ihm in seinem ersehnten überirdischen Liebesempfinden verschmelzen und ihn aus seiner Melancholie und gelegentlichen Lethargie befreien könnte. Aber einen solchen Vertrauensbruch kann sie, die ihm alles gegeben hat, nicht verstehen und schon gar nicht verzeihen. Er ist untröstlich, wenn er sieht, wie sie seinetwegen leidet, kann aber tief im Inneren nicht begreifen, dass sie ihn nicht versteht und nicht ähnlich fühlt wie er.

Falls sie doch wieder zueinanderfinden, hat er ständig geheime Liebschaften. Er wird sich letztlich nie auf eine Partnerin allein endgültig festlegen können.

Diese Kombi ist schwierig, weil

■ ... seine »überirdische« Liebessehnsucht nie von einem Menschen allein gestillt werden kann. Was steckt dahinter? Seine Seele leidet unter der Begrenztheit und Gefangenschaft im Körper (Wortstamm: Kerker), möchte mit allem Göttlichen und Irdischen gleichermaßen in Liebe verschmelzen. Eine Illusion! Da sind dann alle Bemühungen der fürsorglich-liebenden Krebs-Frau letztlich vergebliche Liebesmühe.

Diese Kombi ist möglich, wenn

■ ... er durch ausgleichende, erdende Konstellationen in seinem persönlichen Horoskop bodenständiger, realistischer wird und ihren optimalen seelisch-geistigen Gleichklang mehr zu schätzen lernt und weniger süchtelnd ständig neue Verliebtheiten sucht.

SIE SONNE IM EROTISCHEN MÄNNLICHEN LÖWEN

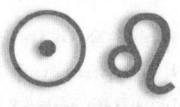

SEIN MOND IM STÜRMISCHEN MÄNNLICHEN WIDDER

Sie kann seine Chance und Rettung sein

Beide können sich ein Leben ohne partnerschaftliche Nähe und Leidenschaft nicht vorstellen. Besonders für sie ist Liebe Lebensenergie pur – Kinder und Familie sind totale Erfüllung. Beide sind sehr begeisterungsfähig und leicht entflammbare, feurige Temperamente. Sie können sich schnell und voller Leidenschaft in eine Beziehung miteinander stürzen, besonders im Eros!

Ihre enorme Anfangsgeschwindigkeit und Intensität wecken aber auch bei beiden extrem hohe Erwartungen und Ansprüche, die im Alltag und auf Dauer nur schwer auf so hohem Level gehalten werden können. Eigentlich ergänzen sich beide ideal. Und wenn es Schwierigkeiten gibt, liegt das Problem – gut versteckt – meist in ihm. Er hat aufgrund frühkindlicher Erfahrungen ein geschwächtes »Wirgefühl« und eine extreme Selbstbezogenheit und schließt immer von sich auf andere. Er wünscht sich zwar von keinem Menschen auf der Welt so sehr Nähe und Liebe wie von ihr, hat aber grundsätzlich Angst, sich jemandem emotional ganz auszuliefern und seine Unabhängigkeit zu riskieren. Und diese »Gefahr« ist bei ihr, die er so ungestüm begehrt und wahrhaft liebt, natürlich besonders groß.

Nur ihre Stärke und ihre Fähigkeit, sein Misstrauen und seine psychische Schwäche mit ihrem großen Herzen, ihrer Klugheit und ihrer Liebe auszugleichen, können die Beziehung festigen und zu dauerhaftem Glück führen. Um das zu schaffen, muss sie enorm viel Toleranz und Geduld haben sowie psychologisches Feingefühl entwickeln, damit er emotional belastbarer und stark genug wird, um sich auf die Beziehung wirklich einzulassen und auch Verantwortung zu übernehmen. Sie ist seine Rettung. Klappt es, tut er alles, um sie glücklich zu machen.

Diese Kombi ist schwierig, weil

■ … er bei jeder Begegnung, egal wie groß die Liebe ist, Angst um seine Freiheit und Unabhängigkeit hat, sich nur schwer auf die Andersartigkeit einer Partnerin einstellen kann und nicht bereit ist, seine Individualität zugunsten der Gemeinsamkeit einzuschränken.

Diese Kombi ist möglich, wenn

■ … beide einen harmonischen Sonne-Mond-Kontakt haben, sich seelisch-geistig ergänzen, viele Übereinstimmungen haben und sich wirklich verstehen können.

SEIN MOND IM ERDVERBUNDENEN WEIBLICHEN STIER

Starke Spannungen – für ihn besser als für sie

Ihr Eros, ihr Charisma und ihre Schönheit faszinieren ihn. Sie stärkt sein Selbstwertgefühl. Er ist stolz auf sie, weil andere sie bewundern und ihn um sie beneiden. Durch sie gewinnt er mehr soziale Anerkennung, was für ihn äußerst wichtig ist. Er strebt nach Anerkennung und Einfluss in seiner Umgebung, sie scheint ihm dafür die ideale Partnerin zu sein. Dabei übersieht er aber meist, dass sie um ihrer selbst willen geliebt werden und nicht nur sein Aushängeschild sein möchte. Er bietet ihr zwar emotionale und materielle Sicherheit, verwöhnt sie mit Zärtlichkeit, hat ihr aber zu wenig Fantasie, Begeisterungsfähigkeit, Feuer und Leidenschaft.

Sie streikt, wenn er sie vereinnahmen und anbinden will, ihren persönlichen Freiraum immer mehr einschränkt, sie eifersüchtig bewacht und kontrolliert, während er sich jede Freiheit nimmt. Missverständnisse und heftige Streitereien zerren immer wieder an den Nerven beider. Droht sie aus der Beziehung auszubrechen, auch weil er auf Dauer nicht der ideale Liebhaber für sie ist, geht er zunächst wieder ganz auf ihre Bedürfnisse ein und versucht, die Beziehung so zu kitten, dass der Schein einer guten Partnerschaft nach außen hin auf jeden Fall gewahrt wird. Die Angst, sich Versagen eingestehen zu müssen und die erarbeitete materielle Sicherheit zu gefährden, macht ihn kompromissbereit.

Je jünger und unerfahrener sie noch ist, desto eher bricht sie aus dieser Beziehung aus, weil sie spürt, dass er ihre Seele nie erfassen und sie mit ihm nie wirklich glücklich werden kann. Je mehr bittere Liebeserfahrungen sie im Leben schon hinter sich hat, desto eher ist sie bereit, sich mit ihm zu arrangieren, besonders wegen der Kinder und der wirtschaftlichen Vorteile, die er ihr bietet. Die Gefahr ist sehr groß, dass sie eines Tages nur noch nebeneinanderher leben.

Diese Kombi ist schwierig, weil

■ ... sie eine selbstbewusste, eigenständige und leidenschaftliche Powerpersönlichkeit ist, die sich nicht so einfach anpasst, einschränken und kontrollieren lässt, wie er es für sein Sicherheitsgefühl braucht. Außerdem ist er ein sinnlicher, bequemer Gemütsmensch, der irgendwann seine Ruhe und seinen geregelten Tagesablauf schätzt, während sie auch noch im Alter neue Anregungen, Abenteuer und Reize sucht. Und: zu viele Spannungen und Kämpfe.

Diese Kombi ist möglich, wenn

■ ... er sie nicht so eifersüchtig, besitzergreifend und stur einschränkt und sich von ihrer Power mitreißen lässt sowie ihren erotischen Ansprüchen auf Dauer gerecht werden kann.

SEIN MOND IN DEN UNRUHIGEN MÄNNLICHEN ZWILLINGEN

Immer im Herzen und nie aus dem Sinn

Sie hat alle Fähigkeiten und Talente, um seinen Verstand zu überlisten, seinen emotionalen Schutzwall zu durchbrechen und ihn in das Reich der Sinne zu entführen. Schafft sie es mit ihrem Naturtalent zur Liebe, dass er seine ständige verstandesmäßige Kontrolle aufgibt, dringt er mit ihr immer mehr in das Reich der Gefühle ein und schafft sich eine für ihn wunderbare neue Welt! Diese Erfahrung ist so überwältigend für ihn, dass er es nie vergessen wird, durch sie eine so ganz neue Dimension des Lebens kennenzulernen.

Das Problem: Hat er sich erst einmal auf diese Höhen seelischen, sinnlichen Glücks eingelassen, kann er es kaum ertragen, wieder ins banale, alltägliche, von der Vernunft beherrschte Leben abzustürzen, und versucht, wenn es ihm mit ihr nicht gelingt, den gleichen Gefühlsrausch notfalls mit einer anderen zu wiederholen. Untreue erträgt sie aber nicht. Zutiefst in ihrer Ehre und in ihrem Stolz verletzt, verstößt sie ihn aus ihrem Herzen und öffnet sich allmählich für eine neue Liebe.

Dennoch: Dass er durch sie (und nicht durch eine andere) zu seinem Gefühlsleben, seiner wahren Leidenschaft überhaupt je so durchgebrochen ist, schmeichelt ihr, gibt ihr Genugtuung und versöhnt sie irgendwann mit ihm.

Selbst wenn sie sich eines Tages trennen, kann das Feuer ihrer Leidenschaft immer wieder aufflammen, auch wenn beide schon in einer anderen Beziehung glücklich sind. Ihn zur Liebe erweckt zu haben und seine Erfahrung, durch sie erweckt worden zu sein, dies bindet die beiden für eine Ewigkeit aneinander – zumindest in der Erinnerung. Jeder bewahrt ein Stück vom anderen in seinem Herzen, und sie gehen sich nie aus dem Sinn.

Diese Kombi ist schwierig, weil

■ … sie ihm auf der Gefühlsebene weit überlegen ist und er ihr nicht die gleiche Geduld, Toleranz und Liebe entgegenbringen kann wie sie ihm. *Die Gefahr:* Er setzt die Beziehung durch leichtsinnige Seitensprünge aufs Spiel. *Ihr Traum:* Kinder und Familie. Sein Traum: Sport, Spiel, Spannung – Abwechslung und Freiheit.

Diese Kombi ist möglich, wenn

■ … er sich verantwortungsbewusster auf die Beziehung einstellt – ihre Ehre und ihren Stolz nicht verletzt, mehr zu lieben lernt und treu sein kann.

SEIN MOND IM EMPFINDLICHEN WEIBLICHEN KREBS

Nichts für immer

Seine Sensibilität, sein Einfühlungsvermögen, seine Aufmerksamkeit und Bewunderung für sie ziehen sie an, aber seine Stimmungsschwankungen und Launen sind geradezu unerträglich für sie.

In einer Phase innerer Unruhe, enttäuscht von festen Bindungen und bestärkt in seinem unbewussten (durch die Mutter verursachten) Misstrauen gegenüber Frauen, sucht er zunächst nur ein erotisches Abenteuer mit ihr. Er stellt sich als Verführer dar, schmeichelt sich in ihr Herz, will Anerkennung, Bestätigung, Wärme und Aufmerksamkeit. Sie durchschaut ihn schnell und lässt ihn zappeln. Sein diplomatisches Geschick, sein gemütliches Zuhause, sein beruflicher Ehrgeiz und sein seelischer Reichtum faszinieren sie dennoch.

Meist haben beide künstlerische Interessen, ergänzen und inspirieren sich gegenseitig. Wenn er genug Achtung vor ihr bekommt, lässt er sein ungeschicktes Imponiergehabe und gibt den Wunsch nach einer flüchtigen Affäre mit ihr wieder auf. Sie werden Freunde. Erst einmal.

Sobald er ihr echten Respekt entgegenbringt und sie Interesse an seinem wahren Wesen zeigt, besteht die Chance, dass sie sich emotional aufeinander einlassen und ein Liebespaar werden. Ihm wird klar, dass er mit ihr die alles verzehrende Leidenschaft erleben kann, von der er seit frühester Jugend nur träumen konnte. Jetzt erfüllt dieser Traum sich mit ihr – allerdings nur kurz. Solange später keiner den Anspruch auf eine »ewige« Verbindung stellt, können sie sich eine Zeit lang in ihrer Entwicklung fördern. Jeder lernt durch den anderen eine völlig andere Gefühlswelt kennen. Aber sobald Abhängigkeit und Misstrauen entstehen, beginnen sie zu streiten und sich zu bekämpfen. Er subtil, aber gezielt verletzend, sie laut und dramatisch. Die Kluft zwischen Mann und Frau wird unüberwindbar! Nach vielem zermürbendem Hin und Her trennen sie sich wieder.

Diese Kombi ist schwierig, weil

■ ... er im Eros wie im Leben ihrer Leidenschaft nicht gewachsen ist, sie mit seinen Launen und Stimmungsschwankungen sowie seiner ewigen bedürftigen Leidensmiene und seiner Mimosenhaftigkeit auf Dauer nicht zurechtkommt. Keiner kann den anderen letztlich so gut verstehen, dass es für eine Dauerbeziehung reichen würde.

Diese Kombi ist möglich, wenn

■ ... er nie aufhört, sie wegen ihrer erotischen Brisanz, ihres Temperaments und ihrer Schönheit zu bewundern, sie seine zärtliche Fürsorge zu schätzen lernt und über seine Empfindlichkeiten und Launen hinwegsehen kann.

SEIN MOND IM LEIDENSCHAFTLICHEN MÄNNLICHEN LÖWEN

Feuerwerk!

Ihre Begegnung ist ein Naturereignis! Ein Feuerwerk der Gefühle, ein Fest der Sinne! Sie kommen, sehen, siegen – und verknallen sich unsterblich ineinander! Sie machen sich Komplimente, kokettieren mit ihren Reizen, heizen sich im Eros an. Und da sind beide geradezu unersättlich. Im Rausch der Sinne spürt jeder sich selbst im anderen, erlebt dabei pures Glück.

Jeder gibt dem anderen das Gefühl von Größe und Bedeutsamkeit, vertraut sich ihm vorbehaltlos an und lebt in einer Illusion, dass dieses himmlische »Verschmelzungsglück« ewig dauert. Jeder hat anfangs das Gefühl, den Menschen getroffen zu haben, den das Schicksal in Bestlaune für ihn bestimmt hat. So hegen beide die romantische Hoffnung, dass sie sich für alle Zeiten alle Wünsche erfüllen und in perfekter Harmonie miteinander alt werden können.

Aber spätestens der erste Streit, bei dem die Fetzen fliegen, reißt sie jäh aus ihren rosaroten Wolken auf den Boden der Tatsachen zurück. Es folgen Versöhnung, Streit, Versöhnung, Streit …

Beide sind temperamentvolle, leidenschaftliche Persönlichkeiten, selbstverliebt, stolz und egozentrisch. Da sie sich sehr ähnlich sind, kennt jeder die Tricks des anderen von sich selbst. Wenn auch anfangs zutiefst geknickt und wütend, können sie letztlich gegenseitige Vorwürfe und Verletzungen besser verarbeiten – sie durchschauen ja genau die Ursachen und Hintergründe. Sind beide starke, bewusste Persönlichkeiten, werden sie um ihrer Liebe willen ihre gegenseitigen Herrschaftsansprüche auch noch spielend überwinden.

Wunderbare Partnerschaft, die die Entwicklung beider fördert und jeden glücklich machen kann.

Diese Kombi ist schwierig, weil

■ … beide von dem großen Glück, das sie miteinander erleben können, sehr verwöhnt sind, sich gegenseitig durch steigende Ansprüche überfordern und in Krisensituationen nicht behutsam und ruhig miteinander umgehen können.

Diese Kombi ist möglich, wenn

■ … sie im Grunde die ideale Ergänzung füreinander sind, sich sehr gut kennen und beide ähnliche Wünsche, Bedürfnisse und Ziele haben.

SEIN MOND IN DER EMPFINDLICHEN WEIBLICHEN JUNGFRAU

Er braucht Mut

Mit ihr hat er sich in eine Frau verliebt, deren Charakter und Empfinden mit seinem völlig unvereinbar erscheint. Sie ist ein leidenschaftliches Temperamentsbündel, sehr emotional, erotisch, besitzergreifend, dominant. Er dagegen ist eher nüchtern, ängstlich, scheu und ständig bemüht, seine Gefühle zu rationalisieren.

Sie ist großzügig, führt den Haushalt locker, nimmt es mit allem nicht so genau, er dagegen ist superpedantisch, strebt ständig nach Struktur und Ordnung. Sie kann das Geld leichtsinnig verpulvern. Er dreht jeden Cent dreimal um, bevor er ihn ausgibt, ist sparsam, eher geizig als großzügig.

Er leidet zwar sehr unter ihren Schwächen, ist aber auch von ihrer völligen Andersartigkeit tief beeindruckt, ohne sie allerdings verstehen oder in jeder Weise akzeptieren zu können. Sie übernimmt ganz klar die Führung in ihrer Beziehung und wird immer unzufriedener, egozentrischer, streitbarer und herrischer. Meist hält sie nur an der Beziehung fest wegen der materiellen Vorteile, die er ihr bietet, ist aber emotional und besonders erotisch unerfüllt und stürzt sich immer wieder in heimliche Affären.

Nur wenn er irgendwann nicht mehr bereit ist, sich von ihr quälen zu lassen, und mutig mit der Faust auf den Tisch haut, könnte er sie so beeindrucken, dass sie ihre Seitensprünge und ihren Anspruch, ihn und alles um sich herum zu beherrschen, aufgibt. Erst dann wird eine echte Partnerschaft möglich, die beide zwar in ihrer Entwicklung fördert, weil sie sie schleift und an Grenzen bringt, die bisher keiner überwinden musste und in der sich mehr und mehr ein Hauch von zarter Liebe entwickeln kann. Sehr wahrscheinlich, dass ihr das alles auf Dauer aber nicht reicht, ihren Lebenshunger nicht stillen kann …

Diese Kombi ist schwierig, weil

■ … jeder beim anderen früher oder später doch das Gefühl hat, mit jemandem vom anderen Stern zusammenzuleben. Unüberbrückbare Unterschiede und Schwierigkeiten. Während er immer misstrauischer an allem zweifelt, herumnörgelt und ständig Einwände hat, will sie ihre Abenteuerlust, Kreativität und Lebensfreude ungebremst ausleben.

Diese Kombi ist möglich, wenn

■ … beide von vornherein darin übereinstimmen, dass sie nur eine begrenzte Zeit gemeinsam durchs Leben gehen und keiner den anderen in seiner Entwicklung behindert.

SEIN MOND IN DER
UNVERBINDLICHEN
MÄNNLICHEN WAAGE

Wackelig ...

Mit seinem umwerfenden Charme, seinem Takt- und Feingefühl sowie seiner diplomatisch ausgleichenden Art flirtet er sich schnell in ihr Herz. Als Schöngeist und Superästhet schätzt er ihren glanzvollen Auftritt bei Festen, ihre Attraktivität und ihr unwiderstehliches Charisma. Er genießt es, wenn ihr die Blicke folgen, ist stolz und fühlt sich durch sie in der Gesellschaft aufgewertet. Beide sind ein strahlendes, von vielen bewundertes Paar.

Sie spürt aber schon bald, dass er sie zwar liebt, so wie er eben lieben kann, dass er aber eine unsichtbare Wand um seinen innersten Wesenskern und seine tiefsten Gefühle gebaut hat, die ihn emotional unberührbar und unerreichbar macht – für sie wie für jede andere auch. Aus Angst, verletzt oder verlassen zu werden, hat er sich eine glatte Höflichkeit antrainiert, die von seinem wahren Ich ablenkt und es jeder Partnerin deshalb (fast) unmöglich macht, ihn um seiner selbst willen zu lieben.

Sie spürt seine innere Unsicherheit deutlich, ärgert sich über seine Unzuverlässigkeiten und leidet unter seinen Stimmungsschwankungen und seinem Wankelmut. Mal möchte er sie mit Haut und Haaren »verschlingen«, sofort heiraten, aber wenn sie anfängt, sich tatsächlich mit diesem Gedanken anzufreunden, flieht er wieder in seine Unverbindlichkeit.

Durch dieses Hin und Her verliert sie das Vertrauen zu ihm. Sie ist eindeutig die Stärkere, die zwar seinen Worten und seinem Zauber erliegt und auch eine mehr oder weniger glückliche Zeit mit ihm verbringen kann, aber irgendwann doch eine starke Schulter sucht, die ihr mehr Schutz, Geborgenheit und Sicherheit gibt, als er es kann. Irgendwann fühlt sie sich alleingelassen und maßlos überfordert damit, nicht nur die Organisation der Familie und des Alltags allein tragen zu müssen, sondern auch noch die psychische Belastung der Partnerschaft. *Gefährlich:* Verliert sie immer mehr Achtung und Respekt vor ihm, verliert er auch seinen erotischen Reiz für sie. Bevor ihre Auseinandersetzungen in lautstarke Streite ausarten, flirten beide schon immer wieder heftig mit anderen … Die Beziehung ist zwar entwicklungsfähig, aber auch sehr instabil und wackelig.

Diese Kombi ist schwierig, weil

■ … er so wankelmütig und emotional viel schwächer ist als sie und die Pflichten und Aufgaben des Lebens sowie die psychischen Probleme und Herausforderungen der Beziehung zu sehr auf ihren Schultern lasten. *Große Gefahr:* Die sexuelle Anziehung verflüchtigt sich.

Diese Kombi ist möglich, wenn

■ … er sich gerademacht – im Leben wie bei ihr seinen Mann steht und sie ihn nicht zu sehr unterbuttert und zu beherrschen versucht. Nur wenn keiner auf erotische Schleichwege ausweicht und ihre Sexualität lebendig bleibt, haben sie überhaupt eine Chance auf eine dauerhafte Beziehung.

SEIN MOND IM VERLETZBAREN WEIBLICHEN SKORPION

Extreme Höhen und Tiefen

Spannungsgeladen, diese Kombination! Schon vom ersten Augenblick an ahnt er, dass sie sein Schicksal ist, ihr starker Eros und ihre betörende Sinnlichkeit machen sie einfach unwiderstehlich für ihn! Und auch sie spürt ein großes Verlangen nach seinen sinnlichen Berührungen und Zärtlichkeiten.

Wenn beide starke Persönlichkeiten sind, brechen sehr schnell Machtgerangel aus. Die brisante Spannung zwischen Streit und sinnlicher Leidenschaft heizt den Eros derart an, dass sie beide sogar sexuell abhängig voneinander werden können.

Er verfolgt sie mit noch größerer Eifersucht als sie ihn. Sein Motiv, fast verbissen um eine gewisse Macht über sie zu kämpfen, ist die Angst, sonst ins Abseits zu geraten und sie zu verlieren oder ihr gefühlsmäßig ausgeliefert zu sein, ohne dafür sorgen zu können, dass sie sicher bei ihm bleibt. Wegen seines mangelnden Selbstbewusstseins (er ist ein zutiefst verletztes inneres Kind) glaubt er tief in seinem Inneren nicht, dass er ihrer wirklich wert ist und dass ihre Liebe zu ihm so groß sein könnte, dass sie freiwillig bei ihm bleibt.

Die stolze Löwin wiederum erträgt seine verdeckten Kontrollen, seine emotionale Geheimniskrämerei und seine undurchschaubaren, hintergründigen Strategien nicht. Sein Misstrauen verletzt sie zutiefst, weil sie nicht erkennt, dass es nicht an ihr, sondern an seiner Unsicherheit und seinem mangelnden Selbstvertrauen liegt. Nur wenn es ihnen gelingt, ihre gnadenlosen Machtkämpfe aufzugeben, und wenn er es irgendwann schafft, sein tief verwurzeltes Misstrauen zu überwinden, ihr emotional offener zu begegnen und sein Vertrauen zu schenken, hat ihre Beziehung überhaupt eine Chance. Dann erleben sie immer wieder extreme Höhen und Tiefen, dramatische Kämpfe und verzehrende Leidenschaft!

Ungewisser Ausgang – häufig Trennung.

Diese Kombi ist schwierig, weil

■ … Anziehung und Abstoßung zwischen ihnen gleichermaßen intensiv und stark sind und Eifersucht, Misstrauen und aufreibende Kämpfe ihre Beziehung immer wieder enorm belasten können. Sie pendeln zwischen den Extremen heiße Liebe und abgrundtiefer Hass.

Diese Kombi ist möglich, wenn

■ … besonders er sich seines inneren Misstrauens Frauen gegenüber bewusst wird und möglicherweise therapeutisch daran arbeitet (zum Beispiel Aussöhnung mit dem inneren verletzten Kind) und sie mit seinem Misstrauen und seiner Eifersucht umzugehen lernt.

SEIN MOND IM FEURIGEN MÄNNLICHEN SCHÜTZEN

Zu viele Flirts

Als aufsehenerregende, außergewöhnlich erotische Strahlefrau entspricht sie hundertprozentig seinem Beuteschema, ist genau das, was er immer gesucht hat. Er himmelt sie an, idealisiert sie und setzt sie genau auf den Thron, der ihr für sich selbst völlig angemessen erscheint. Sie genießt es, wenn endlich einer ihre Vorzüge so richtig zu schätzen weiß und sich derart ins Zeug legt, um sie zu erobern, wie er. Mit seinen charmanten Flirtattacken und schmeichelnden Komplimenten landet er Volltreffer bei ihr. So lässt sie sich gern von ihm erobern.

Hat er das Feuer ihrer Liebe erst entfacht, erleben sie unglaubliche Höhen sinnlichen Glücks, feurige Leidenschaft. Sie öffnet sich ihm erotisch total und stillt sein Verlangen nach größtmöglicher Nähe.

Daher schmerzt sie sein gleichzeitiger Anspruch nach seelischer Unabhängigkeit und Freiheit so tief. Sie fühlt sich kompromittiert, wenn er auf Festen ungeniert mit anderen flirtet und ihre Empörung nicht nachvollziehen kann. In seiner naiven Direktheit erzählt er ihr sogar stolz, wie sehr er wen mal wieder beeindrucken konnte, und kränkt sie dadurch doppelt, ohne es zu merken, geschweige denn, es zu verstehen.

Selbst wenn sie ihm eine Szene macht, steht er noch fassungslos da und begreift ihre Aufregung nicht. Er liebt sie doch von ganzem Herzen und kann ihre Enttäuschung und Wut überhaupt nicht nachvollziehen – wie kann sie ihm bloß übel nehmen, dass er sich auch noch für andere begeistert?!

Flirts, Sex und Liebe zu trennen ist für sein inneres Empfinden ganz normal. Um dem ständigen Ärger mit ihr auszuweichen, fängt er an zu schwindeln – und obwohl sie vom Wesen und Temperament her gut zusammenpassen, könnte ihre Beziehung daran scheitern, dass er nicht einsieht und bereit ist, auf gelegentliche flüchtige Abenteuer zu verzichten, obwohl er vom Herzen her doch eigentlich nur sie liebt. Eigentlich ideale Ergänzung, aber ...

Diese Kombi ist schwierig, weil

■ ... er sie mit seiner Flirt- und Abenteuerlust zutiefst kränkt und ihren Stolz und ihre Ehre verletzt. Sie kann ausgerechnet ihm, mit dem sie sich so gut versteht und den sie so leidenschaftlich lieben kann, einfach nicht verzeihen.

Diese Kombi ist möglich, wenn

■ ... er sich nur auf gelegentliche Flirts mit anderen beschränkt, ihr aber grundsätzlich eisern treu bleibt.

SEIN MOND IM BELASTBAREN WEIBLICHEN STEINBOCK

Ihr Fels

Indem er sich mit ihr auf eine Beziehung einlässt, bestätigt er seine unbewusste Vorliebe für Krisensituationen und extreme Herausforderungen. Sie ist eine gefühlsstarke, feurige, hocherotische Frau, er ein gefühlsgehemmter, emotional eher verschlossener Skeptiker. Sie ist stark, selbstbewusst, schillernd, temperamentvoll, leidenschaftlich, offen, risikobereit und stolz, er dagegen ängstlich, misstrauisch, verwundbar, vorsichtig, ruhig, zuverlässig, beherrscht und (zumindest im äußeren Auftreten) schwächer.

Wenn sie sein erklärter Wunschtraum ist, hat er das, was er braucht: ein Ziel, für dessen Erreichen extrem viele Hindernisse überwunden werden müssen. Erst dann nämlich weiß er den Wert einer Sache und vor allem seinen eigenen wirklich zu schätzen. Da er beharrlich, ausdauernd, zäh und tapfer ist und auch nicht aufhört, um sie zu werben, wenn sie zunächst eine Affäre mit seinem besten Freund bevorzugt, könnte er echte Chancen bei ihr haben. Irgendwann all der aufreibenden Beziehungskrisen müde, will sie an seiner Seite zur Ruhe kommen, sucht bei ihm Sicherheit und Schutz.

Ihre Gefühlswelten bleiben sich zwar fremd, aber ihr freundschaftliches Liebesband könnte unzerstörbar werden. Er ist nicht nur in der Lage, an einer Beziehung festzuhalten, in der die Unvereinbarkeit der Partner ganz offensichtlich ist – gerade das schützt ihn ja auch davor, seine antrainierte emotionale Distanz aufs Spiel setzen zu müssen. Die Löwe-Frau bleibt für ihn ein kostbares Juwel, er wird für sie der Fels in der Brandung, der sie möglicherweise auch nach leidenschaftlich-dramatischen Abenteuern mit dem einen oder anderen Charmeur wieder aufnimmt. Vorausgesetzt, sie verliert nie die Achtung vor ihm, würdigt seine Stärken und Talente, und ihre Sexualität lässt sich immer wieder beleben.

Diese Kombi ist schwierig, weil

■ … sie der vitale, feurige, leidenschaftliche Typ ist, er der nüchterne Realist und vernünftige Praktiker, der sie in ihrem Temperament und Schwung ständig ausbremst. Außerdem kostet sie ihn mit ihren unberechenbaren Spontanaktionen richtig Nerven, auch weil er sich ihrer Treue nie so ganz sicher sein kann.

Diese Kombi ist möglich, wenn

■ … beide sich trotz großer Unterschiedlichkeit so miteinander arrangieren, dass niemand auf Kosten des anderen lebt und letztlich keiner zu kurz kommt.

SEIN MOND IM LUFTIGEN
MÄNNLICHEN WASSERMANN

Liebe oder Sex

Er ist total begeistert und fasziniert von ihr, schwärmt, besonders wenn sie stark ist, von ihrer Powerpersönlichkeit, ihrer erotischen Ausstrahlung, ihrem Temperament und ihrer natürlichen Autorität. Sie will es sich und ihm beweisen, dass sie diejenige ist, die sein Herz, auch wenn er emotional noch so cool und distanziert erscheint, erobern kann, wie all die anderen vor ihm auch.

Beide sind Machtmenschen und beide wollen herrschen. Sie beansprucht die reale Macht, er die geistige, indem er die Lebensrichtung bestimmt. Er mag intelligenter sein, sie ist psychisch stärker, stabiler und klüger. *Folge:* ständige Kämpfe, Zerreißproben, Machtgerangel. Hält sie seinen Herausforderungen stand und besteht seine »Prüfungen«, könnte sie durch kleine Schlupflöcher schließlich doch noch in sein Herz gelangen. Heiraten sie und bekommen Kinder, scheint ihr Glück perfekt, bis für sie das Unfassbare geschieht: Er beteuert ihr zwar seine Liebe, schläft aber immer seltener mit ihr.

Das stürzt sie in eine echte Identitätskrise, weil sie in dem Maß, in dem er sie erotisch weniger begehrt, an sich selbst zu zweifeln beginnt. *Der Gipfel:* Sie ertappt ihn bei einem Seitensprung mit einer Frau, die er eigentlich belächelt und verachtet. Was da passiert ist? Die Löwe-Frau ist ihm seelisch so nah gekommen, dass er sie wirklich liebt und dadurch extrem idealisiert, besonders seit sie auch noch die Mutter seiner Kinder geworden ist. Dadurch hat sie für ihn etwas Reines, Heiliges, Unberührbares bekommen, was es ihm unmöglich macht, sie sexuell zu begehren (zu »beschmutzen«). Liebe und Sexualität schließen sich in seinem unbewussten Empfinden aus. Nur mithilfe einer Einzel- oder Ehetherapie ist diese Beziehung dann überhaupt noch zu retten.

Diese Kombi ist schwierig, weil

■ … Nähe und Sexualität unverzichtbares Lebenselixier für sie sind, er aber, durch die Mutter geprägt, die Frau, die er wirklich liebt, nicht mehr sexuell berühren kann. Außerdem können Machtkämpfe und Manipulationen beider ein sehr brüchiges Seelenband zerstören.

Diese Kombi ist möglich, wenn

■ … er seine unbewusste, in der Kindheit fehlgeleitete Einstellung zur Sexualität ändern kann, sie ihn in seinen Freiheiten nicht zu sehr einschränkt und nicht so offensichtlich zu vereinnahmen und beherrschen versucht.

SEIN MOND IN DEN SEHNSUCHTSVOLLEN WEIBLICHEN FISCHEN

Muss scheitern

Auch wenn es sie zunächst reizt, ihm den Schleier des Geheimnisvollen von seinem undurchdringlichen, coolen Pokerface zu entreißen und sie schon deshalb bereit ist, sich auf eine Beziehung mit ihm einzulassen, kann sie seine seelische Unverbindlichkeit doch nicht sehr lange ertragen. Er reagiert immer schreckhafter auf ihre temperamentvollen Auftritte, ihre feurige Anmache und ihr (für ihn) unstillbares sexuelles Begehren. Sie will der Welt zeigen, wer und wie sie ist, er ist scheu, will aus Scham seine wahre Natur vor seiner Umgebung verbergen, niemanden in seine Träume und seine romantische Seele blicken lassen. Sie ist aktiv, strebsam und erfolgsorientiert, er eher verträumt und passiv. Sie findet ihn ehrgeiz- und antriebslos, er sie laut, egozentrisch und ungestüm.

Sie drängt ihn an die Wand, überrollt und überfordert ihn. Er frustriert sie, weil er ihre erotischen Ansprüche nicht erfüllen kann, die Stille sucht, während sie Trubel und Publikum braucht. Sobald sie seine Illusion von der »Traumfrau«, mit der er verschmelzen möchte, nicht mehr erfüllt, hofft er insgeheim, sie woanders zu finden. Diese unausgesprochene Hoffnung und diese unstillbare illusionäre Sehnsucht sind eine zerstörerische Energie, die, wenn auch für beide zunächst unbewusst, ihre Trennung vorbereitet.

Absolut tödlich für die Beziehung: Was sie auch tut, er gibt ihr nicht das Gefühl, ihn je wirklich zutiefst glücklich machen zu können. Sie fühlt sich darum als Versagerin, wenn er sein Glück und seinen Seelenfrieden lieber innerhalb einer spirituellen Gemeinschaft sucht, als sich ihr und der Familie zu widmen. Diese Partnerschaft ist zum Scheitern verurteilt.

Diese Kombi ist schwierig, weil

■ … hinter seiner tiefen, unstillbaren Liebessehnsucht eigentlich die auch für ihn nicht sofort bewusste Sehnsucht nach dem Einswerden mit allem Lebendigen, dem Göttlichen steht, die keine Partnerin ihm je in einer Beziehung erfüllen kann. *Das Problem:* Ihr ist das so fremd, weil ihre Liebe stets ganz persönlich auf einen Partner gerichtet und stark vom Eros bestimmt ist. Sie sind sich so fremd, dass keiner den anderen auf seelisch-geistiger Ebene wirklich verstehen kann, was dazu führt, dass sie sich gegenseitig nur verletzen.

Diese Kombi ist möglich, wenn

■ … sie in ihrem persönlichen Horoskop Planeten in einem sensiblen Wasserzeichen und er in seinem Horoskop Planeten in einem Feuerzeichen hat – damit sie wenigstens über andere Interessen mehr Verständnis füreinander entwickeln können.

SIE SONNE IN DER FLEISSIGEN WEIBLICHEN JUNGFRAU

SEIN MOND IM STÜRMISCHEN MÄNNLICHEN WIDDER

Tiefer Frust

Mit seinen begehrlichen Blicken, seinen hinreißend charmanten Komplimenten und seinen heißen Küssen weckt er sie aus ihrem Dornröschenschlaf. Ihre Scheu, ihre echte Reinheit und ihre »Unschuld« wecken seinen Eroberungsdrang. Seine Leidenschaft kann ihr Eis zum Schmelzen bringen, ihre Schüchternheit aufbrechen und ihr erotisches Feuer entfachen.

Hat er sich schließlich einen festen Platz in ihrem Herzen erobert, schmiedet sie sofort Zukunftspläne – denkt an Sparverträge, Haus, Garten und Kinder. Bei dieser Vorstellung fährt ihm allerdings ein gewaltiger Schreck in die Glieder. Der Gedanke, ihr dauerhafte emotionale Nähe mit allen praktischen Konsequenzen bieten zu müssen – von heißer Liebe und entfesselter Leidenschaft plötzlich auf Alltagsroutine und geregelte Partnerschaft zu schalten –, aktiviert sein unbewusstes »Zerstörungsmuster«. Nämlich mit allen Mitteln zu verhindern, wonach er sich im tiefsten Innersten doch eigentlich so gesehnt hat. Plötzlich stellt er völlig überzogene Ansprüche an ihre Beziehung, die weder sie noch je eine andere erfüllen kann, fordert zum Beispiel maßlose Freiräume und pocht rücksichtslos darauf, dass seine persönlichen Interessen und egoistischen Bedürfnisse erfüllt werden. So schleicht er sich mehr oder weniger fair und elegant aus der Beziehung heraus, ohne unbequeme Pflichten oder schwerwiegende Verantwortung übernehmen zu müssen. Ihre Bedürfnisse, Wünsche und Gefühle bleiben dadurch natürlich total auf der Strecke ...

Falls sie trotzdem bei ihm bleibt und sich mit dieser lockeren, unverbindlicheren Form der Beziehung erst einmal zufriedengibt, wird sie dennoch ziemlich schnell erkennen müssen, dass all ihre Liebesmüh eigentlich sinnlos ist: Sie kann machen, was sie will, er ist einfach nicht zufriedenzustellen, wie sehr sie sich auch ins Zeug legt. Während sie nach der Trennung noch lange grübelt, wieso und warum alles so gekommen ist, flirtet er schon längst wieder mit einer Neuen.

Diese Kombi ist schwierig, weil

■ ... er ein unzähmbarer Freigeist und unverbesserlicher Eroberer ist, der sich von ihr (schon gar nicht) an die Leine legen lässt. Ihr Ordnungssinn, ihre Sparsamkeit und vor allem ihre ewige Nörgelei (er verträgt keine Kritik) treiben ihn geradezu in die Flucht. Außerdem hat sie einen bindungsfähigeren Partner verdient, der ihre Talente und Fähigkeiten besser zu schätzen weiß und ergänzt.

Diese Kombi ist möglich, wenn

■ ... sie ihm all seine Freiheiten lässt, ihr Herz an seinen Treuebrüchen nicht zerbricht, sie in dieser Opferrolle aufgeht und ihre Bedürfnisse vernachlässigt. Außerdem müsste er sie (schwer vorstellbar) auch dann noch attraktiv und begehrenswert finden.

SEIN MOND IM GENIESSERISCHEN WEIBLICHEN STIER

Ausruhliebe

Gleich und gleich gesellt sich gern. Beide suchen Sicherheit und Ruhe in einer Beziehung, wollen eine Familie gründen, ein Haus, eine Existenz aufbauen sowie sich jede Menge materieller Sicherheiten schaffen. Sie ziehen an einem Strang. Er kann sich voll auf sie verlassen und weiß das auch zu schätzen. Sie fühlt sich bei ihm geborgen und sicher, vertraut ihm blind, steht ihm treu zur Seite und schuftet sich halb tot, damit beide ihre Ziele erreichen.

Sie ist leider sehr ausnutzbar, ihm immer und überall zu Diensten und ordnet sich seinem Willen und seinen Bedürfnissen total unter. Er ist in der Beziehung, die ohne große Höhen und Tiefen verläuft, eher etwas bequem, unbeweglich und langweilig – auch im Bett.

Er glaubt sich ihrer sicher und sucht gelegentlich erotische Abenteuer. Kommt sie dahinter, stürzt sie zunächst tief verletzt in eine seelische Krise. Sie scheint wie gelähmt und ihm ohnmächtig ausgeliefert zu sein. Besinnt sie sich allerdings auf ihre innere Kraft und zieht endlich deutliche Konsequenzen, kocht zum Beispiel nicht mehr für ihn, wendet sich das Blatt. Dann fängt er gewaltig an zu zappeln, und dabei zeigt sich plötzlich, dass er in Wirklichkeit gar nicht der Stärkere ist!

Merkt er, dass sie wirklich in der Lage ist, den Absprung aus ihrer Beziehung einzuleiten in der ihr eigenen Gründlichkeit, macht er eine totale Kehrtwende und bittet sie um Verzeihung, fleht sie auf Knien und unter Tränen an, zu bleiben. Er kann nämlich viel weniger ohne sie leben als sie ohne ihn. Wird ihm das erst einmal wirklich bewusst, wird er sich in Zukunft Seitensprünge wohl oder übel verkneifen.

Lässt sie sich erweichen, bei ihm zu bleiben, schließlich hängen beide sehr an allem, was sie gemeinsam erwirtschaftet haben, stellt sie knallharte Bedingungen. Er überlässt ihr jetzt die Führung in der Beziehung und passt sich ihr an.

So können sie zwar relativ harmonisch zusammenleben, wobei er sie mit seiner Sturheit und seinem Dickkopf nervt und sie ihn mit ihrer ewigen Nörgelei, aber große Entwicklungsschübe sind nicht zu erwarten. Ausruhliebe mit wenig Feuer und Entwicklungsspielraum.

Diese Kombi ist schwierig, weil

■ ... er unflexibel und stur am Alten festhält und deshalb so wenig Bewegung, Entwicklung und Veränderung in die Beziehung kommt, wobei sie sich zu lange und pflichtbewusst in Gegebenheiten fügt, die schon lange auf ihre Kosten gehen. Beide sind materialistisch und sicherheitsbestrebt, verharren zu lange in alten Strukturen und Gewohnheiten und verlieren dadurch mehr und mehr an Lebendigkeit und Lebensfreude.

Diese Kombi ist möglich, wenn

■ ... sie sich von vornherein ihm gegenüber deutlicher abgrenzt und mehr durchsetzt – eigene Interessen auch außerhalb der Beziehung auslebt und sich von ihm nicht eifersüchtig kontrollieren und besitzergreifend vereinnahmen lässt.

SEIN MOND IN DEN FLEXIBLEN MÄNNLICHEN ZWILLINGEN

Glück im Kopf

Mit seinem hinreißenden Charme, seiner Begeisterungsfähigkeit, seinem Humor und hunderttausend schönen
Worten lockt er sie trotz ihres Misstrauens und berechtigter Zweifel aus der Reserve und bringt erst mal mehr Leichtigkeit und Frohsinn in ihr Leben. Noch nie konnte sie so
lachen wie mit ihm.

Nächtelang diskutieren sie über den Sinn des Lebens,
malen sich in allen Details eine wunderschöne gemeinsame
Zukunft aus, wobei er äußerst flexibel und total begeistert
unterschiedlichste Lebensentwürfe kreiert – bis sie merkt,
dass ihm die bloße Vorstellung eines gemeinsamen Lebens
als Kopfkino völlig ausreicht, um glücklich zu sein. An der
Verwirklichung scheint er wenig Interesse zu haben.

Ganz im Gegenteil: Will sie endlich Nägel mit Köpfen
machen, eine Wohnung suchen oder einen Bausparvertrag
abschließen, bemerkt sie deutliche Fluchttendenzen bei
ihm.

Öffnet sie ihm ihr Herz, offenbart sie ihm ihre tiefen Gefühle, schenkt sie ihm immer mehr Vertrauen, Nähe und
Wärme, ergreift ihn die blanke Angst – einerseits vor der
Verantwortung, andererseits vor dem Verlust seiner Freiheit, aber auch vor ihrer unausgesprochenen Erwartung
gleicher Liebesschwüre von ihm. Macht sie ihm dann tief
enttäuscht Vorwürfe und nörgelt nur noch an ihm herum,
treiben ihn unerträgliche Schuld- und Verantwortungsgefühle erst mal aus dem Haus.

Hat er sich auch anfangs unwidersprochen von ihr einengen lassen, wird er plötzlich irgendwann wieder ausbrechen, besonders wenn sie seine theoretischen, abstrakten

Erklärungen, warum er etwas nicht so will wie sie, als praktische Person nicht nachvollziehen kann.

Sein emotionales Rückzugsmanöver verunsichert sie, während er immer mehr das Gefühl hat, von ihr nicht im Entferntesten verstanden zu werden und in einer bürgerlichen, geordneten Beziehung mit ihr seine Kreativität zu verlieren. Beide leiden eine Weile, bis sie einsehen, dass es viel passendere Partner für sie gibt. Unvereinbare Gegensätze.

Diese Kombi ist schwierig, weil

■ … er ein unruhiges, freiheitsliebendes Luftzeichen ist, das sich auf nichts wirklich festlegen will, und sie ein sicherheitsbestrebtes, realistisches Erdzeichen, das seine Ideen und Vorstellungen konsequent verwirklichen möchte. Außerdem fühlt jeder sich nach dem Rausch erster Verliebtheit vom anderen total unverstanden. Ihre Seelen können nebeneinander vereinsamen …

Diese Kombi ist möglich, wenn

■ … sie ihre Ideen unabhängig von ihm verwirklicht, ohne zu erwarten, dass er ihr tatkräftig zur Seite steht. Er braucht die Möglichkeit, seine Gedankenreisen zu machen, seine Ideen mit anderen auszutauschen, ohne dass sie sich kritisch und ewig nörgelnd einmischt. Eine Begegnung, die jeden für kurze Zeit bereichern kann.

SEIN MOND IM EINFÜHLSAMEN WEIBLICHEN KREBS

Zwei anspruchsvolle Mimosen

Beide sind sensibel, mimosenhaft empfindlich und verletzbar. Keiner weiß die Fürsorge so zu schätzen wie er. Selig
kuschelt er sich in die Kissen, die sie ihm so liebevoll und
fürsorglich aufschüttelt. Sie lebt auf, wenn er ihre Wohl-
taten zu schätzen weiß und sie mit sanften Zärtlichkeiten
verwöhnt. In seiner Verliebtheit will jeder die Erwartungen
des anderen so weit wie nur möglich erfüllen.

Beginnt jedoch der Alltag, kommt auch die Zeit der Abgrenzung. Jeder muss feststellen, dass der andere auch ein
eigenständiger Mensch mit ganz unterschiedlichen Interessen, Erwartungen und Bedürfnissen ist. Diese Erkenntnis erleben beide wie die Vertreibung aus dem Paradies. Er
reagiert maulig, beleidigt und aggressiv, weil er doch nicht
alles bekommt, was er will. In ihr wächst der Groll, weil sie
das Gefühl hat, mal wieder ausgenutzt zu werden.

Während er erwartet, ständig und uneingeschränkt von
ihr umsorgt und verwöhnt zu werden, wünscht sie sich, dass
er die Zügel ihres gemeinsamen Lebens fest in die Hand
nimmt und ihr Lebensschiff eigenverantwortlich durch die
Stürme der Zeiten lenkt. Die passive Haltung des einen
kommt der des anderen in die Quere. Jeder legt die Verantwortung für das eigene Wohlergehen zu selbstverständlich
und einseitig in die Hände des anderen.

Nur wenn es beiden gelingt, die übertriebenen Erwartungen an den anderen auf sich selbst zu übertragen, das
heißt die Verantwortung für das eigene Glück nicht voll
und ganz auf den anderen abzuschieben, sondern für sich
selbst zu übernehmen, können sie eine erfüllte Partnerschaft leben. Nicht »Ich will etwas von dir und brauche

dich« sollte das Motto sein, sondern »Ich gebe dir etwas und freue mich, wenn es dich glücklich macht«. Wenn sie diese Hürde nehmen, haben sie gute Chancen auf ein harmonisches gemeinsames Leben.

Diese Kombi ist schwierig, weil

■ ... jeder überzogen hohe Erwartungen an den anderen stellt und beide mimosenhaft empfindlich und schnell beleidigt sind. Seine Launen nerven sie, ihre Nörgelei nervt ihn. Bei Aussprachen fühlt sich jeder vom anderen sofort angegriffen, sodass immer seltener die Wahrheit und offene Worte gesprochen werden.

Diese Kombi ist möglich, wenn

■ ... jeder die Verantwortung für sein Wohlergehen und Lebensglück nicht gänzlich auf den anderen abwälzt, sondern lernt, für sich selbst »zu sorgen«. Außerdem: Beide sollten sich nicht nur total aufeinander fixieren, sondern eigene Freundschaften und Interessen pflegen, damit immer wieder frischer Wind und neue Impulse von außen die Beziehung beleben.

SEIN MOND IM EROTISCHEN MÄNNLICHEN LÖWEN

Klappt, wenn ...

Ihre Beziehung kann nur funktionieren, wenn sie kein Problem damit hat, ihm uneingeschränkt zu Diensten zu sein, ihm in wesentlichen Dingen widerspruchslos zustimmt und in all seinen Vorhaben und Absichten bestärkt. Das wichtigste und größte Geschenk für ihn: ihre unerschütterliche Bewunderung und ihr fester Glaube an ihn. Dafür belohnt er sie königlich, verwöhnt sie mit großzügigen Geschenken, lädt sie bei Reisen in die schönsten Hotels und feinsten Restaurants ein, inklusive Besuch beim Goldschmied und angesagten Modedesigner. Wie selbstverständlich für ihn: sie in die sinnlichsten und erregendsten Spielarten der erotischen Liebe einzuführen. Er beschützt, achtet und respektiert sie, besonders wenn sie ihn zum stolzen Vater ihrer Kinder macht.

Solange sie ihm, zumindest nach außen, die Führung überlässt und ihm das Gefühl der Überlegenheit gibt, ist er großzügig, gutmütig und gut gelaunt. Kritisiert sie aber seine Egozentrik und Eitelkeit oder verletzt sie gar seinen Stolz, indem sie ihn vor anderen bloßstellt, zieht er sich brüsk und wütend zurück. Erst wenn sie auf Knien Abbitte leistet, ist er (vielleicht) bereit, ihr zu verzeihen, sich ihr unter seinen verschärften Bedingungen wieder zuzuwenden.

Probleme gibt es in der äußeren Lebensgestaltung: Er möchte seine Zeit so lebendig und intensiv wie möglich nutzen, möchte jedes Vergnügen und Abenteuer genießen und setzt sich dabei oft einer zu extremen Reizüberflutung aus. Sie dagegen liebt Ruhe, Zurückgezogenheit und die Stille in der Natur, Geselligkeit am liebsten nur mit wenigen guten und vertrauenswürdigen Freunden.

Er will noch im hohen Alter seine volle Kraft, Lebendigkeit und Leidenschaft spüren, verdrängt Alter und Tod. Sollte er später aus gesundheitlichen Gründen hilflos auf ihre Unterstützung angewiesen sein, verliert er seinen ganzen Charme, dann hadert er mit dem Schicksal und terrorisiert sie mit unerträglichen Launen. Sie steht zwar auch dann noch treu zu ihm, fügt sich in die Pflicht, wird aber unzufrieden, ungnädig und nörglerisch, fühlt sich unverstanden und trauert in stillen Stunden ihren unerfüllten Sehnsüchten nach sowie dem Liebesglück mit einem Partner, der sie mehr gewürdigt, geliebt und besser verstanden hätte.

Diese Kombi ist schwierig, weil

■ ... er sie gnadenlos unterbuttert, egozentrisch seine Interessen in den Vordergrund stellt, ihre Dienstbarkeit rücksichtslos ausnutzt und dadurch ihre Interessen und Bedürfnisse auf der Strecke bleiben. Außerdem schwingen sie seelisch-geistig nicht zusammen. Sein Imponiergehabe und Egoismus stoßen sie ab, mit ihrer Nörgelei, Prüderie und ihren ständigen Zweifeln und Einwänden verliert sie irgendwann ihren Reiz für ihn.

Diese Kombi ist möglich, wenn

■ ... sie sich ihm nicht vollkommen unterordnet, lernt, ihn maßvoll und angemessen in die Schranken zu weisen. Auch wenn er alles probiert, um sie sich gefügig zu machen, hat er letztlich mehr Respekt und Achtung vor ihr, wenn sie sich ihm gegenüber behauptet und Stärke zeigt. Andererseits muss sie aufhören, mit ihrer gelegentlichen Pedanterie, ihrer extremen Sparsamkeit und ihrer überkritischen Art, ständig nach dem Haar in der Suppe zu suchen, ihm das Leben schwer zu machen.

SEIN MOND IN DER EMPFINDLICHEN WEIBLICHEN JUNGFRAU

Sehr stabil, aber gebremster Schaum ...

Aus einer gewissen Lebensunsicherheit, Schüchternheit und extremen Bescheidenheit heraus haben beide das Bedürfnis nach geordneten Verhältnissen, Überschaubarkeit, Sicherheit und Beständigkeit. Da auch beide schon früh in der Kindheit lernen mussten, persönliche Bedürfnisse zurückzustellen, sich den Gegebenheiten anzupassen, sich stets für den praktikablen, vernünftigen Weg zu entscheiden, basiert auch die Entscheidung, das Leben miteinander zu teilen, auf vernünftigen Überlegungen.

Große Gefühle und Leidenschaft fehlen, wären auch von beiden eher mit Misstrauen, Argwohn und Angst registriert worden. Meist sind sie in einer nüchternen, emotional kargen und eher sachlichen Atmosphäre aufgewachsen, die sie auch in ihrem zukünftigen Leben aufrechterhalten wollen. Beide zuverlässig und pflichtbewusst, gestatten sie sich keine Extravaganzen, Abenteuer und großen Gefühlsausbrüche oder -schwankungen. Diszipliniert, angepasst, fleißig und zielstrebig können sie sich ein gesichertes Leben ohne große Höhen und Tiefen aufbauen, was ihnen Sicherheit verleiht und ihre harmonische Beziehung auch in Zukunft festigt.

Obwohl ähnlich strukturiert, haben sie eine gewisse Fremdheit und gefühlsmäßige Distanz zueinander, die für beide kaum zu überwinden ist, weil jeder nur eine gebremste Emotionalität zulassen kann und tiefe Sehnsüchte, Träume und Wünsche weitgehend verdrängt. Aber gerade weil Gefühle beherrscht und unterdrückt werden, gibt es auch weniger Aufregungen, Eskalationen und Irritationen zwischen ihnen, und die scheinbare Harmonie im Zusammenleben kann leichter aufrechterhalten werden. Beiden liegt letztlich mehr daran, ihre Fähigkeiten und Talente in die Bewältigung des Alltags und in gemeinsame Pläne und Ziele als in partnerschaftliches Glück zu investieren. Stabil, aber wenig entwicklungsfördernd, leidenschaftlich und beglückend – zumal Sinnlichkeit und Sex mit der Zeit auch nur noch eine untergeordnete Rolle spielen oder sogar ganz versiegen.

Diese Kombi ist schwierig, weil

■ ... beide große Spaßbremsen sein können, die sich auch im Unterdrücken vitaler Bedürfnisse ähnlich sind, und keiner den anderen motivieren kann, über seinen Schatten zu springen, über sich hinauszuwachsen und durch ihn seine schönsten und liebenswertesten Saiten zum Klingen zu bringen. Im Gegenteil, sie bestärken sich gegenseitig eher in ihrer vernunftbetonten »kleinen« Welt, pflichtbewusst und angepasst auszuharren, statt verdrängte Wünsche und Bedürfnisse auszuleben und mehr Lebensfreude zu entwickeln.

Diese Kombi ist möglich, wenn

■ ... jeder den anderen darin unterstützt, seine Bedürfnisse, Interessen und Leidenschaften zu entwickeln und auszuleben, damit ihr Leben nicht zu kopfgesteuert, nüchtern, farb- und freudlos wird. Außerdem sollten beide lernen, sich mehr über ihre Gefühle, Sehnsüchte, Hoffnungen und Wünsche miteinander auszutauschen.

SEIN MOND IN DER
SCHÖNGEISTIGEN
MÄNNLICHEN WAAGE

Andere Anlagen, unterschiedliche Ziele

Er ist eher sprunghaft und unzuverlässig und hofft, durch sie mehr Stabilität, Solidität und Bodenhaftung zu bekommen. Seiner charmanten, überaus höflichen und freundlichen Art kann sie sich anfangs einfach nicht entziehen. Aber schon bald leidet sie unter seinen Gefühlsschwankungen, seinen »chronischen« Entscheidungsschwierigkeiten, seinem Wankelmut und seiner permanenten Unruhe und Nervosität.

Da sie sehr vernunftbetont, kopfgesteuert, geduldig und verständnisvoll ist, kann sie nachvollziehen, dass er seine wahren Gefühle verbirgt, sie ist ja emotional selbst sehr empfindlich, scheu und verletzbar. Aber seine völlige emotionale Unerreichbarkeit und seine Coolness lassen sie mehr und mehr frösteln und gefühlsmäßig an seiner Seite »verhungern«. Bei ihm fehlen ihr Seelennähe, Wärme und Geborgenheit. Außerdem bringen sie als bodenständige Praktikerin seine naiven, unrealistischen und dadurch meist unrealisierbaren Lebensträume schier zur Verzweiflung.

Sie will einen Partner, mit dem sie den Alltag meistern kann, einen praktischen, liebevollen Freund und keinen unausgeglichenen Illusionisten und Gedankenakrobaten, der immer voller Widersprüche und Ausreden ist. Sie ist ihm zu nüchtern, sachlich und durchschaubar, bietet ihm zu wenig geistige Inspiration und reizvolle, spannende Anregungen. Ihre Geradlinigkeit, Nüchternheit, Beherrschung und die Neigung, alles zu versachlichen, engen ihn seelisch vollkommen ein. Außerdem rauben sie seiner hochkultivierten Fantasie den Raum zur vollen Entfaltung. Sie will ein stabiles, sicher finanziertes Haus, behagliche Gemütlichkeit und feste Alltagsrituale sowie Kinder und die üblichen Familienfreuden. Er, getrieben von seiner ewigen Unruhe, sucht immer wieder neue Herausforderungen, Möglichkeiten und Abenteuer sowie den Wechsel und ständige Veränderungen in seinem äußeren Leben. Sie braucht einen strukturierten Tagesablauf, er sucht das Erregende, Unbekannte, Neue und ist offen für spontane Überraschungen.

Sie ist die perfekte Hausfrau, sparsam, ordentlich, gut organisiert, anspruchslos und unauffällig solide gekleidet – er liebt Kunst, Kultur, konservative Extravaganz und wünscht sich eine modebewusste, stylishe Partnerin, die sich mit ihm sicher auf dem gesellschaftlichen Parkett bewegen kann, sich amüsiert und bewundern lässt.

Unvereinbare Anlagen, Welten und Lebensziele.

Diese Kombi ist schwierig, weil

■ ... keiner dem anderen das bieten kann, was er sich wünscht, wonach er sich sehnt und was er für ein erfülltes Leben braucht. Sie verstehen sich einfach nicht und können sich deshalb auch nicht in ihrer Entwicklung fördern und in ihren unterschiedlichen Bestrebungen sowie Zielen stärken und unterstützen.

Diese Kombi ist möglich, wenn

■ ... sie ihm die lange Leine lässt, gelegentliche Seitensprünge sowie seine gesellige Umtriebigkeit akzeptiert und sich im komplizierten Nebeneinander mit ihm ein eigenes Leben aufbaut. Außerdem müssten beide im Krisenfall zu einer Therapie bereit sein, damit sie durch Gespräche mit einem Dritten den anderen, sein Verhalten und seine Reaktionen besser verstehen lernen.

SEIN MOND IM VERLETZBAREN WEIBLICHEN SKORPION

Möglich, wenn ...

An ihrer Seite fühlt er sich sofort heimatlich und emotional viel sicherer als bei den meisten anderen Frauen. Die meisten dieser Kombis haben von Anfang an das Gefühl, sich schon Ewigkeiten zu kennen. Sie überlässt ihm ohne große Diskussionen die Führung, ist von Natur aus treu und zuverlässig. Ihr Wesen und ihre Charakterstruktur sind für ihn schnell durchschaubar. Da auch sie sehr sensibel, empfindsam und verletzbar ist, hat sie zunächst Verständnis für seine – allerdings extremen! – Empfindlichkeiten. Er kennt seine emotionale Bandbreite von glühendem Hass und vernichtender Rache bis zu wirklich engelhaft reiner Liebe und berauschend sinnlicher Zärtlichkeit. Dabei leidet er selbst unter den Schattenseiten und Extremen seines schwierigen Charakters (zutiefst verletztes inneres Kind, problematische Mutterbeziehung).

Sie ist für ihn die liebenswerte Unschuld, der Ruhepol für seine so oft aufgewühlten, brodelnden Gefühle. Andererseits belastet es ihn, wenn er durch ihre reine Liebe, Wahrhaftigkeit und ihr aufrichtiges Bemühen um ihn sich wegen seiner inneren Abgründe immer mehr abzulehnen beginnt. Das macht ihm mehr zu schaffen, als er vor sich selbst zugibt. *Paradox:* Wegen seiner inneren Zerrissenheit und Unausgesöhntheit mit sich selbst kann er ihr gegenüber sehr ungerecht werden, »bestraft« sie mit Vorwürfen, aggressiven Angriffen und Ablehnung statt sich selbst.

Sie, völlig überfordert, seinen Charakter zu enträtseln, erkennt nicht, dass er eigentlich sich selbst meint, wenn er sie so verletzt, und ist tief verzweifelt. Denn obwohl sie ihm überhaupt keinen Anlass zu irgendeinem Misstrauen gibt,

unterstellt er ihr immer wieder unlautere Absichten, projiziert seine (wenn auch ungelebten) abgründigen Anlagen
und Schwächen auf sie.

Nur wenn beide diese unseligen Verstrickungen irgendwann durchschauen und er sein zwanghaftes Psychomuster und Verhalten mit therapeutischer Hilfe erkennt und
auflösen kann, ist es möglich, diese Partnerschaft dauerhaft
aufrechtzuerhalten. Es wird schwierig, ist aber nicht chan-
cenlos.

Diese Kombi ist schwierig, weil

■ … er durch eine belastete Mutterbeziehung tief in seinem Herzen keinen Frieden mit der Weiblichkeit schließen
konnte, woraus seine zerstörerischen Verhaltensweisen gegenüber Frauen resultieren – insbesondere denen gegenüber, die aufopfernd und so liebevoll zu ihm sind wie sie.
Trotz seiner großen Sehnsucht nach Liebe »glaubt« er unbewusst, sie nicht verdient zu haben, und stößt deshalb
diejenige weg, die sie ihm gibt.

Diese Kombi ist möglich, wenn

■ … beide ausgesöhnt mit sich selbst die großen Chancen
nutzen, die ihre günstige Sonne-Mond-Verbindung ihnen
ermöglicht (zum Beispiel wortloses Verstehen, ähnliche
Lebensvorstellungen). Immer wenn es in ihm zu brodeln
beginnt, sollte er einen Spaziergang am Wasser (Meer, See,
Fluss) machen. Die wogenden Fluten, die aufschäumenden
Wellen lassen ihn innerlich viel ruhiger werden (zu bedenken bei der Wahl des Wohnortes). Außerdem sollte sie sich
energisch von ihm abgrenzen, ehe er zu übergriffig wird,
und sich materiell und seelisch nicht zu abhängig von ihm
machen.

SEIN MOND IM FEURIGEN  *MÄNNLICHEN SCHÜTZEN*

Aussichtslos

Unterschiedlicher könnten zwei kaum sein! Er steckt sich extrem abgehobene und hohe Ziele, sie ausschließlich erreichbare, realistische. Er ist ein feuriger Schwärmer, bei dem Ansprüche und Realität weit auseinanderklaffen. Sie ist gründlich, sachlich, nüchtern und perfekt organisiert, strebt nur das Machbare an und hat die dafür nötige Disziplin und Bodenständigkeit sowie den untrüglichen Blick auch für kleinste, aber äußerst wichtige Details. Er hält ihr Kleinkrämerei und Fantasielosigkeit vor, sie ihm Traumtänzerei und Überheblichkeit.

Sie hat feste Überzeugungen, geht geradlinig auf ihr Ziel zu, und er ändert seine Ideen, Pläne und Standpunkte ständig. Sie kalkuliert nüchtern, klar und sachbezogen, er lässt sich von den Anflügen seiner reichen, grenzenlosen und nicht selten ausufernden Fantasie einfach wegtragen, kann die Flut seiner kreativen Einfälle und schöpferischen Talente kaum bändigen. Er überschaut große Zusammenhänge, vernachlässigt dafür aber oft wichtige Details, ganz im Gegenteil zu ihr. Für sie ist die Bewältigung des Alltags kein Problem, für ihn sind lästige Pflichten und Alltagsroutine eine totale Katastrophe.

Selbst wenn sie sich bemüht, seine Schwächen aufzufangen und auszugleichen, kann er es ihr nicht mit Treue und Zuverlässigkeit danken. Sein Seelenleben ist zu unbändig und komplex, seine Lebensgier zu unberechenbar, sein Temperament und seine Leidenschaft sind zu ungestüm, als dass er es in einer normalen Beziehung auf Dauer ohne Abenteuer und Seitensprünge aushalten könnte. Ihre ständige Kritik zermürbt, ihre Kontrollen nerven ihn. Ihr Un-

verständnis gegenüber seiner »Genialität« macht ihn tief-
traurig. Sie hält ihm ständig seine Schwächen vor Augen
und schminkt sich ein gemeinsames Leben mit ihm ab,
während er nie die Hoffnung aufgibt, das Unvereinbare
doch noch vereinen zu können. Aber das ist aussichtslos!

Diese Kombi ist schwierig, weil

■ ... zwei extrem unterschiedliche Welten aufeinanderprallen, die sich gar nicht verstehen können, und jeder in
eine völlig andere Richtung strebt. An ihrer Seite verliert
er seinen Schwung, Charme, seine Kreativität sowie seinen
Optimismus und seine Lebensfreude, aber leider auch den
Mut, seine außergewöhnlichen Lebensziele zu verfolgen,
seine Individualität zu erhalten. Sie wird neben ihm zur
nörgelnden Gouvernante und zum völlig überforderten
Nervenbündel, das ständig versucht, die Folgen seiner ris-
kanten Abenteuer und Wagnisse auszubügeln, um nur einigermaßen geordnetere Lebensstrukturen aufrechterhalten
zu können. Jeder steht dem anderen im Wege.

Diese Kombi ist möglich, wenn

■ ... jeder durch ausgleichende Konstellationen im persönlichen Horoskop (er mehr Planeten in Erdzeichen, sie
mehr in Feuerzeichen hat) mehr Offenheit und Verständnis für die Lebensweise und -ziele des anderen entwickeln
kann.

SEIN MOND IM EHRGEIZIGEN
WEIBLICHEN STEINBOCK

Supergut!
Jeder ist ein Geschenk für den anderen

Sie gehört zu den wenigen Menschen, die seinen emotionalen Schutzwall durchbrechen können. Zu ihr fühlt er sich sofort hingezogen, von ihr vollkommen erkannt, verstanden und akzeptiert. *Aber das Entscheidende:* Er, der an starken, wenn auch verdeckten Selbstzweifeln, Unsicherheiten und Minderwertigkeitsgefühlen leidet, begegnet in ihr Seiten von sich, die er dadurch annehmen kann und sogar zu schätzen lernt, zum Beispiel ihren Fleiß, ihren Ordnungssinn, ihr Pflichtbewusstsein und ihr Organisationstalent, mit dem sie beider Alltag und Leben perfekt strukturiert.

Sie spiegeln sich gegenseitig ihre schönsten Seiten. Sie ermutigt ihn dadurch, der zu sein, der er ist, und darauf sogar stolz zu sein. Das verstärkt seine Tugenden, Fähigkeiten und Talente – wodurch er seine Komplexe überwinden und über sich selbst hinauswachsen kann – ein sensationeller Durchbruch zu sich selbst, für den ein Therapeut Jahre mit ihm bräuchte. Das Gleiche erlebt sie durch ihn. Und darum können sie sich wahrhaft lieben lernen.

Beide werden vom Element der Erde beherrscht, sind realistisch, zielstrebig, praktisch, treu und vernunftbegabt, wenn auch weniger sinnlich, leidenschaftlich, mutig und risikofreudig. Dafür ist jeder bereit, Verantwortung in der Beziehung zu übernehmen und egoistische Interessen auch mal zurückzustellen. Bei ihm kann es sogar so weit gehen, dass er irgendwann sogar Probleme hat, seine persönlichen Interessen ohne schlechtes Gewissen ihr gegenüber durchzusetzen, besonders wenn sie sich ihm emotional völlig geöffnet oder hingegeben hat und eventuell sogar emotional von ihm abhängig ist.

Beide haben Schwierigkeiten, ihre Gefühle direkt und offen zu äußern, und leiden manchmal sehr darunter. Jeder versucht, durch äußere Beweise (Geschenke, Einladungen, Übernahme von Arbeiten etc.) dem anderen seine Liebe zu zeigen und zu beweisen.

Selbst in schwierigsten Krisensituationen erweist sich ihre Beziehung als äußerst belastbar, tragfähig und stabil. Eine Trennung würde jeder (besonders er!) sich nicht verzeihen, ja sogar als persönliches Versagen, Schwäche und dunklen Fleck in seiner Biografie empfinden, und das könnte keiner der beiden ertragen. Großes gegenseitiges Verständnis, starker Zusammenhalt.

Diese Kombi ist schwierig, weil

■ ... sie sich zwar gegenseitig sehr fördern, bestätigen und guttun, aber keiner es wagen würde, seine geheimen Leidenschaften und Sehnsüchte auszuleben – aus Angst, die Beziehung zu gefährden. Dadurch können vitale, lebendige Seiten des Einzelnen unentwickelt bleiben.

Diese Kombi ist möglich, wenn

■ ... jeder der bleibt, der er ist, sich nicht verbiegt und verstellt, sondern sich in dem beide innewohnenden gemäßigten Tempo weiterentwickelt und sich offen zum anderen bekennt.

SEIN MOND IM DISTANZIERTEN MÄNNLICHEN WASSERMANN

Hoffnungslos

Sie ist eher schüchtern und bescheiden, möchte auf keinen Fall auffallen, er dagegen fällt auf seiner ständigen Suche nach dem Außergewöhnlichen ständig aus der Rolle – provoziert, eckt an und kann ein regelrechter Querdenker und Rebell sein, hochmütig und arrogant. Er erlebt sich oft selbst völlig von seiner Umwelt getrennt, versteht sich als Individualist, der für seine Ziele und Überzeugungen auch gegen den Strom schwimmt, sich von der Masse abheben will. Sie hat allgemeingültige, bodenständige Ziele und Wünsche wie fast jeder Durchschnittsbürger auch und ist eine vernünftige, praktische Realistin. Er dagegen lebt in einer für sie irrealen Fantasiewelt – in einem abgeschirmten Elfenbeinturm, zu dem er weder anderen noch ihr Zugang gewährt. Sie strebt ein gemütliches Zuhause an, ein geregeltes Einkommen, Kinder, Familie und überschaubare Tagesabläufe.

Diese Vorstellung ist für ihn geradezu absurd und irreal wie seine Welt für sie. Er strebt nach Höherem und unbekannten Dimensionen der Wirklichkeit, in denen nichts unmöglich ist, und kann sich nicht mit so banalen, kleinen Zielen identifizieren, sich nicht mit bürgerlicher Enge, strengen Regeln und Routine abfinden. Er sucht Befriedigung im Geistigen, schließt sich spirituellen oder philosophischen Kreisen an, möchte den Sinn des Lebens ergründen, an Grenzen gehen und sie, wie auch immer und koste es, was es wolle, überwinden.

Sie dagegen schätzt Sicherheit, hängt an ihren Gewohnheiten, interessiert sich für gesunde Ernährung, Gartenkultur und näht die Kleider ihrer Kinder sowie Gardinen. Sie liebt Zärtlichkeit und Berührungen, er will Gespräche und intellektuelle Auseinandersetzungen, diskutieren und von einer Partnerin zu geistigen Höhenflügen inspiriert werden. Sie will einen Mann, der im Haus und Garten mit anpackt, Familienfeste feiert und sich auf den Urlaub freut.

Alle Versuche, diese beiden so unterschiedlichen Naturelle unter einen Hut zu bekommen, sind zum Scheitern verurteilt, was sie spätestens merken, wenn er es einfach nicht schafft, einen Nagel in die Wand zu schlagen, damit sie ihr Lieblingsgemälde aufhängen kann, oder sie mit Freunden Salsa übt, während er in Meditation versunken ist. Hoffnungsloser Fall.

Diese Kombi ist schwierig, weil

■ … er abhebt und nur völlig befremdet, gelangweilt und arrogant auf ihre kleine Welt herabschauen kann und sie sich völlig unverstanden fühlt und sehr darunter leidet – auch darunter, dass er so wenig auf sie eingehen kann. Sie »verhungert« seelisch an seiner Seite. Er ist vielleicht körperlich noch eine Weile anwesend, aber geistig und seelisch Hunderte Meilen von ihr entfernt. Keiner kann den anderen verstehen noch mit ihm wirklich glücklich werden.

Diese Kombi ist möglich, wenn

■ … sie über andere astrologische Konstellationen Zugang zu seiner »ver-rückten« Welt bekommt, ihn beflügelt und inspiriert sowie seine Freiräume akzeptiert. Er sollte ihre Fähigkeiten und Talente zu schätzen lernen und die Freude an sinnlichem Kuschelsex mit ihr teilen.

SEIN MOND IN DEN SENSIBLEN WEIBLICHEN FISCHEN

Wenig Glück

Er fühlt sich schlecht an ihrer Seite. Sie weckt tiefe Schuldgefühle in ihm und mobilisiert ständig sein schlechtes Gewissen. Denn während er seinen unerfüllten Sehnsüchten und Träumen nachhängt, in illusionäre geistige Welten entflieht, stellt sie sich der rauen Wirklichkeit und meistert perfekt organisiert den Alltag. Sie ist sehr klar und zielstrebig, er verträumt und völlig orientierungslos. Sie fängt eine Sache an und bringt sie zum sicheren Ende. Er ringt um unerreichbare Ziele und illusorische Vollkommenheit und wird nie fertig mit dem, was er einmal beginnt. Sie ist zuverlässig, er nicht.

Nach außen mag er sich in eine gesellschaftliche Rolle fügen, innerlich bleibt er ein Fremder und Außenseiter. Freundlich und mitfühlend stellt er sich scheinbar auf seine Mitmenschen ein, geht aber, oft ohne dass es jemand merkt, völlig rücksichtslos und unberührbar eigene, egozentrische Wege. Er wird weder von ihr noch von anderen wirklich durchschaut und verstanden.

Sie ist ehrgeizig, praktisch und bemüht, ihre Ziele zu erreichen. Ihm mangelt es an Antrieb und Ehrgeiz. Er liebt die Liebe, aber für sie als Person empfindet er einfach zu wenig. Sie sind sich beide zu fremd. Sie bemüht und sorgt sich um ihn, regelt, was er versäumt, bügelt aus, was er anrichtet, und stopft Löcher, die er leichtsinnig in die Kasse reißt. Er ist ein Fass ohne Boden für sie. Um mit ihm leben zu können, müsste sie ständig all seine Schwächen ausgleichen und die ganze Verantwortung für das gemeinsame Leben übernehmen. Auch wenn sie nicht zu ihm passt, könnte er aus emotionaler Hilflosigkeit und Schwäche bei ihr bleiben, zumal sie in dieser rauen Realität der perfekte Schutz für diesen Dünnhäuter ist, der ihn vor »bösen« Einflüssen der Außenwelt bewahrt.

Irgendwann aber verzweifelt sie an seiner Unverbindlichkeit und ständigen geistigen Abwesenheit sowie seiner Neigung zu Seitensprüngen und Dreiecksbeziehungen.

Wenig Glück.

Diese Kombi ist schwierig, weil

■ ... sie mit ihrer Nüchternheit seine Seele nicht beflügelt und inspiriert und er trotz seiner Einfühlsamkeit ihre Bedürfnisse nicht befriedigen kann. Außerdem: Sie will ein normales Leben, ist zufrieden mit Haus, Kindern, Familie und beruflicher Sicherheit – er leidet an der Tragik menschlicher Einsamkeit, möchte in göttliche, selige Dimensionen entschweben, sich aber nicht den mühseligen Realitäten stellen.

Diese Kombi ist möglich, wenn

■ ... sie sich ihm aus Mitleid verpflichtet fühlt und nicht mit ansehen kann, dass er in seinem Chaos versinkt, und er seine unstillbare Sehnsucht und seine Träume auf künstlerische Aktivitäten lenkt und/oder spirituelle Erfüllung und Aufgaben gefunden hat und nicht mehr in ständige Affären flüchtet.

SIE SONNE IN DER KÜNSTLERISCHEN MÄNNLICHEN WAAGE

SEIN MOND IM FEURIGEN MÄNNLICHEN WIDDER

Gute Chancen

Ihre Sonne steht im inspirierenden, kreativen Spannungs-aspekt zu seinem Mond: Was sich neckt, das liebt sich. Er ist gleich Feuer und Flamme, ist fasziniert von ihrem Charme, ihrer Freundlichkeit, ihren tollen stilsicheren Outfits und ihrem sicheren Auftreten – besonders bei Gesellschaften und öffentlichen Events. Er fackelt nicht lange, befeuert sie mit heißen Blicken, Komplimenten und will sie sofort daten. Dabei ist er mal wieder zu forsch und ungestüm. Deshalb weist sie ihn zunächst energisch in die Schranken. Sie bleibt zwar freundlich, hält ihn aber auf Distanz und lässt ihn lange zappeln, auch weil sie seinen feurigen Lie-besschwüren zunächst misstraut, sein rasantes Tempo sie vollends erschreckt und weil sie Näheprobleme hat, ihn nicht so schnell an sich heranlassen kann.

Diesen Hauch Luft lässt sie auch nach leidenschaftlicher Intimität immer wieder zwischen sich und ihrem Liebsten. Das bringt ihn zwar oft zur Verzweiflung, macht ihn aber auch rasend vor Begehren, weckt immer wieder seinen Er-oberungsdrang, sodass er sich bei ihr ständig neu beweisen kann.

Verliebtheit, erotischer Reiz und Leidenschaft bleiben bei diesem Paar lange erhalten, denn er wird nie satt von ihr und deshalb ihrer auch nie überdrüssig. Außerdem hat er auch nie das Gefühl, von ihr völlig in Besitz genommen und vereinnahmt zu werden, wovor auch er sich unbewusst fürchtet. Sie schätzt seine Charakterstärke und seine Fähigkeit, Widerstände zu überwinden. Dafür rettet sie ihn mit ihrem diplomatischen Geschick, wenn er in der Öffentlichkeit mal wieder ins Fettnäpfchen tritt.

Er stärkt ihr den Rücken, trifft mutige Entscheidungen für sie, wenn sie mal wieder unentschlossen und hin und her schwankt. *Einziges Problem:* Wird er wütend, kann er derart ausrasten, dass er alle Regeln des guten Geschmacks verletzt, was sie nur schwer ertragen kann, weil sie aus dem Fremdschämen gar nicht mehr herauskommt.

Wichtig für beide: Ihre Beziehung wird nie langweilig, sie hat die richtige Mischung aus Lebendigkeit, Leidenschaft, Abenteuer sowie gleicher Wellenlänge und ausreichend Übereinstimmung in Interessen und Zielen. Sie haben gute Chancen, solange die Vertrauensbasis stimmt.

Diese Kombi ist schwierig, weil

■ … er mit seinem ungezügelten Temperament, seiner schonungslosen Offenheit und Direktheit andere vor den Kopf stoßen kann und häufig übers Ziel hinausschießt, was ihr extrem peinlich und unangenehm ist. Sie nervt ihn mit ihrer Unentschlossenheit. Er erträgt es nicht, dass sie Entscheidungen so lange hinauszögert.

Diese Kombi ist möglich, wenn

■ … beide etwas verständnisvoller über die Schwächen des anderen hinwegsehen und sich an den grandiosen Übereinstimmungen – seelisch, geistig und erotisch – erfreuen.

SEIN MOND IM BEHARRLICHEN WEIBLICHEN STIER

Nebeneinander

Sie ist intelligent, flexibel, weltoffen und vielseitig interessiert, braucht ständig neue geistige Anregungen, liebt Geselligkeiten, kulturelle Events und vielfältige Vergnügungen. Er will seine Ruhe, hasst Veränderungen, erträgt es nicht, wenn feste Pläne umgestoßen werden. Er fühlt sich mit Familie und Freunden an Heim und Herd glücklich, sicher und geborgen. Sie drängt in die Welt hinaus, genießt es, zu flirten, hat Spaß daran, immer neue, interessante Menschen kennenzulernen.

Ihm kommt es sehr entgegen, wenn sie ehrgeizig an ihrer Karriere bastelt, soziale Sicherheit und gesellschaftliche Anerkennung erstrebt. Er ist der Ruhepol der Familie, ausgleichend und liebevoll, möchte Harmonie und Frieden genau wie sie. *Das Problem:* Er gibt ihr zwar Sicherheit, Schutz und Geborgenheit, bewacht sie aber extrem eifersüchtig und besitzergreifend und schränkt mit seinen Kontrollen permanent ihren persönlichen Freiraum ein.

Und das stößt ihr gewaltig auf, schnürt ihr die Kehle zu. Sie erfindet Ausreden und Notlügen, entwischt immer wieder geschickt durch kleine Schlupflöcher in ihre geliebte Freiheit. Sein Eigensinn, seine Uneinsichtigkeit und seine Sturheit sind so unerträglich für sie wie für ihn ihr Wankelmut, ihre Entscheidungsunfähigkeit und ihr Bedürfnis nach ständigen Veränderungen, kleinen Abenteuern und neuen Impulsen.

Sie ist ganz auf die Zukunft ausgerichtet und kann nächtelang mit immer neuen Leuten alle möglichen Lebensphilosophien diskutieren, er möchte lieber mit Gleichgesinnten oder alten Freunden ein schönes Essen und guten

Wein genießen und in gemeinsamen Erinnerungen schwelgen. Sie legt größten Wert auf ein gepflegtes, modisches Outfit, bevorzugt stilvolle Accessoires und ist ständig wie aus dem Ei gepellt. Er hängt an alten Gewohnheiten, trennt sich ungern von seinem Lieblingspullover und seinen bequemen Jacken, egal ob sie noch der Mode entsprechen oder nicht.

Zwei unvereinbare Naturelle, die, wenn sie trotzdem zusammenbleiben, ziemlich schnell nur noch nebeneinanderher leben.

Diese Kombi ist schwierig, weil

■ … sie so gegensätzlich wie Tag und Nacht sind, völlig unterschiedliche Lebensentwürfe haben und keiner beim anderen wirklich auf seine Kosten kommt. Er ist ein sinnlicher Gemütsmensch, stur, eifersüchtig, bequem und unbeweglich, ein echter Dickkopf. Sie ist ein flexibler, kreativer, wacher Schöngeist, eine lebendige, offene und vielseitig interessierte Persönlichkeit, die ihm Ruhe und Nerven kostet. Beide sind sich einfach zu fremd.

Diese Kombi ist möglich, wenn

■ … sie nach vielen aufregenden Abenteuern desillusioniert und geläutert bei ihm für kurze Zeit in einem stillen Hafen auftanken und zur Ruhe kommen will.

SEIN MOND IN DEN UNRUHIGEN MÄNNLICHEN ZWILLINGEN

Etwas glutlos und unverbindlich

Herrlich! Sie diskutieren sofort ganze Nächte durch, regen sich gegenseitig zu neuen Erkenntnissen, Denk-, Sicht- und Lebensweisen an. Beide sind intelligent, flexibel, neugierig und humorvoll, wahren aber trotz übermütigem verbalem Schlagabtausch und prickelnden Flirts immer eine gewisse innere Distanz. Beide legen Wert auf gutes Benehmen, achten gesellschaftliche Regeln und die Form und halten ihre Gefühle in jedem Fall fest unter Verschluss.

Da beide Luftzeichen (sie vom Sternzeichen, er vom Mondzeichen her) sind, erleben sie die Welt überwiegend verstandesmäßig, haben ähnliche Interessen und streben intellektuell wie sozial in die gleiche Richtung. Diese starke Übereinstimmung könnte sie schnell auf die Idee bringen, ihn heiraten zu wollen. Und wer sonst sollte ihn schon von diesem Schritt überzeugen, wenn nicht sie!

Sie teilen sich die häuslichen und beruflichen Pflichten gerecht, können sehr partnerschaftlich miteinander umgehen und in einer ziemlich spannungsfreien, freundschaftlichen Verbindung leben, der allerdings manchmal das Feuer der Leidenschaft emotional geladener und gegensätzlicher Partner fehlt.

Falls nicht andere Konstellationen in ihren Horoskopen gegensteuern, spielt die Sexualität in dieser Beziehung eine eher untergeordnete Rolle – besonders weil er durch die Überbetonung seines Verstandes nicht nur ein ziemlich distanziertes Verhältnis zu seinen Gefühlen, sondern auch zu seinem Körper hat. Er fantasiert und redet zwar viel mit ihr über erotische Experimente und Sex, lebt ihn aber weniger aus. Das heißt leider nicht, dass sie sich seiner Treue sicher sein kann, im Gegenteil: Er hat kein Problem, Sex ohne Liebe zu leben. Da für beide Untreue unter Umständen keine so große Bedeutung wie bei anderen Paaren hat, muss ein diskreter Seitensprung nicht zwangsläufig zur Trennung führen.

Ihrer Beziehung fehlen Verbindlichkeit, Intensität und Offenheit im Gefühlsleben. Beide haben Probleme, sich ihre geheimen Sehnsüchte, Hoffnungen und Wünsche zu offenbaren. Aber deshalb müssen sie nicht scheitern, weil sie sich so miteinander arrangieren können, dass jeder seine Ziele verfolgen und seine Bedürfnisse frei leben kann, ohne die blockierende Einmischung des anderen fürchten zu müssen.

Gutes Verstehen, aber etwas glut- und emotionslos.

Diese Kombi ist schwierig, weil

■ … beide so emotional unberührbar sind, sich gegenseitig derart viele Freiheiten lassen, dass ihr Zusammenleben immer unverbindlicher werden kann. *Gefahr:* Jeder könnte sein Herz doch noch mal an einen feurigen, sinnlichen Partner verlieren und mehr Erfüllung mit ihm erleben.

Diese Kombi ist möglich, wenn

■ … beide durch gemeinsame Interessen und Aufgaben ihre Berührungspunkte intensivieren und dadurch lernen, nach und nach mehr emotionale Nähe zuzulassen.

SEIN MOND IM EMPFINDSAMEN WEIBLICHEN KREBS

Unvereinbar und tragisch

Beide lieben die Künste, sie könnten sich auf einem Konzert, einer Vernissage oder einer Dichterlesung kennenlernen. Irgendwann mag er in seiner scheuen, ungelenken Art und seelischen Bedürftigkeit ihren Wunsch wecken, ihm zu helfen, weil er ihr wie ein großes Kind vorkommt. Aber schon bald verzweifeln sie aneinander.

Er ist mimosenhaft empfindlich, ausgesprochen launenhaft und stimmungsabhängig, lässt sich völlig von seinen Gefühlen beherrschen. Sie ist seiner Hypersensibilität und Gefühlsintensität nicht gewachsen. Er ist ihr gänzlich wesensfremd, zu unberechenbar, melancholisch und selbstmitleidig. Sie ist ihm zu cool, zu kopflastig und erscheint ihm emotional unerreichbar. *Das Schlimmste:* Sie führen sich gegenseitig auch noch ihre eigenen Schwächen vor Augen, kritisieren sich ständig und lehnen sich deshalb ab.

Sie mobilisiert in ihm die verborgene Wut, die er unbewusst gegen seine Mutter hegt, und er lässt sie an ihr aus, indem er sie ungerecht behandelt, mit aggressiven Sticheleien attackiert und immer öfter unterhalb der Gürtellinie zutiefst verletzt. Sie macht ihn für ihr Unglück verantwortlich und bestraft ihn, indem sie zum Beispiel vor seinen Augen öffentlich mit anderen flirtet, provokant mit ihren Qualitäten und Reizen kokettiert und ihn dadurch bloßstellt und erniedrigt.

Gibt es eine Trennung, kann die sehr verletzend und schmerzlich werden. Falls sie zusammenbleiben, dann meist nur, weil beide zu schwach sind, um die Bindung zu lösen und sich gegenseitig voneinander zu befreien. Aus innerer Unsicherheit, Ängsten und Minderwertigkeitskomplexen heraus gestehen sie sich in dem Fall ein harmonisches Leben mit einem anderen, passenderen Partner nicht zu. Beide »glauben« unbewusst, es nicht verdient zu haben, mit einem Partner wirklich glücklich zu werden. Tragische Beziehung und Entwicklung.

Diese Kombi ist schwierig, weil

■ … er der verletzbare, überempfindliche Gefühlsmensch und sie die distanzierte, unterkühlte Intellektuelle ist und deshalb keiner den anderen wirklich verstehen und ihm nah sein kann.

Diese Kombi ist möglich, wenn

■ … ausgleichende Konstellationen in ihren persönlichen Horoskopen sowie gemeinsame Interessen oder aber auch materielle Abhängigkeiten sie aneinander binden.

SEIN MOND IM LEIDENSCHAFTLICHEN MÄNNLICHEN LÖWEN

Ja, aber …

Beide sagen aus tiefstem Herzen Ja zueinander. Sie, elegant und intelligent, bewegt sich perfekt in jeder Gesellschaft und wird von vielen Menschen bewundert und umschwärmt. Er ist fasziniert von ihrem Charme, ihrer Schönheit, ihrer Strahlkraft und ahnt sofort, dass sie die Frau seines Lebens sein kann. Sie fliegt auf seinen Charme, seine vitale, männliche Kraft, seine erotische Ausstrahlung. Genau wie sie ist er an allem Neuen, Aufregenden und Abenteuerlichen interessiert, bereit, sein Denken, seine Einstellungen wie Verhaltensweisen zu ändern und im Leben etwas zu wagen, Risiken einzugehen. Dadurch wirkt er eigenständig und stark, eine schillernde Persönlichkeit, die sie ganz und gar fasziniert. Außerdem gelingt es ihm wie keinem anderen, ihr das Gefühl zu geben, etwas Einzigartiges, Großartiges und Außergewöhnliches zu sein, jemand, der sie wahnsinnig verwöhnen und zu seiner Königin machen möchte.

Nie war sie so gern Frau wie in seinen Armen, hat so viel Glück empfunden wie in der ersten Zeit an seiner Seite. Aber im Alltag merkt sie schnell, dass er ein sehr krasses, starkes Ego hat, bestätigt und umschmeichelt werden will und unerträglich mürrisch wird, wenn sie ihm das versagt. Kritik erträgt er gar nicht, das Eingeständnis von Fehlern und Schwächen wäre für ihn ein Zeichen von Versagen und Minderwertigkeit. Und schon bald erkennt sie, dass seine großzügigen Geschenke auch der Stärkung seines eigenen Selbstbildes dienen, dass er sehr egozentrisch und eitel ist. Zieht sie sich immer mehr von ihm zurück, weil er in vielen Punkten doch nicht ihren Vorstellungen entspricht, fühlt er sich abgelehnt, verstoßen und zutiefst in seiner Ehre gekränkt.

Nur wenn er sie in ihrer Entwicklung fördert, ihre Talente und Schönheit zu würdigen und zu schätzen weiß, sie achtet und respektiert, sie nicht zu beherrschen versucht, kann sie mit ihm auf Dauer glücklich werden.

Diese Kombi ist schwierig, weil

■ … er sehr egozentrisch, selbstgefällig und eifersüchtig sein kann, sie dominieren und beherrschen will und sie um jeden Preis die Harmonie und gleichzeitig ihre Freiräume retten will.

Diese Kombi ist möglich, wenn

■ … sie ihn von vornherein und konsequent in die Schranken weist und ihm deutliche Grenzen aufzeigt, anstatt sich ihm um des lieben Friedens willen zu fügen und anzupassen und dafür später, immer unglücklicher geworden, die Flucht zu ergreifen.

SEIN MOND IN DER EMPFINDLICHEN WEIBLICHEN JUNGFRAU

Sie geht fremd

Weil er sie anfangs geradezu vergöttert, ihr jeden Wunsch von den Lippen abliest, einfühlsam und ausgesprochen intelligent ist, kann sie sich ihm anfangs nur schwer entziehen, obwohl die Funken der Leidenschaft nicht gerade übermäßig sprühen. Außerdem ist er gebildet, zuverlässig und heiratswilliger als viele andere. Es beruhigt sie zwar, dass er geordnete Verhältnisse anstrebt und berechenbar für sie ist, ihre Beziehung wird aber dadurch leider etwas langweilig für sie, sodass sie, je länger sie zusammen sind, heimlich immer heftiger mit unwiderstehlich erotischen Charmeuren und wilden Abenteurern flirtet.

Auch wenn er nach außen entschlossen und selbstbewusst auftritt, überlässt er ihr innerhalb der Partnerschaft gern die Führung. Er profitiert von ihrer Lebendigkeit, ihrem Geist, Esprit und ihrer Fantasie, während sie durch ihn etwas mehr Bodenhaftung bekommt. Und obwohl sie – wie zu allen – auch zu ihm stets eine innere emotionale Distanz aufrechterhält, kann sie doch ein Quell ständiger

Inspiration und Freude für ihn werden. Sie bringt ihm das Schöngeistige näher und ihn mit originellen künstlerischen Menschen und Individualisten zusammen, die für ihn ein Ausgleich zu seiner Nüchternheit, seinem extremen Realitätssinn sind.

Sie nimmt das Leben im Allgemeinen sehr viel unbekümmerter, ist eher unruhig und ungeduldig, während er zum Grübeln neigt und gründlich, ordentlich, fleißig, wie er ist, immer den Ernst des Lebens vor Augen hat. Und obwohl er doch der Zuverlässigere, Charakterfestere und Stabilere von beiden ist, hält er oftmals auch noch an ihrer Beziehung fest, wenn er längst weiß, dass sie ihn hin und wieder betrügt und ihn niemals wirklich verstehen kann. Schicksalhafte Verquickung. Zu selbstquälerisch. Niedriger Glücksfaktor.

Diese Kombi ist schwierig, weil

■ … sie schon nach kurzer Zeit immer unzufriedener an seiner Seite wird, ihn zwar als Freund achten und schätzen, aber nicht wirklich entfesselt lieben kann. Und weil er sich zwar – bescheiden, wie er ist – mit dem abfindet, was sie ihm »geben« kann, aber sich in seiner Seele und seinem Herzen nie wirklich von ihr »berührt« fühlt.

Diese Kombi ist möglich, wenn

■ … er ihren Schwung nicht durch ständige Nörgelei oder mit seiner ewigen Leidensmiene bremst, sondern beide spannend für den anderen bleiben, indem sie ihre Interessen und gemeinsamen Freundschaften aktiv leben und immer wieder neue, belebende Impulse in die Beziehung bringen.

SEIN MOND IN DER HARMONIEBEDÜRFTIGEN MÄNNLICHEN WAAGE

Scheinpartner

Beide sind das geborene Diplomatenteam. Sie erscheinen als perfektes, strahlendes Traumpaar auf Gesellikeiten oder öffentlichen Events – stilsicher und topmodisch gestylt, perfektes, höfliches Auftreten, charmant, liebenswürdig und freundlich zu jedermann. Hinter den Kulissen leidet sie jedoch unter seinen starken Stimmungsschwankungen und unter ihren eigenen Schwächen, die er ihr so ganz offensichtlich spiegelt: Unentschlossenheit, Wankelmut, Angepasstheit und Unberührbarkeit.

Sie können stundenlang über alles reden, schwingen dabei auf gleicher Wellenlänge und verstehen sich blendend, können sich aber emotional nicht wirklich erreichen. Beide legen extrem viel Wert auf das Äußere, registrieren jeden kleinsten Makel (zum Beispiel Pickel, blaue Flecken oder erste graue Haare) beim anderen und können schon dadurch sich von ihm abgestoßen fühlen, emotional völlig erkalten. Aber solange die Ästhetik stimmt, sie gemeinsam ihre Wohnung oder ihr Haus entwerfen und gestalten sowie Kunstreisen machen, ist alles in bester Ordnung. Beide genießen Gesellikeiten und Amüsements auf dem gesellschaftlichen Parkett, lieben geistreiche Gesprächspartner und gehen jeder Verbindlichkeit und Verantwortung möglichst aus dem Weg.

Jeder braucht den anderen zwar, um sich selbst wahrzunehmen, lässt sich aber gefühlsmäßig nicht wirklich so sehr auf ihn ein, wie es nach außen den Anschein hat. Daher kann die Beziehung, um die alle Welt sie beneidet, zum Erstaunen anderer völlig unerwartet platzen. Trotz aller Über-

einstimmung: Beide unternehmen keine wirklichen Anstrengungen (Therapie), um sich gefühlsmäßig zu öffnen
und sich emotional wirklich auszutauschen. So kann schon
die kleinste Belastungsprobe ihre Beziehung ins Wanken
bringen.

Tief im Inneren wundert sich keiner wirklich, wenn der
andere sich einen neuen Partner sucht – ihn möglicherweise sogar auch noch mit nach Haue bringt.

Scheinpartnerschaft: Beide sind unfähig, miteinander
eine echte Beziehung einzugehen, weil jeder den anderen
nicht wirklich »umhaut« und aus seiner emotionalen Isolation reißen kann, in der er ja selbst gefangen ist.

Diese Kombi ist schwierig, weil

■ … sie sich einerseits blendend verstehen, sich großartig
intellektuell und geistig austauschen können, andererseits
gerade deshalb so lange zusammenbleiben und eine extreme emotionale Durststrecke miteinander ertragen, bis
jeder merkt, dass es für ihn mit einem feurigen, offeneren
Partner viel leichter ist, die eigenen Gefühle fließen zu lassen und frei zum Ausdruck zu bringen.

Diese Kombi ist möglich, wenn

■ … beide durch aktive künstlerische Arbeit (zum Beispiel
Malerei, Design, Musik) die Quelle ihrer schöpferischen
Kreativität zum Sprudeln bringen und sich damit den Weg
zu ihrer eigenen Emotionalität bahnen, was sich immer
positiver auf die Offenheit in ihrer Beziehung auswirken
kann.

SEIN MOND IM MISSTRAUISCHEN WEIBLICHEN SKORPION

In der Falle

Sie wünscht sich zwar nichts so sehr wie einen Partner, der sie wie er mit Zärtlichkeiten überhäuft, sie beschützt, verehrt und irgendwann auch heiratet, aber er muss ihr Freiräume und die lange Leine lassen. Und das fällt ihm maßlos schwer! Er ist misstrauisch und fürchtet nichts so sehr, wie hintergangen, betrogen und verlassen zu werden.

Darum versucht er sofort, gegenseitige Abhängigkeiten zu schaffen, um diese Gefahr von vornherein auszuschalten. Ist sie erst einmal von ihm materiell abhängig, weil er zum Beispiel strikt fordert, dass sie bei den Kindern im Haus bleiben soll, anstatt beruflich aktiv zu werden, versucht er, sie auch psychisch von sich abhängig zu machen. Wenn sie merkt, dass sie durch ihn immer unfreier und unselbstständiger wird, weil er ihr alles abnimmt und sie nicht mal mehr allein zu ihrer Freundin lässt, bekommt sie nicht nur Beklemmungen und Platzangst, sondern auch Depressionen.

Indem er sie wie ein Kind umsorgt, darauf achtet, dass sie nicht zu selbstständig und erwachsen wird, behindert er nicht nur ihre Entwicklung, sondern nimmt ihr auch ihre Kreativität, Lebendigkeit und Lebensfreude, »zerstört« ihre Persönlichkeit. Obendrein macht seine rasende Eifersucht ihr immer mehr Angst. Sie hat das Gefühl, bei ihm in der Falle zu sitzen. Und da sie als Luftzeichen bei aller Liebe immer eine gewisse innere Distanz zum Partner und äußere Freiräume braucht (was er überhaupt nicht verstehen kann!), fühlt er sich von ihr abgelehnt und aus ihrer inneren Welt ausgeschlossen. Das wiederum verursacht ihm Panik. Er wird noch misstrauischer, besitzergreifender und kontrolliert sie noch stärker, bis sie es nicht mehr aushält und mit allen Mitteln versucht, sich aus dieser Beziehung zu befreien. Zwei völlig unvereinbare Welten.

Diese Kombi ist schwierig, weil

■ … er ihr aus seinem unerlösten inneren Misstrauen, seiner großen Angst, verlassen zu werden, heraus ein regelrechtes »Gefängnis« zu bauen und all ihre Freiheiten einzuschränken versucht. Ihre innere Unberührbarkeit und ihre emotionale Distanz verunsichern ihn immer mehr – seine bedrohlichen Kontrollen ersticken ihre Gefühle und treiben sie in die Flucht.

Diese Kombi ist möglich, wenn

■ … er ihre Autonomie akzeptiert, sie nicht daran hindert, sich weiterzuentwickeln, sich mit Freundinnen zu treffen, ihre Hobbys auszubauen und beruflich aktiv zu sein, wenn sie es möchte. Sie sollte bereit sein, seiner verletzten Seele Übergriffigkeiten und sogar kleine Aggressionen zu verzeihen.

SEIN MOND IM FEURIGEN MÄNNLICHEN SCHÜTZEN

Glücksflash

Hingerissen von ihrem Charme, ihrer Intelligenz, ihrer Freundlichkeit und ihrer stilvollen, eleganten Erscheinung, versucht er sofort, sie im Sturm zu erobern. Sie lässt ihn so lange zappeln, bis er ernste Absichten bekundet, sein Versprechen wahr macht und sie irgendwann wirklich zum Traualtar führt. Sie können zusammen den Himmel auf Erden erleben, herrlich miteinander reden, lachen, Pläne schmieden, reisen und sich entfesselt lieben. Sie vermittelt ihm genau das Gefühl, das er braucht, um nicht so schnell auf erotische Schleichwege zu geraten. Sie reizt und lockt ihn, klammert aber nicht, bleibt trotz aller Intensität und Vertrautheit geheimnisvoll und innerlich ein Stück unerreichbar für ihn.

Und genau das stachelt immer wieder seinen Eroberungsdrang an, entfacht seine Leidenschaft immer neu. Sein feuriges Begehren und seine berauschende Sinnlichkeit schrecken sie nicht ängstlich auf, weil sie bei ihm nicht um ihre Freiheit und ihren inneren Abstand fürchten muss, weil er sie nicht vereinnahmt, sondern gleichermaßen seine Freiräume braucht.

Beide haben Sinn für Kunst und Kultur, ergänzen sich in ihren Vorlieben und Interessen. Er hat ehrgeizige gesellschaftliche und soziale Ziele, und mit ihr an der Seite öffnen sich ihm vorher verschlossene Türen. Ihre Freundlichkeit, ihre Diplomatie, ihr beeindruckendes Stilgefühl und ihre charmante Verbindlichkeit sowie die Fähigkeit, sich jeder Situation anzupassen, machen sie überall beliebt – und ihn superstolz. Ein Traumpaar, das alle beneiden!

Er kann zwar im feurigen Begeisterungssturm für eine Sache alle mitreißen, stößt seine Pläne zur Enttäuschung anderer aber häufig wieder um. Sie ist allerdings flexibel genug, sich darauf einzustellen. *Das Wichtigste:* Beide wollen Nähe, aber gleichzeitig seelische Unabhängigkeit. *Gefahr:* mit der Freiheit, die sie sich gegenseitig zugestehen, nicht behutsam genug umzugehen. Besonders in Krisen- und Frustsituationen könnten beide (besonders er) schnell in eine Affäre schlittern, die ihre Beziehung ernsthaft gefährdet.

Ihre Temperamente passen aber wunderbar zusammen, obwohl es beiden an Disziplin, Beharrlichkeit, Geduld und Durchhaltevermögen mangelt. Große Chance, wieder zusammenzufinden, falls sie sich vorübergehend einmal trennen – letztlich kann keiner den anderen wirklich vergessen.

Diese Kombi ist schwierig, weil

■ ... sie wegen ihrer enormen Übereinstimmung, ihrer großen Liebe und Leidenschaft derart vom Schicksal verwöhnt sind, dass kleinste Unstimmigkeiten und Probleme beide völlig aus der Bahn werfen können, da sie in ihrem Zusammenleben einfach nicht daran gewöhnt und darin trainiert sind, mit Krisensituationen geschickt umzugehen.

Diese Kombi ist möglich, wenn

■ ... sie gut auf sich aufpassen, ihr Glück nicht überstrapazieren und zum Beispiel durch völlig unnötige Seitensprünge aufs Spiel setzen, sich mutig neuen Herausforderungen stellen, Probleme gemeinsam und geduldig lösen.

SEIN MOND IM GEFÜHLSGEHEMMTEN WEIBLICHEN STEINBOCK

Frustrierend

Zwei Fremde. Er ist ehrgeizig, praktisch, zuverlässig und leistungsorientiert, kapselt seine Gefühle aber vollkommen ab, weil er eine Mutter hatte, die sein Selbstwertgefühl und damit sein Vertrauen zu Frauen untergrub. Das blockiert seine gefühlsmäßige und sexuelle Hingabe enorm. Ihr Problem: Sie will partnerschaftliche Nähe, erträgt sie aber nur, wenn sie sich gleichzeitig das Gefühl von Freiheit erhalten kann. Dadurch bestätigt sie sein tief im Unterbewusstsein verankertes und verdrängtes Psychomuster, mit einer Frau keine echte emotionale Nähe erleben zu können – sie nicht »verdient« zu haben.

Er ist gradlinig, solide und zielstrebig, will materielle Sicherheit, sie braucht Abwechslung, Kunst, Kultur, gesellige Events und regen geistigen Gedankenaustausch, liebt Luxus und pflegt extravagante künstlerische Hobbys. Seine Humorlosigkeit, seine Schwere (Element Erde), Strenge und gnadenlose Härte widersprechen ihrem Frohsinn und ihrer Leichtigkeit (Element Luft).

Sie ist ein charmanter, kreativer, musischer Schöngeist mit Entscheidungsschwierigkeiten. Er ist ein nüchterner, schnörkelloser und cooler Pragmatiker und Realist, durchsetzungsfähig und schnell entschlossen, kann über ihren Kopf hinweg Entscheidungen treffen, die ihr später völlig widerstreben, gegen die sie sich aber nicht auflehnt. Seine wasserdichten, sachlichen Argumente rauben ihr die Kreativität und lassen sie frustriert verstummen.

Sie verkümmert emotional an seiner Seite, kann sich nicht mehr frei entfalten, weil er für alles eine allgemein verständliche, unangreifbare Erklärung fordert, ihrer eigenwilligen Individualität keinen Entfaltungsspielraum lässt und überhaupt nicht nachvollziehen kann, was sie will und worum es ihr eigentlich geht. Auch wenn er pflichtbewusst und diszipliniert an der Beziehung festhält, kann er sich durch sie, die ihn in der Tiefe seines »gestörten« Empfindens (verletztes inneres Kind!) auch nicht versteht, nie aus seinem Gefühlspanzer befreien. Sie verstärken eher gegenseitig ihre Blockaden und Schwächen: sie seine Unfähigkeit, Gefühle zu zeigen und vertrauensvoll zuzulassen, und er ihre Unfähigkeit, mal gegen den Strom zu schwimmen, eigene Bedürfnisse auch gegen Widerstände durchzusetzen. Für beide letztlich entwicklungshemmend und auf Dauer zu frustrierend.

Diese Kombi ist schwierig, weil

■ … zwei völlig unterschiedliche und entgegengesetzte Naturelle aufeinandertreffen, jeder den anderen in seiner Entwicklung behindert und Leidenschaft und Liebe völlig auf der Strecke bleiben. Keiner kann an der Seite des anderen seine Stärken entfalten und echte Lebensfreude entwickeln.

Diese Kombi ist möglich, wenn

■ … jeder sein eigenes Leben hat, sich beide aufgrund beruflicher Verpflichtungen selten treffen, getrennt wohnen und sich nicht durch eine Familie mit Kindern eng aneinander binden, sondern sich nur in Lebensbereichen austauschen, in denen sie sich gut ergänzen und wirklich verstehen.

SEIN MOND IM KREATIVEN MÄNNLICHEN WASSERMANN

Gute Kombi!

Um der rauen, einengenden Realität zu entfliehen, hat er sich eine gedankliche, innere Fantasiewelt geschaffen. Der Waage-Frau gewährt er dorthin Einlass, weil er spürt, dass sie ihm in vielem ähnlich ist, ihn verstehen kann.

Er wünscht sich zwar eine interessante, intelligente und liebevolle Partnerin, an die er sich auch irgendwann einmal binden möchte, hat aber gleichzeitig Angst davor, sich emotional völlig auszuliefern und verletzt zu werden. Sie ist partnerfixiert, will unbedingt einen Mann, den sie geschickt lockt und verführt, ohne ihn umklammern oder vereinnahmen zu wollen, da sie selbst einen gewissen Abstand zu ihm und emotionale Unabhängigkeit braucht. Das spürt er sofort und fühlt sich von ihr nicht so bedrohlich eingeengt.

Die zwei erleben Phasen, in denen sie für ihre Verhältnisse relativ viel Nähe zulassen, weil sie auf einer Wellenlänge schwingen, und Phasen, in denen jeder sich ganz auf sich selbst und seine persönlichen Dinge konzentriert.

Die Frau, die ihm zu sehr auf die Pelle rückt, ständig Unterhaltung, Nähe und Liebesschwüre fordert, kann er nicht ertragen. Eine, die ihn immer wieder frei lässt, eigene Wege geht und neue Impulse in die Beziehung bringt, zieht ihn dagegen sehr an.

Billigt jeder dem anderen genügend Freiraum zu, wird auch jeder immer wieder die Nähe des anderen suchen. So leben sie in einer Partnerschaft, in der ständige Annäherung und Entfernung stattfindet, die aber meist brennende Leidenschaft und vor allem echte, tiefe seelische Berührung ausschließt. Sie werden nur ein wirklich erfülltes Leben miteinander haben, wenn beide ihre Angst, sich emotional zu öffnen, überwinden, Gefühle offen zulassen und lernen, sich gegenseitig zu vertrauen. *Gefahr:* Gehen sie zu tolerant und freizügig miteinander um, bringt jeder irgendwann seinen Flirt oder seine Affäre mal mit nach Hause, womit beide sich maßlos überfordern und ihre Beziehung doch noch gefährden.

Im Großen und Ganzen haben sie aber gute Chancen auf ein gemeinsames Glück. Durchaus entwicklungsfähig.

Diese Kombi ist schwierig, weil

■ … sie sich und ihre Beziehung aus innerer Distanz zu ihren eigenen Gefühlen unwillentlich überfordern und aufs Spiel setzen. Sie gestehen sich – besonders in Krisensituationen – zu freizügig und tolerant Treuebrüche zu, ohne zu bedenken, wie sehr diese sie letztlich doch belasten und verletzen können.

Diese Kombi ist möglich, wenn

■ … beide, ermutigt durch ihre große Übereinstimmung und ihr gutes Verständnis füreinander, ihre emotionalen Blockaden durchbrechen und Gefühle freier fließen lassen können.

SEIN MOND IN DEN SEHNSUCHTSVOLLEN WEIBLICHEN FISCHEN

Zwei völlig fremde Seelen

Als distanzierter Verstandesmensch, der sich gefühlsmäßig verschlossen und bedeckt hält, sucht sie einen Partner zum geistigen Austausch, aber auch zum Anlehnen und Anfassen, mit dem sie eine Familie gründen, reisen, sich weiterbilden und vergnügen kann. Er lebt dagegen in einer abgehobenen, illusionären Traumwelt, in ständiger unstillbarer Sehnsucht nach der Idealfrau, einer Prinzessin, die nur im Märchen vorkommt.

Beide sind sehr liebenswürdig und harmoniebedürftig, scheuen Aufregungen und Streit – sie finden sich auch sehr nett, sind sich aber schon vom ersten Augenblick an völlig fremd. Während sie sich einen Partner wünscht, der ihr das Leben und die Welt zeigt, Spaß an Geselligkeiten, Kunst- und Kulturveranstaltungen hat, fühlt er sich zu Menschen hingezogen, die sich wie er mit der Suche nach dem Lebenssinn beschäftigen. Flüchtige, oberflächliche Modetrends, grölende Menschenansammlungen und laute Partys sind ihm zuwider.

Getrieben von unerklärlicher Sehnsucht nach Einheit und Erlösung, möchte er auch mit seiner Lebenspartnerin in inniger Nähe und »himmlischer« Liebe verschmelzen, nicht nur Glück, sondern auch Gefühle absoluter Seligkeit durch sie erleben. In diesem rauschähnlichen, abgehobenen Schwebezustand schwelgt er völlig losgelöst von der Erdenschwere und der Partnerin als Person.

Das ist ihr unheimlich, weil sie spürt, dass es ihm nur darum geht, dass jemand diese speziellen Gefühle in ihm auslöst, durch die er der rauen materiellen Welt entfliehen kann, sie als Individuum von ihm aber gar nicht gemeint ist. Wird ihr das erst bewusst, fühlt sie sich von ihm »benutzt«. Außerdem will sie einen Liebespartner für das irdische Leben, humorvoll, intelligent, abenteuer- und lebenslustig, und findet zu ihm keinen richtigen inneren Zugang. Ihr Blick ist in die Welt, seiner in den Himmel und höhere Sphären gerichtet.

Kommen sie überhaupt je richtig zusammen, leben sie sich immer mehr auseinander, ohne es selbst zu merken oder darunter zu leiden. Warum? Weil sie sich seelisch eigentlich nie wirklich tief »berühren« konnten.

Diese Kombi ist schwierig, weil

■ ... keiner echten Zugang zur Seele, zum Herzen und der Welt des anderen findet.

Diese Kombi ist möglich, wenn

■ ... andere Elemente in ihren persönlichen Horoskopen derart übereinstimmen, dass sich daraus genügend Gemeinsamkeiten entwickeln können.

SIE SONNE IM SENSIBLEN WEIBLICHEN SKORPION

SEIN MOND IM FEURIGEN MÄNNLICHEN WIDDER

Dramatisch!

Er ist spontan, fröhlich und naiv, lässt sich völlig unbedarft auf sie ein. Denn so schnell, wie er einen Liebeskontakt schließt, so schnell und unproblematisch kann er ihn auch wieder lösen, wenn etwas quer läuft. Aber da hat er die Rechnung ohne sie gemacht. Sie ist eine Magierin und damit Meisterin der Verführerin, die ihn erotisch wie psychisch eng an sich bindet. Sie will im Leben immer alles oder gar nichts. Lässt sie sich in einer schwachen Stunde überhaupt auf ihn ein, weil er sie so betörend umwirbt, will sie ihn mit Haut und Haaren! Sie ist kompromisslos und bewacht ihn eifersüchtig.

Einerseits fasziniert von ihrer erotischen Ausstrahlung, ringt er andererseits nach Luft, wenn sie ihn so völlig vereinnahmen will. Er liebt zwar ihr klares Bekenntnis, fürchtet aber um seine seelische Unabhängigkeit. Letztlich ist er unfähig, sich ihren geschickten Bindungsmanövern und ihrer magischen Energie zu entziehen.

Er fürchtet nicht nur die dramatischen, aufreibenden Auseinandersetzungen mit ihr, er fürchtet vor allem ihren Zorn und ihre Rache, die er angesichts ihrer hasserfüllten Blicke schon erahnen kann, wenn er nur mal bewundernde Blicke auf eine andere wirft und ganz harmlos mit dieser flirtet. Keiner fühlt er sich so rettungslos ausgeliefert wie ihr. Ihn packt die blanke Angst, panisch versucht er zu flüchten.

Sein explosives, feuriges Temperament macht ihr allerdings auch Angst, seine scharfe Kritik steigert ihre Minderwertigkeitsgefühle, seine plumpe Indiskretion ist blanker Verrat für sie. *Folge:* Seelenschmerz, Ohnmachtsgefühle und Aggressionen. Aber obwohl sie unter ihm leidet, kann sie trotzdem an ihm festhalten, bis gar nichts mehr geht! Spürt sie immer deutlicher, dass er sich nicht auf ihre Seele einschwingen kann und sich immer öfter durch Flirts mit anderen bestätigen muss, sie möglicherweise sogar betrügt, verflucht und verstößt sie ihn gnadenlos. Dramatische Szenen. Unvereinbare Gegensätze.

Diese Kombi ist schwierig, weil

■ ... jeder durch sein extrem unterschiedliches Naturell unbeabsichtigt die wunden Punkte des anderen trifft und ihn durch seine Reaktionen und sein Verhalten zutiefst verletzt. Folge: erbitterte Kriege ohne Ende.

Diese Kombi ist möglich, wenn

■ ... sie in ihrem persönlichen Horoskop Planeten in Feuer- und er in seinem Horoskop Planeten in Wasserzeichen hat. Dann könnten sie sich möglicherweise über ähnliche Interessen etwas besser verstehen und eine Brücke zueinander »bauen«.

SEIN MOND IM BESITZERGREIFENDEN WEIBLICHEN STIER

Lodernde Leidenschaft – brennende Eifersucht

Zwischen ihnen herrscht eine brisante Spannung von Anziehung und Abstoßung. Er ist realistisch, erdverbunden, sinnlich und pragmatisch, bietet ihr Schutz, materielle Sicherheit, Zärtlichkeit und Leidenschaft. Sie erfühlt jede seiner Regungen und kann, quasi auf Knopfdruck, (ständig) sein erotisches Begehren anheizen. Da beide sehr dickköpfig und stur sind, können sie immer wieder schnell aneinandergeraten. Sie liefern sich fetzige Streite und bühnenreife Eifersuchtsszenen. Eigentlich sehnen sich beide nach Ruhe und Harmonie, aber da sie sich gegenseitig gefühlsmäßig so tief berühren, extrem empfindlich und verletzbar sind, können sie schon bei Kleinigkeiten total ausrasten und völlig aus dem Gleichgewicht geraten.

Beide sind außergewöhnlich sinnlich, »stacheln« sich zu entfesselter Leidenschaft an und erleben berauschende erotische Höhepunkte, die sie stark aneinander binden. Jeder möchte sich dem anderen förmlich einverleiben, betrachtet ihn als persönlichen Besitz. Jeder »bestraft« den anderen, wenn er dieses Empfinden durch sein Verhalten verletzt und damit infrage stellt. Sie lieben sich und hassen sich dafür, dass sie so voneinander abhängig werden können.

Problematisch: Jeder beansprucht für sich selbst Freiräume, die er dem anderen aber nicht zugestehen will. Jeder liebt und verachtet sich selbst im anderen, weil sie sich gegenseitig den Spiegel vorhalten, der jeden mit seinen eigenen Stärken und Schwächen konfrontiert. Je mehr sie sich bekämpfen, desto weniger kommen sie voneinander los. Das Leben schweißt sie zusammen, weil sie einerseits eine große Nähe zueinander entwickeln und sich andererseits derart aneinanderreiben können, dass ihnen nichts anderes übrig bleibt, als sich zu entwickeln und über sich selbst hinauszuwachsen. Eine dramatische Schicksalsliebe voll brennender Leidenschaft, Liebesschmerz und unbeschreiblicher Glücksgefühle. Nichts für Warmduscher und Weicheier!

Diese Kombi ist schwierig, weil

■ … beide sehr misstrauisch und eifersüchtig sind und schon bei kleinsten Missverständnissen, Ungereimtheiten und Verletzungen wutentbrannt zu völlig unberechenbaren Reaktionen fähig sind und den Frieden und die Beziehung aufs Spiel setzen.

Diese Kombi ist möglich, wenn

■ … beide die brisante Spannung zwischen sich so ausbalancieren können, dass sie überwiegend Quell inspirierender Anziehung und rasanter Leidenschaft ist und weniger Abstoßung und Aggressionen schürt.

SEIN MOND IN DEN UNVERBINDLICHEN MÄNNLICHEN ZWILLINGEN

Keine Basis

Sie ist ruhig, geheimniskrämerisch, verletzbar, supersinnlich und kompromisslos, er distanziert, kopfgesteuert, neugierig und unruhig. Er ahnt nicht im Entferntesten, wie verletzbar und mit welcher Gefühlstiefe sie ihn (wenn überhaupt) in ihr Herz schließt. Ihre Gefühlsextreme sind ihm völlig fremd. Und schon deshalb erscheint sie ihm wie ein Wesen vom anderen Stern. Je tiefer er ihr in die Augen schaut, desto mehr sträuben sich ihm die Nackenhaare und desto stärker befallen ihn Unbehagen und Panik. Ihrer Gefühlswucht und ihren Extremreaktionen fühlt er sich in keiner Weise gewachsen. Er lebt in einer kontrollierten Verstandeswelt und wahrt gefühlsmäßig größtmöglichen Abstand. Den versucht sie ständig zu durchbrechen und zu überwinden und verzweifelt an seiner inneren Unberührbarkeit und Coolness.

Sie fühlt und empfindet, er denkt und analysiert. Sie spürt innere Gewissheit, er will logische und beweisbare Fakten. Sie ist ihren brodelnden Emotionen ausgeliefert, er steuert Gefühle mit seinem Verstand. Sie will den Geliebten so nah und intensiv wie möglich bei und in sich spüren, er hat wahnsinnige Angst, die Selbstkontrolle zu verlieren.

Sie will Leidenschaft pur, exzessiven Sex, hingebungsvolle Liebe. Er hat einen eher schwach ausgeprägten Sexualtrieb, wenig erotische Lust, kann sich gefühlsmäßig nicht öffnen und hingeben. Sie kommt bei ihm zu kurz. Er ist mit ihr überfordert. Sie will echte Auseinandersetzung und auch über Gefühle sprechen. Er versucht, sich und sie durch krankhaften Redezwang, durch endlosen Wortschwall von seinen wahren Gefühlen abzulenken. Er, eher unverbindlich, nimmt es mit der Treue nicht so genau, auch weil er nicht so tief empfindet wie sie. Durch sein distanziertes Verhalten zweifelt sie immer mehr an der Welt, sich selbst und ihm, bricht völlig zusammen, wenn sie von seinen Seitensprüngen erfährt. Sie leidet unendlich, taumelt hin und her zwischen Wut, Hass und Schmerz und kappt alle Gefühlsbande radikal und unwiederbringlich. Jeder fühlt sich vom anderen ganz und gar unverstanden.

Zu krasse Gegensätze. Der Beziehung fehlt jede Basis.

Diese Kombi ist schwierig, weil

■ ... er sie schon allein durch seine emotionale Distanz zutiefst verletzt und er vor ihrer Gefühlswucht und besitzergreifenden Art ständig auf der Flucht ist.

Diese Kombi ist möglich, wenn

■ ... er so stark und in sich gefestigt ist, dass er lernt, Gefühle zuzulassen, und sie ihre Eifersucht in den Griff bekommt und ihm seine Freiräume lässt.

SEIN MOND IM VERLETZBAREN WEIBLICHEN KREBS

Supersensibel

Supersensibel und heikel – eine Gradwanderung. Beide sehnen sich nach Wärme, Geborgenheit, Zärtlichkeit, Fürsorge, träumen von ewiger Liebe und alles verzehrender Leidenschaft. Und beide schwingen sich fast mühelos in die Gefühlswelt und Seele des Partners ein. Sie schwelgen in seliger Umarmung, Sinnlichkeit und seelischem Glück. Mit feinsten Antennen, höchster Wachheit und äußerster Konzentration nimmt jeder beim anderen schon die kleinste Veränderung oder Unstimmigkeit in der Gefühlslage wahr.

Weil beide emotional ängstlich und leicht irritierbar sind, meint jeder, er müsse den Ansprüchen und Wünschen des anderen zu hundert Prozent gerecht werden, um dessen Liebe bloß nicht zu verlieren. *Der tiefere Grund:* mangelndes Selbstwertgefühl und Vertrauen.

Ihre anfängliche überschäumende Leidenschaft kann schon bald abflauen. Das liegt meist an ihm. Die enorme Wucht ihrer oft ungezügelten Gefühle weckt in ihm die Angst vor dem Animalischen in ihr und sich selbst. Dadurch setzt er sich enorm unter Erfolgsdruck, was sexuell immer häufiger zum Versagen bei ihm führt. Er fühlt sich ihrem starken Verlangen und ihrer Unersättlichkeit einfach nicht gewachsen. Da sie aus Scheu, Scham und Angst einfach nicht darüber reden kann, beginnt sie, an seiner Liebe zu zweifeln – auch weil er, statt sie zu begehren, sie bald höchstens noch mit Zärtlichkeiten verwöhnt.

Ihre Vorwürfe und feindlichen Angriffe unterhalb der Gürtellinie verletzen ihn derart, dass er möglichst jeder zukünftigen Berührung mit ihr ganz aus dem Weg geht und gefühlsmäßig immer mehr erkaltet. Sie glaubt, versagt zu haben, hält sich für unattraktiv und nicht mehr begehrenswert und leidet. Er fühlt sich schwach und von ihrer bissigen Aggressivität regelrecht »kastriert«.

Nur wenn es ihnen an diesem Punkt gelingt, offen miteinander über ihre Gefühle, Wünsche, Träume und Sehnsüchte zu sprechen, haben sie eine Chance, ihre Beziehung zu retten. Warten sie zu lange, könnte es irgendwann zu spät sein und dann sind beide derart verletzt, dass es nicht mehr möglich ist, eine Brücke zueinander zu schlagen.

Eine höchst sensible Beziehung, ein echter Balanceakt, der von jedem großes Einfühlungsvermögen, enorme Kraft, echtes Bemühen, Bewusstheit und die Bereitschaft, die eigenen Schwächen in Stärken zu wandeln, erfordert. Und das geht nur, wenn echte Liebe im Spiel ist …

Diese Kombi ist schwierig, weil

■ … jeder, als sensibles Empfindungszeichen, vom anderen erwartet, dass der seine Wünsche und Bedürfnisse erspürt und ohne große Worte erfüllt. Überzogen hohe und unrealistische Ansprüche.

Diese Kombi ist möglich, wenn

■ … beide rechtzeitig Scham und Scheu voreinander verlieren und beginnen, offen und vertrauensvoll über ihre Hoffnungen, Sehnsüchte und Gefühle zu reden. Nur so können Missverständnisse ausgeräumt werden und sich beide wirklich verstehen lernen.

SEIN MOND IM EROTISCHEN MÄNNLICHEN LÖWEN

Sehr sinnlich und sexuell

Solange er ihr treu bleibt, sie begehrt und es ihr offen zeigt, so lange macht es ihr nichts aus, ihn auf einen Sockel zu stellen, ihn anzuhimmeln, zu loben und ihm zu schmeicheln. Beide haben ein starkes Charisma, erliegen gegenseitig ihrer unwiderstehlichen erotischen Ausstrahlung und erleben vulkanische Leidenschaft miteinander. Ihre ausgeprägte Sexualität und Sinnlichkeit sind ihr stärkstes Band. Geistig-seelisch bleiben sie sich immer etwas fremd. *Ihr Problem:* Beide sind auf sehr unterschiedliche Weise stark, wollen dominieren und ringen ständig um die Führung miteinander. Er, weil er sich ihrer Bewunderung und Liebe sicher sein will und nicht erträgt, wenn sie ihn infrage stellt, abweist oder kritisiert. Sie, weil sie es nicht ertragen könnte, wenn er sie hintergeht, betrügt und ihre Gefühle verletzt. *Folge:* heftige Eifersuchtsszenen und Machtgerangel.

Sein Verlangen nach bedingungsloser Liebe, Treue und Bewunderung ist völlig übertrieben und maßlos. Aber sie, die im Laufe der Zeit all seine Schattenseiten (Egozentrik, Eitelkeit, Hochmut) kennenlernt, kann ihn irgendwann nicht mehr so unkritisch anhimmeln, wie er es braucht. *Folge:* Er weicht in Seitensprünge aus, um sich zu bestätigen und sich seine Unwiderstehlichkeit immer wieder zu beweisen. Wagt sie es dagegen, auch nur mit einem anderen zu flirten, reagiert er extrem eifersüchtig und ist sofort tödlich beleidigt. Einerseits ist er stolz und liebt nichts mehr, als wenn andere die Frau an seiner Seite bewundern, andererseits versucht er, sie von der Umwelt zu isolieren, damit er sie besser unter Kontrolle hat. Aber gerade dadurch kommt sie, inzwischen völlig fixiert und konzentriert auf ihn, seinen Affären auf die Schliche. *Folge:* Sie stürzt erst einmal in tiefe Melancholie und leidet wie ein verwundetes Tier, bevor sie eines Tages wie Phönix aus der Asche steigt, ihm und ihrer Beziehung den Todesstoß versetzt, indem sie ihn erniedrigt, gesellschaftlich und seelisch zerstört. *Dann:* hoffnungslos irreparabel.

Diese Kombi ist schwierig, weil

■ ... jeder durch das Verhalten und die Reaktionen des anderen über seine eigenen Schwächen stolpert und in seine eigenen Fallen tappt und jeder zu wenig Verständnis für die sehr unterschiedliche Wesensart des anderen hat.

Diese Kombi ist möglich, wenn

■ ... er seine starke Egozentrik in den Griff bekommt und sie ihre extreme Überempfindlichkeit und Verletzbarkeit. Außerdem würde es ihre Beziehung erheblich erleichtern, wenn sie ihm nach außen hin die Führung überlassen und subtil und einfühlsam ihre Fäden aus dem Hintergrund ziehen würde.

SEIN MOND IN DER EMPFINDLICHEN WEIBLICHEN JUNGFRAU

Richtig gutes Team!

Er weiß gar nicht, wie ihm geschieht, wenn sie ihn zum ersten Mal verführt. Und selbst wenn er stärker sein sollte als sie, sein äußeres Leben geregelt und fest im Griff hat, seelisch ordnet er sich ihr total unter. Durch ihre starke Emotionalität, ihr unglaubliches Einfühlungsvermögen sowie ihre berauschende Sinnlichkeit und Leidenschaft wagt auch er sich allmählich vorsichtig aus seinem Schneckenhaus heraus, um sich gefühlsmäßig mehr zu öffnen. Ihn fasziniert ihre starke Empfindungsfähigkeit, ihre innere Dynamik, die sie durch ihre überschäumende Fantasie zumindest an seiner Seite so lebendig zum Ausdruck bringen kann.

Er gibt ihr Sicherheit, übernimmt die Strukturierung des gemeinsamen Alltags und stärkt so ihr Vertrauen in sich selbst und in ihn. Ihre Geheimniskrämerei, ihre Stimmungsschwankungen und ihre gelegentlichen Gefühlsausbrüche treiben ihn zwar manchmal an den Rand des Nervenzusammenbruchs, ermöglichen ihm aber gleichzeitig, mehr Kontakt zu seinen eigenen Gefühlen zu gekommen, machen ihm Mut, seinen emotionalen Schutzwall zu durchbrechen und endlich mehr aus sich herauszukommen. Das kann zwar große Aufregung bringen, fördert aber auch seine Entwicklung, indem er überholte Vorstellungen aufgibt und bereit ist, innere Grenzen zu sprengen und auch mal ein Abenteuer oder Risiko einzugehen.

Sie dagegen wird durch ihn intellektueller, realistischer und lernt, sich in Sachzwänge, gesellschaftliche Regeln und Strukturen zu fügen. Jeder bringt den anderen in für ihn ungewohnte Situationen, stellt ihn vor neue, aber zu bewältigende Aufgaben, durch die er seinen Horizont erweitern und über sich hinauswachsen kann. Gutes Team!

Er überschätzt seine Überlegenheit in der Bewältigung des Alltags und der Erfüllung gesellschaftlicher Pflichten. Dabei unterschätzt er dann aber ihre emotionale Power und Überlegenheit, mit der sie intuitiv goldrichtige Bauchentscheidungen trifft, Situationen und Menschen spontan einzuschätzen vermag und immer den richtigen Riecher hat für das, was im Augenblick anliegt.

Diese Kombi ist schwierig, weil

■ … er ein unverbesserlicher Perfektionist, Ordnungsfanatiker und Sparfuchs ist und sie mit seiner Nörgelei und ständigen Suche nach dem Haar in der Suppe ausbremst und nervt. Außerdem ist er ihrer enormen Gefühlswucht oft nicht gewachsen, fürchtet ihre unberechenbaren emotionalen Ausbrüche.

Diese Kombi ist möglich, wenn

■ … er sein Misstrauen und seine Angst verliert, offen zu seinen Gefühlen zu stehen und sie zum Ausdruck zu bringen, und sie seine überempfindliche Seele nicht zu sehr mit ihren Stimmungsschwankungen und unberechenbaren Emotionen strapaziert.

*SEIN MOND IN DER
UNVERBINDLICHEN
MÄNNLICHEN WAAGE*

Schmerzlich!

Er braucht Luft zum Atmen, zumindest das Gefühl von
Freiheit! Sie versucht, ihn immer fester in den Griff zu bekommen, hat eine Urangst vor dem Verlassenwerden. Je
mehr sie versucht, ihn an die Leine zu legen, desto mehr
entzieht er sich und desto öfter bricht er aus. Er braucht
Harmonie, ist sanft und liebenswert, aber auch emotional
unterkühlt und unverbindlich, bekommt Panik, wenn er
sich auf irgendetwas festlegen soll. Sie spürt genau, welche
Gefühle er hinter seiner freundlichen Fassade verbirgt. Er
fürchtet ihre emotionale und seelische Überlegenheit, hat
Angst, auf subtile, unmerkliche Weise von ihr beeinflusst
und dann beherrscht zu werden, und ahnt, dass er ihr erotisch derart verfallen könnte, dass er süchtig nach ihr wird
und sie ihn sexuell hörig machen kann.

Sie sucht einen Partner, der zwar auch ihren Körper, aber
vor allem ihre große Seele liebt. Er ist nicht in der Lage, sich
gefühlsmäßig ganz nah auf sie einzulassen, da er schon
Probleme hat, mit seinen eigenen Gefühlen in Kontakt zu
kommen.

Er kann ihr nicht bieten, was sie braucht: intimste Nähe,
Zärtlichkeit und entfesselte Leidenschaft. Im Gegenteil, er
weitet auch in der Beziehung seinen Freiraum ständig aus,
überlässt ihr im Haus zwar die Führung, wälzt dafür aber
auch alle lästigen Pflichten und die Verantwortung auf sie
ab. Sie befriedigt zwar sein Bedürfnis nach Nestwärme –
bleibt aber selbst gefrustet auf der Strecke, weil er, ständig
auf dem Sprung, nicht für sie da ist, wenn sie seine Nähe
sucht und ihn braucht. Stellt sie ihn zur Rede, hat er tau-

send Ausreden, ist nicht einmal bereit, mit ihr zu streiten (ist ihm auch schon zu viel Nähe!). *Folge:* Ihre Wut gegen ihn staut sich auf.

Und an seinen oberflächlichen Argumenten und faulen Ausreden erkennt sie, dass er sich nicht einmal ernsthaft bemüht, sie wirklich zu verstehen. Diese Zweisamkeit kann schmerzlicher für sie sein als jede andere, weil sie sie seelisch einsamer macht als jedes Alleinsein. Problembeziehung!

Diese Kombi ist schwierig, weil

■ … er wohl niemals die Größe ihrer Seele wirklich erfassen und die Tiefe ihres Empfindens ausloten kann. Vor der Wucht ihrer Gefühle flüchtet er eher, als sich wirklich auf sie einzulassen, zumal er gefühlsgehemmt und ihr damit emotional hoffnungslos unterlegen ist. Außerdem »verkümmert« sie an seiner Seite, fühlt sich unverstanden, verloren und immer einsamer.

Diese Kombi ist möglich, wenn

■ … er aufgrund ausgleichender Konstellationen in seinem persönlichen Horoskop Gefühle offener ausdrücken und sie dadurch besser verstehen kann und sie ihm seine Freiheiten lässt, ohne ihn ständig mit ihren misstrauischen Kontrollen einzuschränken und zu nerven.

SEIN MOND IM VERLETZBAREN WEIBLICHEN SKORPION

Entweder – oder; ja oder nein

Schon bei den ersten Blickkontakten, aber erst so richtig, wenn sie sich wirklich gegenüberstehen, ahnen und spüren sie ihren großen seelischen Einklang. Jeder fühlt sofort, dass er sich im anderen wiederfinden und bei ihm »nach Hause« kommen kann. So können sie in berauschender Zärtlichkeit und Leidenschaft sowie überwältigendem Eros Momente vollkommener Verschmelzung erleben. Jeder hat das Gefühl, den anderen schon Ewigkeiten zu kennen – hat Verständnis für das Misstrauen und die Eifersucht des anderen, weil er sie von sich selbst kennt.

Jeder weiß intuitiv, wie und womit er das Glücksempfinden des anderen steigern kann. Sind sich beide bewusst, dass vertrauensvolle Hingabe und Geben der höchste Ausdruck wahrer Liebe und der Schlüssel zum Glück ist, erleben sie miteinander darin ihre Lebendigkeit, Kraft, Stärke und Erfüllung, was ihre Lebensfreude mindestens verdoppeln kann. Fehlt ihnen allerdings diese Erkenntnis und Einsicht, will jeder nur nehmen und ist nur egoistisch auf seinen eigenen Vorteil bedacht, wendet sich das Blatt: Dann sind sie sich nämlich gegenseitig ihren Schwächen ausgeliefert und können sich genauso tief verletzen, wie sie sich heiß begehren.

Um in partnerschaftlicher Harmonie miteinander zu leben, muss jeder sich so weit mit sich selbst auseinandergesetzt und ausgesöhnt haben, dass er die Begegnung mit den Geheimnissen seiner eigenen Seele erträgt, die sich – auch durch ihre extrem aufwühlende Sexualität – nach und nach in dieser Beziehung offenbaren. Sind sie aber nicht in der Lage, ihre eigenen Schwächen zu sehen und zu akzeptieren, wird jeder dem anderen die Schuld für diese oft schmerzlichen Erfahrungen geben und ihn statt sich selbst dafür mit Zurückweisung und Aggression bestrafen.

So kann ihre Beziehung entweder entwicklungsfördernd und superglücklich werden oder sehr schmerzlich scheitern – so wie alles in ihrem Leben. Hier gibt es nur ein Entweder-oder.

Diese Kombi ist schwierig, weil

■ … beide in extremen Ja- oder Nein-Kategorien fühlen, denken und leben und Probleme haben, Kompromisse zu schließen und den goldenen Mittelweg zu finden.

Diese Kombi ist möglich, wenn

■ … gegenseitiges Misstrauen und Egozentrik überwunden werden, beide dankbar für die tiefe Berührung ihrer Seelen und die leidenschaftliche Ekstase ihrer körperlichen Vereinigung sind, Kleinmut und Ängste überwunden werden und jeder sich das Glück mit dem anderen aus tiefstem Herzen gönnt.

SEIN MOND IM FREIHEITSLIEBENDEN MÄNNLICHEN SCHÜTZEN

Nur auf Zeit

Obwohl sie sich nach nichts so sehr sehnt wie nach leidenschaftlicher Liebe, seelischer Verbundenheit und partnerschaftlichem Glück, weckt seine ungestüme, feurige Art, sie zu erobern, ihr Misstrauen. Mit Recht. Seine Liebesschwüre und Zukunftspläne für ein gemeinsames Leben kommen ihr etwas zu schnell. Hinter seinem Verlangen nach Nähe spürt sie sofort sein gleichzeitiges Bedürfnis nach seelischer Unabhängigkeit und Freiheit. Und das macht ihr Angst. Sie weiß, dass sie alles gibt, wenn sie sich erst einmal auf ihn einlässt, und zutiefst verletzbar ist, wenn die Liebe nicht im gleichen Maße zurückkommt und ihr Vertrauen enttäuscht wird.

Ihre Skepsis ihm gegenüber resultiert aus ihrem meist unbewussten medialen Erspüren seiner Neigung, Beziehungen einzugehen, die eine dauerhafte Partnerschaft meist ausschließen. Das ist ihm selbst gar nicht bewusst. Es ist ein Schachzug seines Unterbewusstseins, durch den er sich den Wunsch nach Nähe zwar erfüllen, aber gleichzeitig unabhängig bleiben und seine Bindungsangst beschwichtigen kann. Sie zögert, weil sie die Seelenschmerzen, die deshalb auf sie zukommen, bereits ahnt.

Und gerade ihr Zögern macht sie immer reizvoller für ihn. Er beginnt, sie zu idealisieren, und versucht, sie mit seinem umwerfenden Charme und Optimismus von den großen Chancen ihrer Liebe zu überzeugen. Das kann ihm sogar gelingen, vorausgesetzt, sie schminkt sich innerlich rechtzeitig ab, mit ihm eine Familie gründen und auf ewig zusammenbleiben zu wollen.

Am besten, sie haben getrennte Wohnungen oder führen eine Wochenendbeziehung. Das zögert zumindest ihr Ende hinaus. Denn das kommt erst dann, wenn sie ihm seine Seitensprünge sicher nachweisen kann, er sie mit faulen Ausreden abspeist, emotional immer unerreichbarer für sie wird und sie nicht mehr an seinem Leben teilnehmen lässt und nur noch eigene Wege geht. Liebe auf Zeit ist möglich.

Diese Kombi ist schwierig, weil

■ ... er zwar Nähe und Leidenschaft will, aber gleichzeitig die Erhaltung seiner inneren Unabhängigkeit und äußeren Freiheit. Sie will alles oder gar nichts. Seine Seitensprünge sind tiefe Verletzungen für sie, die unheilbare Narben bei ihr hinterlassen.

Diese Kombi ist möglich, wenn

■ ... er sich zu einer geläuterten, disziplinierten Persönlichkeit entwickelt hat, die bereit ist, sich ganz auf sie einzulassen und auf erotische Schleichwege und Affären zu verzichten.

SEIN MOND IM ZUVERLÄSSIGEN WEIBLICHEN STEINBOCK

Unschlagbar

Ihre Gefühlsintensität, ihre Leidenschaft und ihre klare, eindeutige Entscheidung für ihn ermutigen ihn, sich ihr auch vorsichtig emotional zu öffnen. Sie spürt, dass hinter seiner emotionalen Schutzdistanz ein zutiefst verletztes inneres Kind steckt, das sich zwar nach Liebe sehnt, es aber nicht zeigen mag, weil es (unbewusst) glaubt, sie nicht verdient zu haben (belastende Kindheitserfahrungen).

Wenn beide aus Misstrauen auch anfangs subtile gegenseitige Kontrollsysteme entwickeln, wodurch sich ihr persönlicher Freiraum erheblich einengen kann und möglicherweise sogar äußere Abhängigkeiten entstehen, zeigt ihnen die Erfahrung doch, dass sie sich wirklich aufeinander verlassen können.

Wird ihr immer klarer, dass er sie zwar auch begehrt, sie aber im Wesentlichen um ihrer Seele, ihrer Persönlichkeit und ihrer Fähigkeiten willen liebt, unterstützt sie ihn aktiv bei all seinen ehrgeizigen Jobplänen, aber auch bei seinen ehrenamtlichen Engagements für Bedürftige. Sie kämpft mit ihm für seine Ziele, aber auch gegen seine Feinde und erkennt immer mehr die Kraft seiner Persönlichkeit und die Schönheit und Zartheit seiner Seele, die er hinter einem Gefühlspanzer zu schützen und zu verbergen versucht.

Er, der Angst hat, seine Gefühle frei fließen zu lassen, seine Individualität offen zu leben, persönliche Bedürfnisse in den Vordergrund zu stellen, der sich hinter gesellschaftlichen Regeln und Erwartungen versteckt und selbst im Bett zunächst darauf bedacht ist, nicht aus der Rolle zu fallen, wird von ihr »wach geküsst« und »frei geliebt«.

Haben beide erst einmal tiefes gegenseitiges Vertrauen entwickelt, kommt es auch sexuell zu einem außergewöhnlich intensiven, entfesselten Erleben. Dann wird seine Liebe und Treue zu ihr unverbrüchlich und ihre Beziehung unauflösbar. Tolle Chancen für ein unschlagbares Team. Dauerbeziehung und tiefe Liebe möglich.

Diese Kombi ist schwierig, weil

■ ... beide erst einmal ihr inneres Misstrauen überwinden müssen, um sich gegenseitig zu vertrauen und zu erkennen, wie ideal sie zusammenpassen. Außerdem muss er sein blockierendes Psychomuster (Ich bin es nicht wert, geliebt zu werden) auflösen, damit er ihre Liebe überhaupt annehmen kann und sich das gemeinsame Glück gestattet.

Diese Kombi ist möglich, wenn

■ … jeder sich mit seinem zutiefst verletzten inneren Kind auseinandergesetzt hat und sein eigenes Glück nicht mehr durch Fehlverhalten, Angst und Misstrauen blockiert.

SEIN MOND IM FREIHEITSLIEBENDEN MÄNNLICHEN WASSERMANN

Äußerst schwierig!

Er musste aufgrund einer komplizierten Elternsituation in seiner Kindheit seine wahre Identität sowie viele seiner Bedürfnisse, Wünsche und Gefühle unterdrücken. Das führte dazu, dass sein Denken und Handeln völlig von seinem Empfinden und seinen Gefühlen getrennt ist. Gefühle werden möglichst verdrängt. Ihr Leben wird dagegen von Gefühlen überflutet und von Leidenschaften bestimmt, auch wenn sie versucht, sich zu halten und zu beherrschen, um ihre Empfindlichkeit und Verletzbarkeit niemandem zu offenbaren. Durch sie wird er gezwungen, dem zu begegnen, was er am meisten fürchtet, weil er sich damit am wenigsten auseinanderzusetzen wagte: seinen Gefühlen.

Mögliche Folge: Er entlädt seine in der Kindheit unterdrückte Verzweiflung, Wut und seinen Hass jetzt auf sie. Einerseits begehrt er sie, andererseits lehnt er sie ab – weil er unbewusst sich selbst und seine Gefühle ablehnt.

Je leidenschaftlicher er sie lieben, den Eros mit ihr genießen kann, desto mehr verachtet er sie, die ihn dazu bringt. Und wenn er sie heiratet und als Mutter seiner Kinder verehrt, wird es ihm irgendwann unmöglich, mit ihr zu schlafen, weil Sex unbewusst etwas Schmutziges für ihn ist. Die Frau, die er wahrhaft liebt, kann er nicht durch Sex »beflecken« ...

Da ihr diese Hintergründe nicht bewusst sind, stürzt sie in tiefes Leid, fühlt sich minderwertig und abgelehnt. So werden all ihre Liebesgefühle erstickt und durch ihn auf ihre niedrigste Empfindungsstufe zurückverwandelt: in Hass, Zerstörungswut und Rache. Unheilvolle Verstrickung, die natürlich in einem höheren Sinne auch eine Chance für die Entwicklung des Einzelnen ist: weil sie jeden in Kontakt mit Gefühlsebenen in sich selbst bringt, die er sonst unterdrückt und niemals gewandelt hätte. Schicksalsbeziehung mit dramatischen Zerreißproben. Unglaublich aufreibend und anstrengend.

Diese Kombi ist schwierig, weil

■ ... der kritische Spannungsaspekt zwischen ihrer Sonne und seinem Mond auf unüberwindbare Gegensätze und erbitterte Kämpfe hinweist. Keiner kann im anderen sein seelisch-geistiges Zuhause finden.

Diese Kombi ist möglich, wenn

■ ... beide extrem gereifte Persönlichkeiten sind, die sich wegen äußerer Gegebenheiten und Umstände (zum Beispiel Kinder, gemeinsamen Eigentums) und ohne große Erwartungen in ihr gemeinsames Leben fügen, sich nicht mehr erbittert bekämpfen oder leiden. Außerdem sollte jeder genügend Freiräume für ganz eigene Aktivitäten haben.

SEIN MOND IN DEN SEHNSUCHTSVOLLEN WEIBLICHEN FISCHEN

Chance, wenn …

Sie träumt schon bald von der Liebe mit ihm. Er träumt von einer Liebe, die ihn in einen seligen Gefühlsrausch versetzt und ihn über alle persönlichen Bindungen erhebt. Sie verliebt sich in seinen seelenvollen Blick, seinen Charme, sein mitfühlendes Herz, seine Zärtlichkeit, sein Einfühlungsvermögen und, wenn er attraktiv ist, natürlich auch in seinen Körper. Er findet sie auch interessant, anziehend, erregend und sexy, erwartet aber unbewusst von ihrer Liebe, dass sie ihm die Pforten zu himmlischen Sphären öffnet, in denen er von aller Erdenschwere erlöst wird.

Sie spürt schon bald, dass es ihm nicht in erster Linie um sie als Person geht, sondern um die Verliebtheit an sich, durch die er einen Gefühlszustand erreicht, der ihn von allem Persönlichen befreit, der ihn seine Sorgen, Ängste, Seelennöte und Melancholien vergessen lässt. Damit wird sie für ihn austauschbar. Denn wenn die Verliebtheit mit ihr schwindet und die Arbeit der partnerschaftlichen Liebe beginnt, könnte er schnell versuchen, eine andere zu finden, um durch sie wieder in diesen traumseligen Zustand illusionärer Verliebtheit abzuheben, den er braucht, um der für ihn meist unerträglichen rauen Wirklichkeit entfliehen und sich glücklich fühlen zu können.

Sie sind beide hochsensibel, nehmen die kleinsten Regungen des anderen wahr. So fühlt sie sich zwar von keinem so verstanden wie von ihm, erkennt aber schmerzlich, dass er nie so wirklich greifbar für sie ist. Und obwohl er sie emotional tief berührt, fühlt sie sich oft auch irgendwie einsam an seiner Seite.

Ihr Ausweg: Beide gehen einen spirituellen Weg oder pflegen künstlerische Interessen, suchen gemeinsam höhere Ziele, dann entwickelt sich ein Seelenband, das unzerstörbar ist. Bleiben sie allerdings in rein persönlichen Alltagsinteressen stecken, scheitern sie miteinander. Dann flüchtet er in Alkohol oder stürzt sich in Affären, um seine Gefühle wieder wie ein »Süchtiger« in einem immer neuen Rausch zu intensivieren, was irgendwann ihre Liebe tötet. Große Chance, tiefe, wahre Liebe miteinander zu erleben, und große Gefahr, schmerzlichst zu scheitern.

Diese Kombi ist schwierig, weil

■ ... er, obwohl sie sein Herz wirklich tief berührt, um der Tragik menschlicher Einsamkeit zu entkommen, in rauschähnliche Verliebtheiten flüchtet und durch ständige Dreiecksbeziehungen ihre Liebe aufs Spiel setzt.

Diese Kombi ist möglich, wenn

■ ... beide durch Kunst, Meditation oder andere spirituelle Disziplinen und Interessen einen gemeinsamen Weg gehen, der ihre Seelen und Herzen erfüllt.

SIE SONNE IM FEURIGEN MÄNNLICHEN SCHÜTZEN

SEIN MOND IM LEIDENSCHAFTLICHEN MÄNNLICHEN WIDDER

Tolles Paar!

Sie schauen sich in die Augen und sind elektrisiert. Noch eher er auf sie zugehen kann, hat sie ihren »Angriff« gestartet: Diese feurige Amazone raubt ihm den Atem und den Verstand! Sein Temperament, seine Spontaneität und seine Offenheit sind ganz nach ihrem Geschmack. Für beide sind Eros und sinnliche Liebe superwichtig und wesentlicher Antrieb, sich schnell in eine intensive Beziehung zu stürzen.

Beide legen ein rasantes Tempo vor, und jeder knüpft enorme Erwartungen an den anderen, die natürlich nicht immer erfüllt werden können. So erleben sie zwar ungeheure Höhenflüge des Glücks, besonders im Eros, können sich aber auch derart dramatisch streiten, dass die Fetzen nur so fliegen. Zwei Feuerköpfe mit aufbrausendem Temperament, die sich aber auch schnell wieder verzeihen können, sodass die vielen Versöhnungen für ihre Liebe jedes Mal aufs Neue pures Lebenselixier sind und nie Langeweile aufkommen lassen.

Beide wollen Nähe, brauchen aber auch ihren Freiraum. Mit ihrem herrlichen Optimismus zerschlägt sie immer wieder seine Zweifel. Ihre vitale Kraft und ihre Selbstständigkeit ermutigen ihn, sich gefühlsmäßig mehr und mehr auf sie einzulassen, weil sie ihm vermittelt, dass auch sie weitgehend unabhängig bleiben will, nicht klammert. Gemeinsame Reisen und Abenteuer sowie sportliche Wettkämpfe oder künstlerische Aktivitäten (zum Beispiel Malerei, Fotografie) festigen ihre Liebe ebenso wie die vielen Aktivitäten, die jeder unabhängig vom anderen unternimmt. Sie vertrauen sich. Sie haben gemeinsame Freunde und Hobbys, aber jeder hat auch seine eigenen. Sie haben den gleichen Humor, können herrlich miteinander lachen und sich in schweren Stunden wunderbar aufmuntern und helfen. Optimale Glückschancen.

Diese Kombi ist schwierig, weil

■ ... beide sehr ungeduldig sind und keine große Frustrationstoleranz haben, in echten Krisensituationen sich auch mal mit einem Seitensprung trösten könnten, was auch nach der Versöhnung länger an ihnen nagt, als sie dachten.

Diese Kombi ist möglich, wenn

■ ... sie die Abläufe in ihrem gemeinsamen Alltag und in ihrer Partnerschaft so strukturieren, dass diese für keinen zur Dauerbelastung oder lästigen Routine werden, aus der jeder (trotz großer Liebe!) irgendwann ausbrechen würde.

SEIN MOND IM MATERIALISTISCHEN WEIBLICHEN STIER

Totale Gegensätze

Sie will einen mutigen, attraktiven Partner, der mit ihr den Herausforderungen des Lebens trotzt. Sie ist offen, optimistisch, risikobereit. Er sucht Beständigkeit, Ruhe, Harmonie und Geborgenheit in einer Beziehung. Sie ist schnell, feurig, ungestüm, er erdenschwer, langsam, zärtlich und beharrlich. Während sie nach Liebe und Freiheit schreit, fordert er Liebe und Sicherheit. Sie ist großzügig, tolerant, flexibel, er sparsam, stur, vereinnahmend, will alles kontrollieren. Im Eros treffen sie sich noch am ehesten. Lässt sie ihm genug Zeit, verführt ihn geduldig und liebevoll mit ihren betörenden Parfums, mit aphrodisierendem, herrlichem Essen und berauschendem Wein, können ihre Sinne sie in den siebten Himmel tragen, und sie erleben – zumindest zeitweise – das große Glück!

Droht sie ihm aber über den Kopf zu wachsen und immer selbstständiger und eigenmächtiger zu handeln, versucht er, die Notbremse zu ziehen, zum Beispiel indem er versucht, sie finanziell abhängig zu machen. Sie lässt sich nichts gefallen, protestiert sofort, wenn er sie unter Druck setzt, fordert ihre Rechte. Versucht er weiterhin, sie an die kurze Leine zu legen und zu beherrschen, bricht sie aus. Er ist ihrer vitalen Kraft und ihrem stürmischen Temperament nicht gewachsen und wirft (zumindest innerlich) das Handtuch.

Dann macht er sich heimlich auf die Suche nach einer Nebenfrau, an die er sich genauso eng und dauerhaft binden kann wie an seine offizielle Partnerin, an der er selbst bei völliger Aussichtslosigkeit eisern festhält. *Das größte Problem der beiden:* Während sie eine leidenschaftliche Idealistin ist, sich für Kunst und Philosophie interessiert, sich für höhere Ziele engagiert und sich mit Gleichgesinnten austauschen möchte, ist er ein bodenständiger, schwerblütiger und materialistischer Mensch, der an seinen einmal gefassten Meinungen und Weltanschauungen starr festhält. Außerdem muss er erst lernen, dass geistige Werte kostbarer sind als alle materiellen. Unvereinbare Gegensätze – glückloses Paar.

Diese Kombi ist schwierig, weil

■ … beide nicht nur grundverschiedene Charaktere und Weltanschauungen haben, sondern auch in völlig entgegengesetzte Richtungen streben. Er will Ruhe, Sicherheit, Kontrolle und Geld. Sie will Lebendigkeit, Abenteuer, Freiheit und Erfüllung. Aussichtslos.

Diese Kombi ist möglich, wenn

■ … beide in ihren persönlichen Horoskopen ausgleichende Konstellationen haben, die ihm mehr Feuer, Toleranz und Leichtigkeit verleihen und ihr mehr Bodenhaftung, Solidität und innere Ruhe geben.

SEIN MOND IN DEN UNVERBINDLICHEN MÄNNLICHEN ZWILLINGEN

Super, aber …

Sie haben sofort einen heißen Draht zueinander! Er ist genau der Richtige, der sie nach einer gescheiterten Beziehung wieder aufbaut: ein intelligenter, amüsanter Gesprächspartner, mit dem sie herrlich flirten und lachen kann und der mit seiner inneren Distanz und Heiterkeit Schwierigkeiten und Probleme des Lebens mit Humor meistert. Gewitzt und schlagfertig fordert er sie zum verbalen Schlagabtausch heraus, bringt sie zum Lachen, auf gute Gedanken und dadurch so richtig in Stimmung. Obwohl ihre Begegnung unverbindlich und fröhlich beginnt, kann ganz plötzlich der Funke überspringen. Während sie dann noch ungebremster und hemmungsloser auf ihn losstürmt, erfasst ihn die Panik vor so viel Feuer, Leidenschaft und Nähe. Das plötzliche Aufbrechen seiner eigenen starken Gefühle, die sie in ihm auslöst, setzt ihn derart unter Spannung und Druck, dass er fürchtet, sein Verstand könnte nun völlig die Kontrolle verlieren. Jetzt kommt es darauf an, dass sie Geduld und Verständnis aufbringt, ihn nicht gleich »verschlingt«, mit Forderungen bedrängt und mit Ansprüchen überfordert.

Beide sind neugierig auf das Leben, offen für Abenteuer und Veränderungen und ergänzen sich ideal. Jeder braucht ein großes Maß an Freiheit und hat nichts dagegen, wenn der andere auch mal Entscheidungen im Alleingang trifft, mal eigene Wege geht.

Eine verbindliche, tiefe, enge und leidenschaftliche Liebesbeziehung auf Dauer ist für ihn extrem schwierig. Wenn er seine Angst vor Gefühlen, Nähe und Bindung nicht überwindet, wird sich ihre Beziehung schnell in Richtung Freundschaft entwickeln, zumal er sich ihrem starken erotischen Feuer nicht gewachsen fühlt. Erfährt sie dann plötzlich von seinen Seitensprüngen, versteht sie die Welt nicht mehr und muss tief verletzt erkennen, dass ihm unverbindliche Bekanntschaften, ein bisschen Sex und gelegentliche Treffen emotional völlig reichen, sogar eigentlich viel lieber sind.

Diese Kombi ist schwierig, weil

■ … sie ihm psychisch und vital weit überlegen ist und er Angst hat, ihrem leidenschaftlichen Temperament und ihren hohen Ansprüchen nicht gerecht werden zu können. *Außerdem:* Beide wollen Liebe, aber auch große Freiräume – wobei ihm seine Freiheit sogar über alles andere geht.

Diese Kombi ist möglich, wenn

■ ... beide sich gegenseitig tolerant und großzügig Freiräume zugestehen, aber keiner das so weit ausnutzt, dass er den anderen verletzt oder beide sich durch zu viele Trennungen (geschäftliche Auslandsaufenthalte, zu viele getrennte Reisen) aus den Augen verlieren. Außerdem muss er lernen, sein Herz noch viel mehr für die Liebe und dann auch für echte Nähe zu öffnen.

SEIN MOND IM STIMMUNGSABHÄNGIGEN WEIBLICHEN KREBS

Geht, wenn ...

Er hat ein ungeheuer großes Bedürfnis nach Liebe und Geborgenheit, das sich auch schon außerhalb einer Beziehung in enormem Leistungswillen, ungeheurer Ausdauer und starkem Bemühen um Anerkennung ausdrückt. Ihre Begeisterungsfähigkeit – auch für ihn –, ihr unzerstörbarer Optimismus und die Fähigkeit, selbst in schwierigsten Situationen immer noch einen Ausweg zu finden, faszinieren und entzücken ihn total. Sie schätzt seine einfühlsame Art, seine Zärtlichkeit und Ruhe und mag es, wenn er so aufmerksam und begeistert an ihren Lippen hängt, ihr zustimmt, sie in ihren Absichten bestärkt und sich wie ein kleiner Junge von ihrer Lebenslust anstecken lässt. Er braucht sie, obwohl ihn ihr überschäumendes Temperament auch mal erschrecken kann.

Sie hat Probleme mit seinen Stimmungsschwankungen, Launen und Empfindlichkeiten und hat überhaupt kein

Verständnis, wenn er emotional gebremst, miesepetrig und sogar aggressiv reagiert, ausgerechnet dann, wenn sie ihn mit einem Geschenk überrascht oder ihm eine Freude macht. *Der tief verwurzelte Grund dafür:* Er hat starke Minderwertigkeitskomplexe, glaubt, wenn sie ihn so gut behandelt, es doch eigentlich gar nicht verdient zu haben, und »bestraft« sie dafür, dass ihm durch ihre liebevolle Geste seine eigene Unvollkommenheit und Schwäche so klar vor Augen geführt wird. Sie begreift die Welt nicht mehr und schon gar nicht ihn und fühlt sich vor den Kopf gestoßen.

Ein weiteres Problem: Beide haben hohe Ansprüche an das Leben und den Partner, ertragen selbst aber keine Kritik. Sie protestiert laut, wenn er an ihrem Lack kratzt. Er zieht sich untröstlich und tödlich beleidigt in sein Schneckenhaus zurück. Schließlich treiben seine Launen und seine Unfähigkeit, sich ihr zu öffnen und sich zu erklären, sie immer öfter aus dem Haus. Er leidet und lässt sich von anderen Frauen trösten, während sie auch schon wieder heftig flirtet und ganz andere im Auge hat.

Sie können sich nur arrangieren, wenn jeder dem anderen große Freiheiten zugesteht. Ständige zermürbende Auseinandersetzungen und völliges Unverständnis füreinander bringen die Beziehung in den meisten Fällen letztlich doch zum Scheitern.

Diese Kombi ist schwierig, weil

■ ... ihr Feuer, ihre Stärke, ihre Überlegenheit und ihre gute Laune in einem allzu krassen Gegensatz zu seiner Überempfindlichkeit, seinen Stimmungstiefs und seiner emotionalen Schwäche stehen. Er fühlt sich ihr nicht gewachsen, und sie erträgt weder seine Launen noch sein Selbstmitleid.

Diese Kombi ist möglich, wenn

■ … er sich von ihrem Temperament, ihrem Schwung und ihrem Optimismus mitreißen lässt, ihren spontanen, abenteuerlichen Unternehmungen und Reisen nicht im Weg steht und sie ihn liebevoll und fürsorglich umsorgt, auch wenn er nicht immer der anregende Gesprächspartner und aufregende Liebhaber ist, den sie sich erträumt.

SEIN MOND IM EROTISCHEN MÄNNLICHEN LÖWEN

Wahre Liebe

Schicksalhaft! Liebe auf den ersten Blick! Beide sind begeisterungsfähige, feurige Temperamente und sofort fasziniert voneinander! Sie spüren, dass eine höhere Macht sie zusammengeführt hat und dass sie sich mit jedem Schritt, den sie aufeinander zugehen, dem großen Glück nähern.

Gut möglich, dass beide, die sonst so ungestüm und temperamentvoll auf ihre Eroberungen losstürmen, plötzlich wie gelähmt, wort- und atemlos voreinander stehen, weil die Liebe nicht nur ihre Sinne, ihr Herz, sondern auch die Tiefe ihrer Seelen berührt. Völlig überwältigt gehen sie, die sonst immer so spontan, direkt und offen sind, erst einmal fast schüchtern miteinander um.

Wie im Vollrausch genießen sie die körperliche Liebe miteinander und erleben eine erotische Erfüllung, von der sie bisher nur geträumt haben. Sehnsüchtig und hingebungsvoll genießen sie ihr Glück und haben beide nur noch das Bedürfnis, sich ganz und gar mit dem anderen zu verbinden, um im Einssein mit ihm die noch unentwickelten Seiten in sich selbst zu entdecken und zu entfalten. Im engen Zusammenleben wird ihnen schnell bewusst, wie sehr sie gegenseitig ihr seelisches und geistiges Wachstum fördern, und deshalb kann sich jeder dem anderen so vertrauensvoll hingeben und emotional »ausliefern«.

Nichts ist erregender und tief greifender in ihrer Beziehung, als wenn er von ihr (und umgekehrt) lernt, genau die unbekannten schönen Seiten seiner Persönlichkeit zu entwickeln, der er sich ohne sie noch nicht bewusst war. Dafür lieben sie einander ganz besonders, fühlen sich schicksalhaft zusammengeführt und zutiefst verbunden.

Auch wenn es Höhen und Tiefen in ihrer Beziehung gibt: Sie haben die Chance auf eine erfüllte, lebendige Partnerschaft bis ins hohe Alter, die die Entwicklung beider fördert und immer wieder so viel Glück in ihr Leben »pustet«, wovon andere nur träumen können. Große Chance auf wahre Liebe.

Diese Kombi ist schwierig, weil

■ ... beide Probleme oft nicht distanziert und realistisch genug betrachten, zu vorschnell, ungeduldig und aufbrausend reagieren und keiner wirklich kritikfähig ist.

Diese Kombi ist möglich, wenn

■ ... jeder tolerant auf die Schwächen des anderen reagiert, beide darauf achten, dass keine zerstörerischen Elemente von außen (Neider!) in ihre Beziehung einbrechen können, sie ihre Liebe schützen, feiern und immer frei fließen lassen.

SEIN MOND IN DER
MIMOSENHAFTEN
WEIBLICHEN JUNGFRAU

Zu fremd

Ihr ungeheures Feuer, ihre vitale Lebenskraft und ihr rasantes Tempo üben zwar einen großen Reiz auf ihn aus, machen ihm aber auch Angst. Sie bringt reichlich Leben in seine strukturierte Welt, mischt seine sonst so kontrollierten Gefühle gewaltig auf. Er versucht, den Alltag zu strukturieren, ihr feuriges Temperament in den Griff zu bekommen. Völlig hoffnungslos. Sie spielt zwar gern die erste Geige, gibt den Ton an und bestimmt die Richtung, ist aber bald genervt, weil er so zurückgenommen, still und passiv bleibt. Egal wie sehr sie ihn zu begeistern und mitzureißen versucht, er bleibt abwartend, nüchtern und sachlich und wird ihr bald zu langweilig. Ihm ist sie viel zu aufregend und anstrengend. Er schreckt jedes Mal hoch, wenn sie mit neuen Ideen kommt, hasst die Unruhe, die sie verbreitet. Und sie verzweifelt geradezu daran, wenn er keinen Sinn für ihre »genialen« Ideen hat.

Sie bewirtet großzügig Freunde, sorgt für anregenden Gesprächsstoff und amüsante Unterhaltung, während er nur dasitzt und aufpasst, dass die Aschenbecher geleert werden und niemand einen Fleck aufs Sofa macht. Sie führt ihm zwar vor, wie dynamisch, mutig und humorvoll man das Leben meistern kann, aber er schaut nur stumm und staunend zu. Spätestens wenn er ihr kleinlich vorrechnet, dass sie mal wieder zu viel Geld ausgegeben hat, sie eindringlich auf die nächsten Sonderangebote einzuschwören versucht und ihr seine Pläne für einen neuen Sparvertrag unterbreitet, während sie von einer Weltreise träumt, rastet sie aus. Seine Humorlosigkeit und seine übermäßige Vernunft, seine ständigen Einwände (»Ja, aber ...«) und sein Geiz lähmen sie – vor allem wenn er zwar von ihrer Power und seelischen Kraft profitiert, sie aber, wenn es darauf ankommt, nicht ernst nimmt, nur weil sie die Regeln seines Wertesystems nicht beherrscht und übernehmen will. Superschwierige Kombi. Nur wenn jeder bereit ist, umzudenken und eine völlig fremde Welt zu akzeptieren, gibt es vielleicht eine langsame, kleine Annäherung, die aber für eine zufriedenstellende Dauerbeziehung niemals ausreicht.

Diese Kombi ist schwierig, weil

■ ... jeder den anderen in seiner Entwicklung nur bremst, behindert und ihm Anlass zu Ärger und Aufregung gibt. Sie sind beide nicht nur zu unterschiedlich, sodass sie sich nicht verstehen, sondern können sich im Grunde auch gar nicht leiden.

Diese Kombi ist möglich, wenn

■ ... sie statt Liebe eine unverbindliche Freundschaft eingehen, in der jeder die Schwäche des anderen nicht so verbissen sieht, ihm seine Fehler nicht kleinlich unter die Nase reibt, sondern jeder die Stärke des anderen für sich nutzen lernt.

*SEIN MOND IN DER
UNVERBINDLICHEN
MÄNNLICHEN WAAGE*

Viel Freiheit

Ihr strahlender Auftritt, ihr Humor und ihr feuriges Temperament hauen ihn um. Ihrer schillernden, faszinierenden Persönlichkeit kann er sich nicht entziehen. Er bietet seinen ganzen Charme auf und zieht alle Register, um sie zu beeindrucken und zu erobern. Sie ist hingerissen von seiner Liebenswürdigkeit, seiner Intelligenz, seinem Styling und seiner Fantasie. Sie können sich stundenlang unterhalten, ohne dass es ihnen langweilig wird. Beide haben (meistens) eine künstlerische Ader und können tagelang durch Museen, Foto- oder Gemäldegalerien laufen. Wird ihm allerdings klar, dass sie auf ein Liebesgeständnis von ihm wartet und er sich eindeutig für sie entscheiden soll, sucht er so lange nach Ausflüchten, bis sie an seinen Gefühlen zu zweifeln beginnt.

Irgendwann erkennt sie, dass seine nervöse Unruhe, seine extremen Stimmungsschwankungen, sein Wankelmut und seine Entscheidungsschwierigkeiten tiefe emotionale Berührungen fast unmöglich machen. Er fühlt sich stark zu ihr hingezogen, hat aber gerade deshalb (unbewusst) Angst, sich wirklich auf sie einzulassen, und versucht, seine wahren Gefühle für sie zu verdrängen. Je mehr Nähe er zu ihr spürt, desto mehr versucht er, ihr zu entkommen, aus Panik, ihr ausgeliefert zu sein: Denn sie kommt seiner Sehnsucht nach Schönheit, Harmonie, Eros und dem Außergewöhnlichen am nächsten.

Ihre gemeinsame Chance: Sie ist eine selbstständige und starke Frau, die ihre Freiheit braucht, viele eigene Freunde hat, mit denen sie gern etwas unternimmt, unabhängig von ihm. Wenn sie sich gegenseitig genügend Spielraum und Freiheiten für eigene Interessen lassen, sich immer wieder eine Auszeit voneinander gewähren, könnte es mit ihnen gut gehen. Möglich, dass sie dabei mal auf erotische Abwege geraten, aber die können sie sich möglicherweise verzeihen. Je toleranter und großzügiger sie sich Freiräume zugestehen, desto mehr können sie auch wieder Gemeinsamkeit und Nähe genießen und desto stabiler wird ihre Beziehung.

Diese Kombi ist schwierig, weil

■ ... sie sehr dominant und bestimmend ist und er sich von ihr überrollt und überfordert fühlen könnte. Ihre brennende Leidenschaft und ihr stürmisches Wesen machen ihm Angst. Seine emotionale Unberührbarkeit kann für ihr feuriges Naturell problematisch werden. Gestehen sie sich zu große Freiheiten zu, könnten beide leicht mal über die Stränge schlagen.

Diese Kombi ist möglich, wenn

■ ... sie sich in ihren Absichten und Plänen stets gut aufeinander abstimmen, jeder unabhängig vom anderen eigene Interessen verfolgen und auch eigene Freundschaften pflegen kann.

SEIN MOND IM MISSTRAUISCHEN WEIBLICHEN SKORPION

Machtkämpfe

Sie ist feurig, offen, überschäumend, direkt, er ist ruhig, verschlossen, geheimniskrämerisch und empfindsam. Sie braucht ihre Freiräume, er will Kontrolle. Ihre Selbstständigkeit und ihre Stärke jagen ihm Angst ein, denn er will Macht über sie gewinnen. Allerdings nur, um kluge Strategien entwickeln zu können, mit denen er lediglich verhindern will, dass sie ihn verlässt. Solche hintergründigen und manipulativen »Spielchen« zünden aber nicht bei ihr. Sie setzt alles daran, um sich ihre Unabbhängigkeit und ihre Freiheiten zu erhalten, denn sie erträgt keine Abhängigkeit. Beide wollen dominieren und die Richtung bestimmen. Da sind erbitterte Kämpfe vorprogrammiert.

Ihre Beziehung ist dennoch – oder gerade wegen der brisanten Spannung – höchst erotisch. Sie ist direkt, rechthaberisch und laut, er strategisch, vorsichtig und sehr verletzbar. Ihre Wut verraucht schnell, er legt seinen Zorn auf Eis.

Aber sie lässt sich von ihm nicht kleinkriegen und holt sich zur Not Verstärkung von ihren Freunden, denen sie ihre Beziehungsprobleme ohne Hemmungen anvertraut, mit denen sie sich bespricht und sich Rat holt. Das passt ihm nun gar nicht – er kocht vor Wut, fühlt sich unverstanden, verraten und zieht sich leidend immer mehr in sich selbst zurück und »bestraft« sie mit eisigem Schweigen und Ignoranz.

Unbewusst hat er sich allerdings genau die Partnerin gesucht, die sich seine Unterdrückungsmechanismen nicht gefallen lässt, den Spieß eher umdreht und ihn zum Sündenbock macht. So erfährt er die »Bestrafung«, die er unbewusst glaubt, verdient zu haben. Sie hält das Theater mit ihm aber auf Dauer nicht aus und sucht ihr Glück irgendwann bei einem anderen. *Ihre Beziehung kann aber trotzdem zu etwas gut sein:* Jeder lernt durch die Schwierigkeiten, die er mit dem anderen hat, etwas Wichtiges über sich selbst und das Leben. Wenn sie das erkennen, können sie sich auch verzeihen und zumindest Freunde bleiben.

Diese Kombi ist schwierig, weil

■ ... er misstrauisch, geheimniskrämerisch und verschlossen ist und sie offen, direkt und eher naiv. Er hat eine äußerst komplizierte Psyche, die sie nicht durchdringen kann, was ihr auch zu mühselig wäre. Ihre ungestüme Leidenschaft und ihr Freiheitsdrang machen ihm Angst, und sie kann seine eifersüchtigen Kontrollen nicht ertragen.

Diese Kombi ist möglich, wenn

■ ... beide einsehen, dass sie zwar viel voneinander lernen können, ihre Beziehung aber im besten Fall nur eine Freundschaft bleiben kann.

SEIN MOND IM LEIDENSCHAFTLICHEN MÄNNLICHEN SCHÜTZEN

Die Erfüllung

Haben beide schon Erfahrungen mit anderen Partnern gemacht, ihren Eroberungsdrang sowie das Bedürfnis, sich ständig neu beweisen zu müssen, überwunden, kann ihre Begegnung ihnen die größte Liebe ihres Lebens bringen!

Beide sind leidenschaftliche, begeisterungsfähige Optimisten, jeder erkennt im anderen die eigenen Stärken und Schwächen, und sie können, wenn sie sich streiten, schon bald wieder herrlich darüber lachen. Jeder gesteht dem anderen die Freiheiten zu, die er braucht, bestätigt, fördert und bestärkt ihn in seinen Fähigkeiten und Talenten. Andererseits regt sich jeder gerade beim anderen am meisten über Verhaltensweisen auf, die er selbst noch nicht in den Griff bekommen hat, zum Beispiel Rechthaberei, Unzuverlässigkeit, Nervosität und Unbeständigkeit. Jeder macht dem anderen dann Vorwürfe, die eigentlich ihm selbst gelten (Projektion).

Durch das gegenseitige Verzeihen und die Liebe zum anderen söhnt sich jeder gleichzeitig mit seinen eigenen Schwächen und Fehlern aus, versteht sich selbst immer besser und kann sich auch besser annehmen. *Folge:* Stärkung des Selbstvertrauens.

Mehr und mehr geben sie sich gegenseitig etwas von dem, was in jedem lebendig ist – von ihrer Freude, von ihrem Interesse, von ihrer Stärke, ihrem Humor, ihrer Traurigkeit –, und steigern dadurch ihr Gefühl des Lebendigseins. Jeder wird fähig, dem anderen etwas zu geben, was wieder auf ihn zurückstrahlt. So erzeugt ihre Liebe seine und seine Liebe ihre. Das bedeutet große gegenseitige Fürsorge, tiefes Verständnis und hohe Achtung voreinander. Da beide höhere Ziele im Leben und große Übereinstimmungen im Charakter haben, können sie kleinere persönliche Probleme leichter überwinden. Diese Liebe kann für beide die Erfüllung ihres Lebens werden.

Diese Kombi ist schwierig, weil

■ … alles so reibungslos und beglückend verläuft, dass die gegenseitigen Ansprüche aneinander manchmal überzogen hoch sind. Mit Krisen und längeren Flauten können beide nicht so gut umgehen und klarkommen.

Diese Kombi ist möglich, wenn

■ … sie ihre Schwächen (Rechthaberei, Leichtsinn und mangelnde Disziplin) immer besser in den Griff bekommen.

SEIN MOND IM BEHARRLICHEN WEIBLICHEN STEINBOCK

Zu verschieden

Sie reist durch die Welt, er hütet Haus und Garten und achtet eisern darauf, dass er durch unermüdlichen Fleiß seine berufliche Position und seine materielle Existenz sichert. Sie will fremde Länder, Völker und Kulturen kennenlernen, braucht vielseitige Kontakte, regen Gedankenaustausch und ständig neue Lebensreize – er bastelt immer nur an seiner Karriere. Denn er braucht Herausforderungen, absolute Sicherheit, Erfolge und Anerkennung, um sich seelisch wohlzufühlen. Gut möglich, dass sie sich nur auf ihn einlässt, weil sie, nach einer nervenaufreibenden Beziehung, Ruhe und Geborgenheit bei ihm sucht. Aber auch wenn sie ihm offen ihre Gefühle zeigt, wird sie seine tief verwurzelten Kontakt- und Näheängste, den eisernen Schutzwall um seine Gefühle, kaum überwinden.

Er braucht viel Zeit, um sich emotional wirklich für eine Beziehung zu öffnen. Ihre direkte, spontane Art sowie ihr stürmisches Temperament verstärken eher noch sein Misstrauen, seine pure Angst vor offenen Gesprächen und der

Auseinandersetzung mit den Gefühlen, die sie bei ihm mobilisiert. Er lauscht zwar gerne ihren abenteuerlichen Reisegeschichten oder organisiert ihr eine Ausstellung in einer Galerie, die ihre schöne Fotoserie oder ihre gemalten Bilder präsentiert, aber ihre Seele bleibt ihm trotzdem fremd.

Und auch wenn er sich von ihr sexuell verführen lässt, sie jederzeit hundertprozentig auf ihn zählen kann: Sie können die besten Freunde werden, aber auf Dauer kein glückliches Liebespaar.

Pflichtbewusst würde er sie heiraten, wenn sie schwanger von ihm wird, und an der Beziehung festhalten, auch wenn er selbst längst weiß, dass ihre Charaktere und Lebensziele unvereinbar sind. Er fühlt sich an Traditionen gebunden, sie ist freiheitsliebend und völlig unkonventionell. Letztlich sind beide zu unterschiedlich, um wirklich glücklich miteinander zu werden.

Diese Kombi ist schwierig, weil

■ ... seine erdige Schwerblütigkeit und seine emotionale Verschlossenheit ihr jeden Anreiz nehmen, ihn für ihre feurige Liebe und ein gemeinsames Leben aufzureißen. Er schreckt vor ihrem Temperament, ihrer unberechenbaren Spontaneität und ihrer ungestümen Leidenschaft ängstlich zurück.

Diese Kombi ist möglich, wenn

■ ... er ihr für kurze Zeit seine starke Schulter zum Ausruhen schenkt und sie ihn zu etwas feuriger Leidenschaft verführt. Ehe ungewollt große Verletzungen und Verstrickungen beginnen, sollten sich dann beide in Frieden wieder freilassen, sich dankbar und freundschaftlich verbunden bleiben.

SEIN MOND IM INDIVIDUALISTISCHEN MÄNNLICHEN WASSERMANN

Zweimal lange Leine

Sie ist zwar stürmisch und temperamentvoll und fängt sofort Feuer, wenn er seinen Charme spielen lässt und seinen intelligenten Humor versprüht, hat aber den Kopf voller eigener Ideen und Reisepläne (zum Beispiel mit Freunden), von denen sie sich auch durch ihn niemals abbringen lässt. Sie gibt ihm das Gefühl, neben und mit ihr frei zu bleiben und auch gefühlsmäßig nicht vollkommen vereinnahmt zu werden, sondern seine emotionale Schutzdistanz aufrechterhalten zu können. Beide lieben ihr nächtelanges Philosophieren, ihre nie langweilig werdenden Gespräche, schätzen die Toleranz, Fantasie und Intelligenz des Partners und lassen sich gegenseitig die lange Leine.

Solange jeder seine eigene Welt behält, eigene Freunde wie Hobbys, und sein Wohlergehen nicht von der Beziehung abhängig macht, können sie in großer Harmonie miteinander leben. Ihm, der regelrechte Anfälle von Platzangst bekommt, wenn eine Frau ihm zu nahekommt und an die kurze Leine legen will, kommt ihre Reiselust, ihre innere und äußere Selbstständigkeit sehr entgegen. So kann ihre Beziehung jahrelang halten, während beide in unterschiedlichen Städten arbeiten oder leben und wenn es nur unregelmäßige Phasen engen Zusammenlebens gibt. Im Eros klappt es nur, wenn er ihrer feurigen Leidenschaft gewachsen ist und sie bereit ist, extravagante erotische Fantasien mit ihm auszuleben.

Ihr Problem: Beide haben Schwierigkeiten mit Routine und Alltag, keine Lust auf lästige Pflichtprogramme, keinen Sinn fürs Banale. So bleiben zum Beispiel Rechnungen wochenlang liegen oder der Garten verwildert völlig. Da beide ein eigenes, sehr lebendiges Innenleben haben und jeder unzählige eigene Freunde und vielfältige Abwechslung im Alltag hat, kann die Beziehung gelingen. Viele Gefahren (zum Beispiel One-Night-Stands, Affären), aber auch harmonische, stabilisierende Übereinstimmungen.

Diese Kombi ist schwierig, weil

■ ... sie trotz harmonischem Sonne-Mond-Kontakt in einem Punkt stark voneinander abweichen: Sie ist feurig, will leidenschaftliche körperliche und seelische Nähe, und er ist gefühlsgehemmt, ringt immer um den für ihn nötigen emotionalen Abstand.

Diese Kombi ist möglich, wenn

■ ... jeder dem anderen die lange Leine lässt, ihn nicht kontrolliert oder zu stark kritisiert. Sie sollte an ihrem Drang, dominieren zu wollen, und er an seiner Unfähigkeit, Gefühle frei fließen zu lassen, arbeiten.

SEIN MOND IN DEN SEHNSUCHTSVOLLEN WEIBLICHEN FISCHEN

Null Glück

Seine tiefen Sehnsüchte und enormen emotionalen Bedürfnisse sind nicht durch persönliche Kontakte zu stillen – auch nicht durch eine Liebesbeziehung. Sie, die sich so leidenschaftlich in die Liebe stürzt, den Eros als Rausch erlebt, fühlt sich von ihm völlig unverstanden, irgendwie sogar um ihr Glück betrogen. Wenn er nicht schon von vornherein vor ihr in Deckung geht, lässt er ihre ungestümen, feurigen und temperamentvollen Annäherungsversuche so gut wie er kann ins Leere laufen, denn die überfordern ihn total! Kommt es doch zu einer Beziehung, wird diese für ihn zur qualvollen Hölle. Er bleibt nur aus Mangel an Selbstbewusstsein, Stärke und Eigeninitiative bei ihr, wird immer unglücklicher und hysterischer aus Angst, von ihr geradezu »verschlungen« zu werden.

Sie wünscht sich eigentlich einen gestandenen Partner für ein aufregendes, schönes Leben, der mit ihr reist, sich immer neuen Herausforderungen stellt, Abenteuer besteht und hohe Ideale anstrebt. Er fühlt sich der desillusionierenden, rauen Wirklichkeit nicht gewachsen, hat keinen ausgeprägten Ehrgeiz und wenig Interesse an materiellem Wohlstand und flüchtet, auch vor ihr, in seine illusionären Gefühlswelten und muss sich aus seinen »himmlischen« Sphären immer wieder mühselig den Weg auf die Erde bahnen.

So, wie sie begeistert um die Welt reist, reist er am liebsten in seine Träume. Beide haben kaum Chancen, sich seelisch wirklich zu berühren. Sie hält es in den meisten Fällen höchstens für kurze Zeit mit ihm aus. Und das auch nur, wenn sie aufgrund einer schwierigen Vaterbeziehung grundsätzlich Bindungsprobleme hat und sich unbewusst durch ihn mal wieder bestätigt, dass Liebesbeziehungen keinen Sinn haben, ihr kein Glück bringen. Er fühlt sich von ihr völlig unverstanden, leidet an ihrer Seite, fällt in Depressionen, betäubt sich mit Alkohol oder flüchtet in eine Dreiecksbeziehung mit der Illusion, dass er mit einer neuen Partnerin vielleicht doch noch das himmlische Glück auf dieser für ihn so ernüchternden Erde spüren kann. Glücksfaktor (fast) null.

Diese Kombi ist schwierig, weil

■ … der kritische Spannungsaspekt zwischen ihrer Sonne und seinem Mond auf unüberwindbar krasse Gegensätze im seelisch-geistigen Bereich hinweist. Während sie eine optimistische, aktive Feuer-Frau ist, die sich mutig den Herausforderungen und Abenteuern des Lebens stellt, ist er innerlich eher auf dem Rückzug von der für ihn rauen, desillusionierenden Welt. Zwei Fremde, die sich höchstens für kurze Zeit berühren und inspirieren können.

Diese Kombi ist möglich, wenn

■ … ihre persönlichen Horoskope durch andere astrologische Konstellationen als ihr äußerst kritischer Sonne-Mond-Kontakt attraktive Resonanzen und Übereinstimmungen haben, sodass sich dadurch mehr förderliche Berührungspunkte im Leben für sie ergeben.

SIE SONNE IM EHRGEIZIGEN WEIBLICHEN STEINBOCK

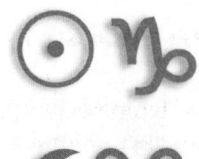

SEIN MOND IM FEURIGEN MÄNNLICHEN WIDDER

Passt nicht!

Ist sie jung, kann er sie mit seinem feurigen Temperament und Charisma im Sturm erobern, auch (oder gerade) wenn er ein gutes Stück älter ist. In ihrem Verhältnis zu Männern ist sie durch eine schwierige Vaterbeziehung geprägt. Entweder war der Vater in ihrer Kindheit zu selten oder gar nicht anwesend oder er konnte ihr nicht die Wärme und Aufmerksamkeit geben, die sie gebraucht hätte, um Vertrauen zu sich selbst und Zutrauen zu einem Partner zu entwickeln. Aus der tief verwurzelten Angst vor emotionaler Verletzung (besonders vor dem Verlassenwerden) treibt ihr Unterbewusstsein sie oft in Beziehungen zu Partnern, die, wie er, einfach nicht zu ihr passen: Dadurch können sie sie einerseits seelisch nicht zu tief berühren und auch nicht verletzen, andererseits bestätigt sich, entsprechend ihrer Prägung, für sie jedes Mal wieder die Urerfahrung, dass Männer ihr kein Glück bringen.

Sein impulsiver Widder-Mond steht in höchst kritischer Spannung zu ihrer gefühlsgehemmten Steinbock-Sonne: Als aufbrausender Kurzstreckenläufer ist er ihren hohen Ansprüchen nicht gewachsen. Ihre gnadenlos strenge Kritik und ihr abkanzelnder, kommandierender Tonfall lähmen ihn und stoßen ihn geradezu ab.

Ihre Beziehung ist auf Dauer zum Scheitern verurteilt. Sie will eine feste Bindung mit einem treuen, ehrgeizigen Partner, mit dem sie etwas aufbauen kann, der ähnliche

Ziele hat wie sie, ihr Sicherheit und emotionale Geborgenheit gibt. Er ist ein unabhängiger Freigeist mit ungestümem Temperament, der sich nicht einschränken und bändigen lässt, sondern macht, was er will. Für diesen »Easy Rider der Liebe« sind ihre ständigen Kontrollen und ihr ängstliches Klammern reine Freiheitsberaubung.

Einzig mögliche Chance: Sie ist älter und reifer als er, beruflich und materiell etabliert und genießt die erotische Liebe und alles, was sie sonst noch verbindet, so gut und so lange mit ihm, wie es geht, und er ist bereit, von ihrer Lebenserfahrung zu lernen und sich anzupassen. Schwierige, (fast) aussichtslose Kombination.

Diese Kombi ist schwierig, weil

■ … sie in ständiger (berechtigter) Angst lebt, von ihm betrogen oder verlassen zu werden, und er ihren ehrgeizigen Ansprüchen in keiner Weise gewachsen ist.

Diese Kombi ist möglich, wenn

■ … beide getrennt leben, sich selten sehen oder sich zumindest im Beruf oder Geschäft ergänzen. Keiner sollte Anspruch auf eine enge Dauerbeziehung an den anderen stellen.

SEIN MOND IM BEHARRLICHEN WEIBLICHEN STIER

Tun sich gut

Sie entspricht vollkommen seinen Vorstellungen und erfüllt zu hundert Prozent die Wünsche und Ansprüche, die er an eine Lebenspartnerin hat: Ihr kann er voll und ganz vertrauen, auf sie kann er sich absolut verlassen. Bei ihr weiß er sein Geld in guten Händen, auf sie kann er selbst in größter Not immer wieder bauen, sich ihrer Treue ganz sicher sein. Beide sind erdverbunden, praktisch und realistisch, ergänzen sich in ihren Lebenszielen. Dabei achtet sie darauf, dass er nicht zu verkrampft, ängstlich und starr am Althergebrachten festhält, und unterstützt ihn, wenn er, der krasse Materialist, über sich hinauswächst, indem er sich zum Beispiel uneigennützig für Bedürftige einsetzt. Dadurch steigt er ernorm in ihrer Achtung, und erst wenn sie ihn wirklich schätzen kann, kann sie ihn auch lieben.

Sein charmanter Mutterwitz und sein deftiger Humor nehmen ihr etwas von ihrer Erdenschwere, lockern ihr fast verbissenes Pflichtbewusstsein und ihren zwanghaften Ehrgeiz etwas auf, mit dem sie (unbewusst) noch heute ihrem Vater beweisen will, dass sie etwas kann und doch auch liebenswert ist.

Sie kann ihm helfen, allzu egoistische Interessen zu überwinden, die ihn in seiner geistigen Entwicklung blockieren, während er ihr durch seine extreme Genussfähigkeit die sinnlichen und vergnüglichen Seiten des Lebens näherbringt. *Gefahr:* Wenn sie ihm immer mehr Freiräume zugesteht als er ihr, kann es passieren, dass er bei ihr die Sicherheit und ab und zu bei einer anderen Leidenschaft und Abenteuer sucht. Kommt sie seinen Seitensprüngen auf die Schliche, verzeiht sie es ihm nie, auch wenn sie sich zwingt, weiterhin die äußere Situation zu wahren, und bei ihm bleibt. Dafür scheut sie sich nicht, wenn ein jüngerer Mann ihr im Alter den Hof macht, sich von ihm verführen zu lassen oder sogar, vorausgesetzt, sie hat finanziell ihre Schäfchen ins Trockene gebracht, mit ihm durchzubrennen ...

Diese Kombi ist schwierig, weil

■ ... beide ausdauernde, bodenständige Realisten sind, die freiwillig wenig Bewegung und Abenteuer in ihr Leben bringen und deshalb in ihrer Entwicklung miteinander auf der Stelle treten können, sich wenig verändern und kaum wachsen und miteinander reifen.

Diese Kombi ist möglich, wenn

■ ... beide sich nicht so extrem aufeinander fixieren und jeder trotz Verlustangst und Eifersucht noch ausreichend eigene Interessen und Freundschaften außerhalb der Beziehung pflegt.

SEIN MOND IN DEN UNRUHIGEN MÄNNLICHEN ZWILLINGEN

Nur Affäre ...

Sein Scharfsinn, seine Intelligenz und seine geistige Wendigkeit beeindrucken sie genauso, wie seine charmanten, flapsigen Flirtsprüche sie amüsieren, aber trauen kann sie ihm schon von Anfang an nicht. Er ist ein wacher, quicklebendiger und vielseitiger Kopfmensch, der seine Gefühle verdrängt und sich durch häufigen starken Redeschwall und intellektuelle Argumente von seinem eigenen Empfinden ablenkt. Er baut auf Logik und Verstand und wirkt dadurch immer ein Stück unberührbar und unpersönlich und, da er sich nie festlegt, auch nicht greifbar.

Sie ist eine disziplinierte Praktikerin, die sich eigentlich einen Partner wünscht, der sie auch ermutigt, sich in Gefühle fallen zu lassen, der stark, gradlinig, charakterfest und belastbar ist. Ihre Strenge und ihre Coolness, ihr hoher Anspruch und ihre starke natürliche Autorität verunsichern ihn, sodass er nicht einmal den Versuch wagt, sie zu verführen. Ihre hohen Maßstäbe und ihre gnadenlose Kritik können seine sympathischsten Eigenschaften im Keim ersticken: Begeisterungsfähigkeit, Humor und Spontaneität. Ihre innere Erdenschwere, ihre rigide Härte (auch gegen sich selbst) und ihre gelegentliche Melancholie machen ihn krank und depressiv.

Er will seine Ziele locker und leicht erreichen, für sie ist nur etwas wertvoll, was sie sich mühsam und hart erarbeiten muss. Seine Glanzzeit ist die Jugend, ihre besten Jahre liegen in der zweiten Lebenshälfte. Er ist amüsant, ein Schelm und Jongleur der Worte, sie der nüchterne, pragmatische Tatmensch. Er versucht, Hindernisse geschickt zu umgehen, für sie ist jedes eine willkommene Herausforderung, um sich wieder zu beweisen.

Seine Distanz zu den eigenen wie zu ihren Gefühlen nehmen ihr jeden Mut und jede Motivation, sich emotional auf ihn einzulassen. Seine Sprunghaftigkeit und seine vielen Flirts verunsichern sie. Er ist unverbindlich, leichtsinnig und neigt zu Seitensprüngen. Damit bestätigt er mal wieder ihr tief verwurzeltes Psychomuster, dass Männern nicht zu trauen ist. Je nach Grad ihrer Reife und ihrer Bewusstheit lässt sie sich entweder gar nicht erst oder höchstens nur für eine Affäre auf ihn ein.

Diese Kombi ist schwierig, weil

■ … er seine Gefühle verdrängt, sein Herz und seine Seele hinter Vernunft und Logik verschanzt und sie jemanden sucht, der sie ermutigt, ihre Gefühle frei fließen zu lassen, und nicht wieder verletzt und enttäuscht. *Außerdem:* Er ist der reine Theoretiker, den sie nicht ernst nimmt, weil er Probleme hat, seine Ideen zu realisieren, und er kann weder ihre beinharte Kritik noch ihre Strenge und Härte ertragen.

Diese Kombi ist möglich, wenn

■ … jeder die Talente des anderen schätzen lernt, sie sich gegenseitig achten, würdigen und ergänzen, statt sich zu kritisieren, zu bekämpfen und niederzumachen. Außerdem müssten (ausgelöst durch andere Konstellationen ihrer persönlichen Horoskope) mehr emotionale Resonanzen die Entfaltung echter Liebesgefühle ermöglichen.

SEIN MOND IM EMPFINDSAMEN WEIBLICHEN KREBS

Super, wenn …

Er ist ein einfühlsamer, fürsorglicher, kreativer, diplomatischer und hochsensibler Gefühlsmensch mit großen Zielen, sie die intelligente, praktische, belastbare und ehrgeizige Managerin, die ihn ideal ergänzt und ihn tatkräftig unterstützt. Sie fördert seine Karriere, ihren gemeinsamen gesellschaftlichen Aufstieg. Da er schnell merkt, dass er sich vollkommen auf sie verlassen kann, öffnet er ihr die Tür zu seiner reichen und tiefen Gefühlswelt. Dadurch beginnt auch sie, ihm allmählich zu vertrauen, und öffnet sich ihm emotional immer mehr. *Gefahr:* Er, der an kleinsten Gesten und Regungen in ihrer Mimik schon Zustimmung oder Ablehnung ablesen kann, setzt sich unter enormen Erfolgsdruck, um ihren Ansprüchen gerecht zu werden. Aber sie selbst, nicht gerade verwöhnt mit großen Lobeshymnen, bringt ihre Anerkennung ihm gegenüber auch nicht gerade euphorisch zum Ausdruck, zollt ihm höchstens leicht unterkühlten Respekt. Das macht ihn unzufrieden, schürt seine Aggressionen, die er aber zunächst unterdrückt. *Folge:* Er wird launisch und magenkrank.

Sie ist hart gegen sich selbst und andere und überträgt die Anstrengungen und Entbehrungen, die das Leben von ihr fordert, auf ihn und erwartet, dass er Belastungen und Härten genauso bedingungslos hinnimmt wie sie. Dadurch fühlt er sich erniedrigt und überfordert, wird unsachlich, greift sie sogar an und verletzt ihre Gefühle, oft sogar öffentlich.

Lernt sie nicht, seiner Empfindsamkeit rücksichtsvoller zu begegnen, und erkennt er hinter ihrer kühlen und harten Fassade nicht, dass ihr verletztes inneres Kind selbst noch Zugang zu seinen eigenen Gefühlen sucht, verliert er sie als Verbündete und Mitstreiterin für seine Karrierewünsche. Und sie muss auf seine unglaublichen musischen Begabungen sowie seine Fähigkeit, ihre blockierten Gefühle aufzubrechen, verzichten.

Bezieht er ihr manchmal raues, abkanzelndes Verhalten nicht so persönlich auf sich, überfordert und verletzt sie ihn nicht durch überzogene Ansprüche und gehen beide toleranter, verständnisvoller und selbstkritischer miteinander um, haben sie die Möglichkeit, ihre Talente ideal zu ergänzen und ihre Lebensziele gemeinsam zu erreichen. Dann gute Glückschancen.

Diese Kombi ist schwierig, weil

■ ... sie ihn mit ihrer Strenge und Härte unbewusst zutiefst verletzen kann und er überempfindlich und launisch sich zu oft beleidigt in seine Schmollecke verkriecht. *Außerdem:* Ausgerechnet er kann sie mit bitterbösen »Giftspritzen« unterhalb der Gürtellinie verletzen.

Diese Kombi ist möglich, wenn

■ ... jeder selbstkritisch an sich arbeitet, Schwächen in Stärken wandelt, dem anderen verständnisvoll und tolerant begegnet. Außerdem sollten beide weitgehend mit zärtlichem Kuschelsex zufrieden sein und auch mal eine erotische Flaute ertragen können.

SEIN MOND IM FEURIGEN MÄNNLICHEN LÖWEN

Viele Hürden, viel Arbeit

Ihre coole Strenge und innere Distanz rauben ihm den Mut und bremsen seinen Begeisterungssturm. Ihre vernichtende Kritik erlebt er als persönlichen Angriff, der seine Ehre und seinen Stolz verletzt, weil er Fehler mit persönlichem Scheitern und Minderwertigkeit gleichsetzt. Seine Selbstgefälligkeit, seine Egozentrik, seine Eitelkeit und seine Rechthaberei machen sie fassungslos. Sie ist bereit, an einer Beziehung zu arbeiten und auch durchzuhalten, wenn es längere Durststrecken und Krisen gibt. Seine mangelnde Fähigkeit, Frust zu ertragen, sowie der Anspruch nach ewiger Bestätigung und Lobhudelei von der Partnerin, die ihn ständig den beschönigenden Spiegel vorhalten soll, stehen im krassen Widerspruch zu ihrer Bescheidenheit, ihrem kühlen Realitätssinn, ihrer partnerschaftlichen Fairness sowie ihrem Ringen um innere Klarheit und Wahrhaftigkeit.

Er sucht meist die angepasste, unterlegene Partnerin, die ihn uneingeschränkt bewundert. Sie entwickelt sich aber immer mehr zu einer starken, selbstbewussten, kritischen und unangepassten Persönlichkeit, die sich nicht scheut, immer wieder alles infrage zu stellen – auch ihn! Anfangs mag es noch funktionieren, wenn er ihr Schuldgefühle einpflanzt, weil sie seine Wünsche nicht erfüllt, sich seinen Ansprüchen nicht fügt. Aber je bewusster sie wird, desto unmöglicher wird es ihr, lediglich sein Anhängsel zu »spielen«, und desto weniger himmelt sie ihn an. Dann wird er gallig, übellaunig und mürrisch, zieht sich ohne jede Erklärung zurück und sucht sich eine Partnerin, die zu ihm aufschaut und ihn uneingeschränkt bewundert.

Nur wenn er eine starke, bewusste und selbstkritische Persönlichkeit ist, beide bereit sind, eigene Schwächen zu erkennen, und sich bemühen, sie in Stärken zu wandeln, werden sie sich tolerieren, schätzen und können eine Partnerschaft leben – am besten mit räumlicher Distanz! Ihre Beziehung erfordert viel Arbeit und Verzicht, verspricht zwar Entwicklung, aber weniger Leichtigkeit, Leidenschaft, Erfüllung und Glück.

Diese Kombi ist schwierig, weil

■ ... ihre Leben in viel zu unterschiedliche Richtungen streben, ihre Charaktere (fast) unvereinbar sind. Sie erträgt weder seine Egozentrik noch seine Eitelkeit und Selbstbeweihräucherung. Er vermisst bei ihr Lebensfreude, Leidenschaft, Leichtigkeit und Fantasie.

Diese Kombi ist möglich, wenn

■ … sich durch ausgleichende Konstellationen in ihren persönlichen Horoskopen mehr Gemeinsamkeiten und Übereinstimmungen ergeben, durch die sie ihre seelisch-geistige Fremdheit etwas mehr überwinden können.

SEIN MOND IN DER EMPFINDSAMEN WEIBLICHEN JUNGFRAU

Harmonisch

Wenn es auch nicht der große Funkenflug und Liebesknall ist, den beide bei ihrer Begegnung miteinander erleben, so fühlen sie sich doch stark zueinander hingezogen, spüren von Anfang an eine große Vertrautheit und erstaunliche Nähe und können eine harmonische Beziehung aufbauen. Beide sind praktische, erdverbundene Naturelle, die sich in ihren Talenten ergänzen und durch kluges Planen und Wirtschaften ihr materielles Leben wunderbar sichern.

Meist ist er psychisch schwächer und überlässt ihr die Führung. Beide sind realistisch, haben einen untrüglichen Sinn für das Machbare. Während sie die kluge Organisatorin und Managerin mit Durchblick, Kreativität, Disziplin und Ausdauer ist, überzeugt er als superkompetenter Spezialist auf seinem Fachgebiet. Durch Ängste und Unsicherheiten sowie einen Mangel an gegenseitiger emotionaler Offenheit könnten tiefe Gefühle in ihrer Beziehung auf der Strecke bleiben und so eine enge Seelenbeziehung verhindern. Trotzdem arrangieren sich beide damit, ertragen Kühle und Nüchternheit im Zusammenleben.

Gefahr: Ist sie sich seiner allzu sicher, könnte ihr durch ihre schwierige Vaterbeziehung entstandenes unterbewusstes Psychomuster aktiv werden – an einen Partner, der sie zu verlassen droht, klammert sie sich, einen, der vor Liebe zu ihr dahinschmilzt, behandelt sie schlecht. Das wäre für beide eine Katastrophe!

Er würde sich zwar in die unzumutbare Situation fügen, aber unzufrieden und überkritisch an allem herumnörgeln. Sie würde sich zur herrischen Diktatorin entwickeln, die auf ihn herabschaut und ihn knechtet. Beide würden unter unerfüllter Liebessehnsucht leiden, Emotionen unterdrücken und gefühlsmäßig verkümmern.

Wenn sie diese Gefahr aber umschiffen, indem sie das materielle Streben nicht so in den Mittelpunkt ihres Lebens stellen, sondern sich darüber hinaus geistigen Welten öffnen, haben sie die Chance, in Harmonie ein stilles Glück miteinander zu genießen.

Diese Kombi ist schwierig, weil

■ … er mimosenhaft empfindlich auf ihre Kritik reagiert, selbst aber viel herumnörgelt, ständig Einwände hat und ihre Initiative und ihren Schwung durch sein ewiges »Ja, aber …« ausbremst.

Diese Kombi ist möglich, wenn

■ … beide aktiv an gemeinsamen materiellen und geistigen Zielen arbeiten, sich zum Beispiel in Hilfsorganisationen engagieren oder gemeinsam einen spirituellen Weg (wie etwa Meditation, Yoga) gehen.

SEIN MOND IN DER KÜNSTLERISCHEN MÄNNLICHEN WAAGE

Kaum Chance

Es wäre schön, wenn er ihr die Welt der Künste offenbart und ihr dadurch hilft, Kontakt zu ihren ängstlich abgeschotteten Gefühlen zu bekommen. Sie kann ihm Halt geben und ihm bei Arbeiten, die Disziplin, Ausdauer und Geduld verlangen, enorm unterstützen. Sein Wankelmut, seine starken Stimmungsschwankungen, seine Unzuverlässigkeit und seine enormen Entscheidungsschwierigkeiten mobilisieren alle Warnsignale in ihr, wecken ihr Misstrauen und ihre panische Angst vor dem Verlassenwerden.

Die rührt von (oft unbewussten) traumatischen Kindheitserlebnissen speziell mit dem Vater und kann bei ihr zu zwanghaftem Klammerverhalten führen, was ihm wiederum Angst macht und ihn in die Flucht treibt.

Ihre Stärke: Sie sorgt für einen klar strukturierten Lebensrahmen, der auch ihm materielle Sicherheit bietet, aber sie engt ihn dabei emotional derart ein, dass er es nicht lange mit ihr aushält. Und auch sie verzweifelt an seiner Lethargie, seiner Unentschlossenheit, seinem Mangel an Ehrgeiz, seinem Durchhaltevermögen und seiner Unfähigkeit, sich Konflikten zu stellen. Sein ständiges Ausweichen oder das ewige Hin und Her mit ihm macht sie schier wahnsinnig. Sein krampfhaftes Bemühen, es allen recht zu machen und ständig Anerkennung von seiner Umgebung zu bekommen, kann sie einfach nicht nachvollziehen.

Für eine Dauerbeziehung kann sie ihn als Partner nicht akzeptieren und ernst nehmen. Irgendwann reißt selbst ihr der Geduldsfaden, sodass sie keine Lust mehr hat, ihn ständig aufzufangen und seine Schwächen auszugleichen. Sie, der Disziplin und Ausdauer sowieso in die Wiege gelegt wurden, kann sich durch ihn nicht weiterentwickeln. Er wiederum fühlt sich von ihr unverstanden, verträgt ihre Strenge nicht und verliert seine Leichtigkeit, seine Lebensfreude, seine Inspiration sowie seinen ganzen Charme. Viel zu schwierig.

Diese Kombi ist schwierig, weil

■ … er ein wankelmütiger, kreativer Schöngeist ist, der ihren Ansprüchen auf Stabilität, Disziplin und konsequenten, ehrgeizigen Aufbauwillen nicht gerecht werden kann und sie durch seine emotionale Distanz und Unentschlossenheit in Verlassen-werden-Ängste und Verhaltensweisen wie Klammern, Kontrollieren, Bevormunden zurückfällt, die ihn in die Flucht treiben. Außerdem: Ihre Steinbock-Sonne steht im höchst kritischen Aspekt zu seinem Waage-Mond. Sie stoßen sich eher ab, als dass sie sich anziehen.

Diese Kombi ist möglich, wenn

■ … sie ihn nicht mit herbem Kommandoton zu beherrschen versucht und er sich zu Disziplin und Kontinuität durchringt, um seine Ideen zu realisieren und seine Ziele zu erreichen. Außerdem müsste über ausgleichende Konstellationen in ihren persönlichen Horoskopen die Chance gegeben sein, dass trotz aller Fremdheit Liebe wachsen kann.

SEIN MOND IM VERLETZBAREN WEIBLICHEN SKORPION

Starkes Paar

Beide sind starke Persönlichkeiten, zäh, belastbar und charakterfest und können wegen ihres harmonischen Sonne-Mond-Kontakts ein tiefes emotionales Verständnis füreinander entwickeln, sich Kraft und Sicherheit geben. Sie ergänzen sich in ihren Talenten, sodass jeder den anderen achten und respektieren kann und schnell offen für eine Beziehung mit ihm ist. *Außerdem:* Beide können auf die Treue und Zuverlässigkeit des anderen bauen. Aber beide haben auch die gleiche Angst, nämlich davor, verlassen zu werden! Durch die Eindeutigkeit, mit der sie Ja zueinander sagen, braucht das allerdings keiner so schnell zu befürchten. Hat er sich erst einmal emotional an sie gebunden, hält auch er eisern an der Beziehung fest.

Bei äußeren wie beziehungsinternen Schwierigkeiten stehen sie die Probleme und Krisen gleichermaßen diszipliniert durch. Sie sind jeder einzeln und erst recht zusammen die Ausdauerndsten und Belastbarsten von allen – eine unschlagbar starke Kombi!

Anfängliche Beziehungsschwierigkeiten blenden beide später aus ihrem Gedächtnis aus, wenn ihre Bindung im Laufe der Jahre immer tiefer und schöner geworden ist. Er ist ein zärtlicher, hocherotischer Empfindungstyp, der, hat er sie erst einmal in sein Herz gelassen, sie wie kein anderer sexuell glücklich machen kann. Er weckt wie kein anderer ihre tief verborgene Leidenschaft, und sie lernt durch ihn Seiten an sich kennen, von denen sie bisher nichts ahnte.

Sie sind ebenbürtige starke Partner, die, je reifer sie werden, immer mehr inneren Abstand zu äußeren Alltagsproblemen bekommen. Engagieren sie sich irgendwann gemeinsam für höhere geistige und soziale Ziele, schweißt dies sie immer mehr und fester zusammen.

Ihre große Chance: Sie lieben und achten sich gleichermaßen. Jeder kann zum Leitbild des anderen werden und damit zum größten Förderer seiner Entwicklung. Liebe auf allen Ebenen möglich.

Diese Kombi ist schwierig, weil

■ … beide durch ähnliche Verletzungen in der Kindheit und das gleiche seelische Problem (Angst vor dem Verlassenwerden) erst mühsam an inneren Blockaden »arbeiten« müssen, um gegenseitiges Misstrauen zu überwinden und Gefühle wieder offen und frei fließen lassen zu können.

Diese Kombi ist möglich, wenn

■ … ihr gegenseitiges Vertrauen und ihre Liebe im Laufe der Jahre immer stabiler und stärker werden. Außerdem sollten sie demütig und dankbar für ihr Glück sein und nie aufhören, an unbewussten wie bewussten selbstzerstörerischen Psychomustern zu arbeiten.

SEIN MOND IM FEURIGEN MÄNNLICHEN SCHÜTZEN

Nix auf Dauer

Seine Begeisterungsfähigkeit steckt sie an, seine Ideen und Ideale faszinieren sie ebenso wie seine Überzeugungskraft. Ihre Stärke, ihre Geradlinigkeit und ihre Ausdauer beeindrucken ihn, ihre kritische Zurückhaltung spornt seinen

Eroberungsdrang an. Zunächst. Wenn sie allerdings erkennt, dass er zwar höchste Ansprüche an andere stellt, sie aber selbst nicht erfüllt und nicht mal die Hälfte seiner wunderbaren Visionen aus Bequemlichkeit, mangelnder Disziplin und Geduld realisieren kann, verliert sie die Achtung und den Respekt vor ihm und schnell das Interesse.

Da er für banale, aber notwendige Routine und lästige Pflichten wenig Sinn hat, muss sie sich für ihn abrackern. Dazu hat sie auf Dauer keine Lust, zumal sie es ihm nie ganz recht machen kann und dann noch zusehen muss, wie er für seine »genialen Ideen« die Lorbeeren einheimst, während ihre Schufterei nicht mal registriert wird. Er kann ihre Kritik nicht ertragen. Sie macht ihm ständig ein schlechtes Gewissen, das ihn in seiner Kreativität lähmt.

Ihre Scheu und ihre Gehemmtheit im Eros führen bei ihm eher zu Potenzproblemen als zu feuriger Leidenschaft. Kein Wunder, dass er früher oder später in den Armen heißblütiger Frauen landet, die ihn bewundern und begehren. Ihre Vorwürfe wegen seiner Seitensprünge nerven ihn zwar, berühren ihn aber nicht, weil er Sex und Gefühl trennen kann!

Wenn sie erkennt, dass alle ihre unterbewussten Ängste durch ihn an die Oberfläche kommen und ihr extreme Seelenschmerzen bereiten, zerbricht die Beziehung. Sie sind sich einfach zu fremd und legen sich gegenseitig zu brutal den Finger auf ihre Wunden. Schwierige Beziehung, die überdurchschnittlich viel Leidensfähigkeit, Verständnis und Reife verlangt. Nicht empfehlenswert auf Dauer.

Diese Kombi ist schwierig, weil

■ … er als lustbetontes Feuerzeichen sich über Begeisterung, Lebenslust, Kreativität, Temperament und inspirierte Ideen definiert, während sie von sich und anderen Realitätssinn, Disziplin, Hartnäckigkeit, Ausdauer, Ehrgeiz, Belastbarkeit erwartet. Gänzlich unvereinbare Widersprüche.

Diese Kombi ist möglich, wenn

■ … die Liebe durch andere ausgleichende Konstellationen in ihren persönlichen Horoskopen so stark ist, dass sie, zumindest für gewisse Zeit, die größten Widerstände überwindet.

SEIN MOND IM GEFÜHLSGEHEMMTEN WEIBLICHEN STEINBOCK

Erfüllt, wenn …

Da jeder unabhängig vom anderen das Problem hat, sich in Gefühle fallen zu lassen – er besonders gegenüber Frauen (schwierige Mutterbeziehung), sie gegenüber Männern (schwierige Vaterbeziehung) –, ist eine emotionale Annäherung für beide sehr schwierig, obwohl sie sich auf freundschaftlicher Ebene sofort gut verstehen, die gleiche Wellenlänge haben und zuverlässig und treu zueinander stehen. Beide sind vernünftig, verfolgen entschlossen und diszipliniert ihre ehrgeizigen Ziele und helfen sich auch gegenseitig dabei.

Aber keiner kann den anderen aus seinem Gefühlspanzer befreien, weil er doch selbst noch ängstlich und schutzbedürftig darin gefangen ist. So können sie zusammen ein Geschäft, ein Haus, einen Betrieb oder eine gemeinnützige Organisation aufbauen, aber um eine erfüllte, liebevolle und sinnliche Beziehung miteinander zu leben, fehlt ihnen die Fähigkeit, uneingeschränkt zu lieben und sich lieben zu lassen. Jeder sehnt sich zwar nach Glück und Liebe, »glaubt« aber unbewusst, sie nicht »verdient« zu haben (tief verletztes inneres Kind) und sie deshalb (oft mit dem »richtigen« falschen Partner!) verhindern zu müssen.

Ähnliche Lebensziele und tief verwurzelte Schuld- und Verantwortungsgefühle treiben sie trotzdem dazu, aneinander festzuhalten, weil keiner versagen will, auch wenn (oder weil) jeder unerfüllte Wünsche und Sehnsüchte an der Seite des anderen spürt. Irgendwann, wenn die gefühlsmäßigen Defizite zu groß werden, könnte sie den ersten Schritt wagen und mit therapeutischer Hilfe die Barriere zu ihren eigenen Gefühlen aufbrechen, sich mit der Vergangenheit und sich selbst aussöhnen. Wenn er durch ihr freieres und offeneres Verhalten dann den Erfolg sieht, könnte er, je nach Reife, Mut und Bewusstsein, ihrem Vorbild folgen. Dann wäre für beide der Weg für ein glückliches, erfülltes Liebesleben frei – auch in der Sexualität.

Diese Kombi ist schwierig, weil

■ ... ihre Sonnenposition im Steinbock auf eine schwierige Vater- und seine Mondposition im Steinbock auf eine schwierige Mutterbeziehung hinweist. *Das heißt:* Beide haben sich ergänzende Beziehungsstörungen, konnten keinen inneren Frieden mit Männern (sie!) und Frauen (er!) schließen. *Folge:* akute Nähe/Distanz-Probleme. Jeder leidet unter starken Ängsten, Minderwertigkeitskomplexen und Schuldgefühlen.

Diese Kombi ist möglich, wenn

■ ... beide mithilfe einer Therapie an ihren inneren Störungen arbeiten.

SEIN MOND IM DISTANZIERTEN MÄNNLICHEN WASSERMANN

Zwei Verletzte

Ihn reizt ihre scheue Zurückhaltung, ihre ehrgeizigen Ziele, und die Disziplin, mit der sie sie verfolgt, beeindrucken ihn, und so wird er immer neugieriger auf sie. Mit Charme, Intelligenz, außergewöhnlichen Ideen und provokanten Thesen weckt er ihr Interesse. Er merkt sofort, dass er nicht fürchten muss, von ihr bestürmt und bedrängt zu werden. Er hat das Gefühl, bei ihr seine emotionale Schutzdistanz wahren zu können, und geht gerade deshalb offen, charmant und humorvoll auf sie zu.

Sollte sie, die große Angst hat, sich einem Partner emotional auszuliefern, weil sie fürchtet, (wieder) verletzt zu werden, sich ihm allmählich doch immer mehr öffnen, baut er seine innere Distanz sofort wieder auf und zieht sich hinter seinem Schutzwall zurück. Diese plötzliche Kühle kränkt sie zutiefst und mobilisiert wieder alle ihre Verlustängste und löst geradezu Panik in ihr aus, sodass sie fast zwanghaft an ihm klammert.

Sein ständiges Hin und Her von Annäherung und Distanz kann beiden an ihren Nerven zerren und seelisch so aufreiben, dass eine echte, tiefe Berührung gar nicht zustande kommt. Denn beide haben durch große seelische Verletzungen in der Kindheit Näheprobleme entwickelt, die jedem bereits den Zugang zu den eigenen Gefühlen erschweren – und natürlich dann erst recht zu denen des Partners!

Außerdem: Sie ist eine pragmatische Realistin, die den Alltag perfekt meistert, und er eher ein versponnener Traumtänzer, humorvoll, kreativ, fantasievoll –irgendwie von einer anderen Welt …

Zwei verletzte Seelen, die nur schwer zueinander finden können, weil jeder seelisch-geistig völlig anders tickt, beide charakterlich viel zu unterschiedlich und in ihren Ängsten und seelischen Störungen zu ähnlich sind. Jeder muss erst einmal seine eigene Problematik lösen, eher er sich auch noch mit der des anderen auseinandersetzen kann. Zu viele Beziehungsprobleme und extrem andere Lebensvorstellungen und Weltanschauungen verhindern eine tiefe, echte Begegnung und seelische Annäherung.

Diese Kombi ist schwierig, weil

■ ... er, ganz vom Verstand geprägt, sich in für sie völlig abgehobene, intellektuelle Welten verstricken kann und beide große emotionale Näheprobleme haben. Sie ist eine praktische Realistin, die konkrete Ziele anstrebt und dabei nicht wie er die Bodenhaftung verliert.

Diese Kombi ist möglich, wenn

■ ... jeder getrennt vom anderen lebt oder zumindest ungestört von ihm sein ganz eigenes Ding im Leben durchziehen kann. Nach Möglichkeit sollte jeder den anderen darin noch unterstützen und für ihn tun, was der andere selbst nicht kann. Außerdem müssen beide sich damit abgefunden haben, letztlich unverstanden vom anderen mit ihm zu leben.

SEIN MOND IN DEN
EINFÜHLSAMEN
WEIBLICHEN FISCHEN

Tiefe Liebe

Mit seinen feinen Antennen erspürt er sofort ihre Stärken und Schwächen, die tiefen Verletzungen ihrer Seele, die sie hinter ihrem scheu-distanzierten Auftreten verbirgt. Er ist einfach umwerfend einfühlsam, unendlich liebevoll, geduldig, aufmerksam und anpassungsfähig. Seine betörenden, sanften Zärtlichkeiten, sein intuitives Erspüren ihrer Wünsche und Bedürfnisse sowie sein tiefes Verständnis für sie und alles Leid auf dieser Welt berühren sie sehr und sind Balsam für ihre Seele und die tiefen Wunden aus ihrer schwierigen Kindheit.

Als perfekte Organisatorin und praktischer, realistischer Tatmensch gleicht sie seinen Mangel an Initiative, Aktivität, Ehrgeiz und Durchsetzungsvermögen wunderbar aus. Sie hilft ihm, den beschwerlichen Alltag zu meistern, Ordnung in sein gelegentliches Chaos zu bringen und als treue, zuverlässige Partnerin seine innere Labilität und Weltfremdheit auszugleichen.

Er möchte sie nicht kränken, wenn er – ohne sie – in seine Traumwelten entschwebt, gezogen von seiner unstillbaren Sehnsucht nach einer alles umfassenden »himmlischen« Liebe, von der beide wissen, dass kein Mensch dieser Welt sie ihm geben kann. Sie gibt ihm, was ihr möglich ist – ihre Kraft, ihre Stärke, ihre Talente, ihr Verständnis, ihre unverbrüchliche Treue und ihr Herz. Aber nur wenn ihm auch bewusst wird, dass seine Sehnsucht durch nichts Irdisches je zu stillen ist, wenn er auf Alkohol, Drogen und Seitensprünge verzichtet und stattdessen gemeinsam mit ihr für gemeinnützige, höhere Ziele kämpft oder spirituelle

Disziplinen (zum Beispiel Meditation, Yoga) praktiziert, werden beide wirklich glücklich miteinander. Sie kann sich mit keinem wie mit ihm, wenn auch immer nur für einige Augenblicke, in tiefe Gefühle fallen lassen und in ihren Träumen »verlieren«, um dadurch wieder ganz neu zu sich selbst zu finden. Große Liebe möglich.

Diese Kombi ist schwierig, weil

■ … sie sich bei ihm nie ganz sicher sein kann, dass er durch unberechenbare Entscheidungen nicht mal wieder ein Chaos anrichtet, aus dem sie beide wieder mühselig retten muss. Außerdem ist es für ihn schwierig zu ertragen, wenn sie so überaus erfolgreich beruflich an ihm vorbeizieht.

Diese Kombi ist möglich, wenn

■ … beide so vertraut, liebevoll und dankbar miteinander verbunden bleiben, wie es von ihrer überaus harmonischen Sonne-Mond-Konstellation her möglich ist, und sich nicht von Alltagssorgen überwältigen und unterkriegen lassen.

SIE SONNE IM DISTANZIERTEN MÄNNLICHEN WASSERMANN

SEIN MOND IM FEURIGEN MÄNNLICHEN WIDDER

Nicht zu nah!

Er ist ein feuriger, stürmischer Eroberer, der sich immer wieder neu beweisen muss, offen, direkt und begeisterungsfähig. Ihre gefühlsmäßige Distanz und tief verborgene Melancholie überspielt sie mit einer nach außen gekehrten Fröhlichkeit und provozierendem Humor. Dennoch umgibt sie immer ein Hauch von Luft und Unerreichbarkeit. Das reizt ihn gewaltig und stachelt seine Neugier, sein Begehren an.

Sie schätzt seine Ehrlichkeit, genießt sein leidenschaftliches Werben, ist von seinem Temperament, seinem Mut, seiner Kühnheit und seiner erotischen Ausstrahlung fasziniert. Solange beide ihre emotionale Schutzdistanz aufrechterhalten können, fühlen sie sich sehr zueinander hingezogen, lassen sich auch auf eine Beziehung miteinander ein und genießen eine herrliche Zeit! Aber mit der größeren Nähe und den »ernsten Absichten« beginnen die Probleme. Beide wollen Nähe zum Partner, ertragen aber nicht, wenn einer dem anderen die Freiheit beschneidet – ringen gleichzeitig um emotionale Unabhängigkeit. Jeder ist zwar tief verletzt, wenn der andere sich zu sehr abgrenzt, gerät aber auch in Panik, wenn der Partner zu viel Nähe fordert, Folgen ihrer – oft unbewussten – Beziehungsstörungen.

Am glücklichsten sind sie, wenn sie nicht zu lange und zu eng aufeinanderhocken und sich während ihrer »Ausflüge« mit eigenen Freunden und in eigenen Interessenwelten nacheinander sehnen können, um sich dann wieder neu zu begehren, sich zu begegnen und sich zu lieben.

Sie hat einen großen Machtanspruch, versucht, ihn immer wieder zu manipulieren, wenn er nicht tut, was sie will, zum Beispiel indem sie ihm ein schlechtes Gewissen einpflanzt, ihn ironisch bespöttelt oder kritisiert. Das treibt ihn zur Weißglut und auf die Barrikaden und demotiviert und entmutigt ihn völlig.

Er ist ein extremer Gefühlsegozentriker, der sich nur schwer in andere einfühlen kann, sich selbst als Zentrum der Welt erlebt und dauerhafte emotionale Nähe nur schwer erträgt, sich nicht vereinnahmen lässt. Sie will auch ihre innere Unabhängigkeit, aber die Kontrolle und Macht über ihn. Fühlt er sich eingeengt, kann er unkontrolliert und aggressiv ausrasten, was sie total lächerlich findet und irritiert. Beide können eine spannende, heiße Liebe erleben, müssen aber stark entwickelte und gefestigte Persönlichkeiten sein, um es als Paar in einer gemeinsamen Wohnung überhaupt miteinander auszuhalten.

Ihre Beziehung ist nur möglich, wenn beide sich tolerant und großzügig Freiräume zugestehen und keine überzogenen gegenseitigen Erwartungen und Ansprüche aneinander stellen.

Diese Kombi ist schwierig, weil

■ ... ihre Distanz und ihre Kühle ihn zwar anfangs reizen, er mit ihr aber nie die vitale, entfesselte Leidenschaft leben kann, die für ihn trotz seines Freiheitsdrangs zur Liebe gehört. Sein stürmisches Flirten schmeichelt ihr und amüsiert sie, aber aus Angst, vereinnahmt zu werden, versucht sie, ihn zu manipulieren und zu beherrschen. *Folge:* Machtgerangel, Ärger und Streit.

Diese Kombi ist möglich, wenn

■ … sie seine Spontaneität, Offenheit und Leidenschaft als Chance erkennt, ihre emotionale Schutzdistanz zu lockern, Gefühle freier fließen zu lassen, und die Liebe zu genießen lernt.

SEIN MOND IM BEHARRLICHEN WEIBLICHEN STIER

Im besten Fall dulden sie einander

Sie braucht Freiheit, regen Gedankenaustausch, ständig neue Inspirationen für ihren Geist, wahrt aber bei allem, was sie tut, immer eine gewisse innere Distanz, auch zu ihrem Liebespartner. Er will Sicherheit, Nähe, Beständigkeit, Treue und braucht das klare Bekenntnis seiner Partnerin. Sie ist superkreativ und originell, schwebt mit ihren Gedanken in höheren Sphären und entwickelt total »verrückte« Ideen. Was war oder gerade ist, das hat für sie weniger Bedeutung – sie lebt ganz in der Zukunft.

Er ist ein sinnlicher, die Natur liebender, bodenständiger Realist, stur und fest in seiner Tradition verankert, braucht eine überschaubare Alltagsroutine, hält am Gewohnten fest, mag keine Veränderungen und hängt innerlich der Vergangenheit nach. Er findet kaum Zugang zu ihrer geistigen Welt, ihrer Seele und ihren Lebensvorstellungen und verzweifelt daran regelrecht.

Sie ist unglücklich, dass er ständig Einwände gegen ihre spontanen Ideen hat, nur weil sie ihm zu unrealistisch und fremd erscheinen. Er ist ein Sturkopf, der vergeblich versucht, sie zu kontrollieren und zu vereinnahmen. Sie ist eine

Egozentrikerin, die ganz auf ihre eigenen Ideen und Uto-
pien fixiert ist und immer wieder in ihre unerreichbaren,
fantasievollen Gedankenwelten entflieht. Während sie ins
bunte, pralle Leben hinausdrängt, Abenteuer und neue Anregungen sucht, ist er ganz bodenständig und materialistisch auf Sicherheit bedacht, möchte erhalten und mehren,
was er hat.

Nur wenn sie sich so arrangieren können, dass jeder der
bleiben kann, der er ist, werden sie sich gegenseitig bereichern. Sie hilft ihm, starre Strukturen und veraltete Vorstellungen aufzugeben, sich Neuem zu öffnen, seinen Horizont zu erweitern, toleranter und freier zu werden. Er
kann ihr helfen, den praktischen Alltag zu bewältigen, emotionale und körperliche Nähe zuzulassen, mehr Spaß an
der Sinnlichkeit zu entwickeln und ihre Leidenschaft ungebremster auszuleben.

Da sie aber so grundverschieden sind, ist ihr Zusammenleben, falls sie sich überhaupt auf eine Beziehung miteinander einlassen, letztlich nur ein mühsames, manchmal
sogar qualvolles gegenseitiges Erdulden. Sie streben einfach
in völlig andere Richtungen, unterscheiden sich extrem in
ihrer Lebensweise und laufen Gefahr, nebeneinanderher zu
leben.

Diese Kombi ist schwierig, weil

■ … er beharrlich und stur an Gewohnheiten und allem,
was ihm vertraut ist, festhält und sie neuen Erkenntnissen
und Möglichkeiten geradezu entgegenfiebert. Er will seine
Partnerin mit Haut und Haar »verschlingen«, kontrollieren
und vereinnahmen, und sie lässt ihn gar nicht erst wirklich
an sich heran, braucht ihre Freiheit wie die Luft zum
Atmen. Äußerst kritischer Sonne-Mond-Aspekt.

Diese Kombi ist möglich, wenn

■ ... beide sich auf eine kurze Affäre miteinander einigen, aber kein enges Zusammenleben und keine gemeinsame Zukunft planen.

SEIN MOND IN DEN LUFTIGEN MÄNNLICHEN ZWILLINGEN

Zwei Kopfkünstler

Wenn sie nach prickelndem Flirt-Pingpong erst einmal so richtig miteinander ins Gespräch kommen, vergessen sie Raum und Zeit und können auch nicht mehr so schnell voneinander loskommen. Gemeinsam steigern sie sich zu atemberaubenden Gedankenflügen, driften ab in unerreichbare Fantasiewelten und können sich miteinander halb totlachen. Charme, Witz und Humor sind ihr stärkstes Band. Beide haben den Schalk im Nacken, und indem sie miteinander frotzeln, spötteln, scherzen, kokettieren und regelrechte Wortgefechte miteinander führen, regen sie nicht nur gegenseitig ihren Geist und ihre Fantasie an, sondern fühlen sich auch vollkommen verstanden.

Dabei merken sie aber gar nicht, wie eisern jeder seine Gefühle hinter dieser fröhlichen, intellektuellen Fassade verbirgt. Während sie über alles reden können, bleiben ihre Gefühle meist völlig unberührt. Beide haben Angst davor, ihre emotionale Schutzdistanz aufzugeben, fürchten sich vor Intimität, seelischer Nähe und vor allem den Verletzungen, die durch gefühlsmäßiges Ausgeliefertsein entstehen können.

Durch eine unterkühlte, schwierige Vaterbeziehung hat sie ein oft verdrängtes, unbewusstes Misstrauen Männern gegenüber entwickelt. Sie wünscht sich zwar Liebe, wie jeder andere auch, bekommt aber Panik, wenn ihr einer zu nahekommt, eventuell sogar noch Besitz von ihr ergreifen will.

Er braucht, genau wie sie, innere Unabhängigkeit und erhebliche Freiräume in einer Beziehung, denn er fürchtet sich bei zu viel Nähe hauptsächlich vor der Auseinandersetzung mit den eigenen Gefühlen und »unerträglichen« Wahrheiten, die gerade dadurch vom Unbewussten ins Bewusstsein sickern können. Und so sind sie auch zwei intelligente, wendige Kopfakrobaten, die mit großem Geschick alles daransetzen, bloß nicht die Türen zu ihrem Herzen öffnen zu müssen. Auch wenn sie nach außen eine »gute Beziehung« führen, Glück und Harmonie demonstrieren und selbst von sich als idealem Paar überzeugt sind, fehlt ihnen doch gefühlsmäßige Offenheit, Wärme, Sinnlichkeit und erotische Intensität.

Aber allein schon bei ähnlichen Interessen und Idealen haben sie als ein Paar relativ gute Zukunftschancen. Gelingt es ihnen irgendwann doch noch, die Gefühlsbarrieren zu sich selbst und zum anderen zu überwinden, können die Schleusen sich öffnen und die Liebe kann fluten …

Diese Kombi ist schwierig, weil

■ … beide durch zu starke (meist) unbewusste Verletzungen in ihrer Kindheit emotionale Schutzblockaden aufgebaut haben und sich selbst und den anderen seelisch kaum berühren können, sodass große Defizite bestehen.

Diese Kombi ist möglich, wenn

■ … sie ihrer Angst widerstehen und ihre gefühlsmäßigen Barrieren überwinden, dem vitalen Leben, ihrer Freude,

Lust, Leidenschaft und Liebe eine Chance geben, dann
fließt das Glück in Strömen …

SEIN MOND IM EMPFINDSAMEN
WEIBLICHEN KREBS

Finger weg, lieber lassen!

Er hat ein fast unstillbares Bedürfnis nach Liebe, Anerkennung, Wärme und Geborgenheit, ist extrem einfühlsam
und verletzbar. Sie fühlt sich durch seinen Wunsch nach
engster Nähe total überfordert, geradezu bedroht. Sie bleibt
innerlich distanziert und versucht ständig, sich seinen An-
näherungen oder sogar seiner Umklammerung zu entziehen. Er fühlt sich weggestoßen und abgelehnt. Und da er
sehr leidensfähig ist und ein schwächeres Selbstbewusstsein
hat, ist er zutiefst gekränkt und beleidigt und wird immer
launischer, depressiver und dann irgendwann angriffslustig
und schroff.

Spürt sie seine innere Schwäche, sein großes Anlehnungs-
bedürfnis, seine Hilflosigkeit und gar seine Abhängigkeit,
bekommt sie akute »Platzangst« und flüchtet. Und je mehr
er versucht, ihr nahezukommen, desto kühler und abwei-
sender wird sie, was bei ihm ein verborgenes Psychomuster
weckt und ihn erst recht zu zwanghaftem Klammern treibt.

Da Männer mit dem Mond im Krebs wegen ihrer belas-
teten Mutterbeziehung häufig eine unbewusste Wut auf
Frauen haben, wird er sich in einer späteren Krise, wo sie
ihm mal ausgeliefert ist, bitterböse rächen, sie zutiefst verletzen und erniedrigen. Von seinem Wesen her ist er eher
zärtlich, fürsorglich und sinnlich, braucht aber Gefühlsvorschuss und erst große emotionale Nähe, um sich seiner

Liebespartnerin wirklich ganz hingeben zu können. Da es ihr aber daran mangelt, fehlt ihrer Beziehung auf Dauer die seelische Tiefe ebenso wie lebendige, entfesselte Leidenschaft und erfüllende Erotik. Sie hat (unbewusste) Probleme mit Männern und Schwierigkeiten, ihre eigene Weiblichkeit anzunehmen. Er hat unbewusste Probleme mit Frauen und Schwierigkeiten, seine männliche Identität zu finden.

Bleiben sie trotzdem zusammen, besteht die Gefahr, dass sich jeder innerlich immer mehr vom anderen entfernt und abkapselt und ihre individuelle Problematik sich in jedem noch verfestigt. So kann niemals ein seelischer Gleichklang entstehen und schon gar keine wahrhaft tiefe Verbundenheit und Liebe.

Diese Kombi ist schwierig, weil

■ … er emotional sehr bedürftig ist, Nähe, Wärme, Zärtlichkeit und sinnliche Liebe braucht, sie aber emotional eher unterkühlt und sehr distanziert ist. Er lebt in einer empfindsamen Gefühlswelt, ihr Leben ist ganz vom Kopf gesteuert. Keiner kann den anderen wirklich verstehen und würdigt seine Fähigkeiten und Talente nicht.

Diese Kombi ist möglich, wenn

■ … sie über ausgleichende Konstellationen in ihren persönlichen Horoskopen mehr Übereinstimmungen finden, zum Beispiel ähnliche Interessen oder Ziele.

SEIN MOND IM EROTISCHEN MÄNNLICHEN LÖWEN

Unter Strom

Er ist der König und damit der Herr im Haus, beansprucht die reale Macht, indem er den Alltag bestimmt (und finanziert!) und bei allen Entscheidungen das letzte Wort haben will. Sie möchte »nur« die geistige Macht, versteht es, ihn intelligent und geschickt so zu manipulieren, dass er sich ihrer Lebensphilosophie und ihren Idealen immer mehr öffnet und letztlich überzeugt anschließt und sie später möglicherweise sogar als seine eigenen ausgibt.

Indem sie ihn, der ziemlich eitel und selbstgefällig ist, immer dann lobt und bestätigt, wenn er sich ihr anpasst und nach ihren Vorschlägen richtet, dressiert sie ihn regelrecht, ohne dass er es merkt. Diese »Spielchen« gelingen allerdings nur, weil beide total fasziniert voneinander sind. Sie gibt ihm durch ihre innere Distanz das Gefühl, dass es immer noch Seiten und Persönlichkeitsanteile in ihr gibt, die er noch nicht erobert hat, und dass sie ihm letztlich nie für längere Zeit wirklich nah ist und er sich ihr nie ganz sicher sein kann. Dadurch steht er immer wieder unter Strom, begehrt sie und verführt sie, um sie doch endlich ganz zu besitzen.

Seine vitale Männlichkeit, seine erotische Powerausstrahlung und seine Stärke sowie sein Charisma, seine Sinnlichkeit und sein Lebenshunger locken sie aus ihrer intellektuellen Distanz auf die Erde zurück, mobilisieren ihre Lebensfreude und können sie glücklich machen. Wenn sie ihm genügend Respekt, Achtung und Bewunderung schenkt, überschüttet er sie mit Geschenken, Zärtlichkeiten sowie dem ihm möglichen Luxus. Fängt sie allerdings an, ihn zu kritisieren, anzugreifen oder sich hochmütig und arrogant über ihn zu erheben, sich ihm sexuell zu entziehen, wird er bitterböse, grollt und streitet mit ihr und geht irgendwann fremd.

Sie hat das Problem, dass, wenn ein Mann ihr erlegen ist und sie ihn sicher im Griff hat, sie ihn zurückweist, ihn kühl wegstößt (Vaterproblematik!), während sie bei dem, der sich ihr entzieht, möglicherweise sogar klammert.

Finden beide allerdings das richtige Maß von Nähe und Abstand, achten und würdigen sich, können sie richtig glücklich miteinander werden.

Diese Kombi ist schwierig, weil

■ ... er sehr eitel, egozentrisch, eifersüchtig und besitzergreifend ist und sie sehr kühl, distanziert, arrogant und überheblich sein kann. *Ein weiteres Problem:* Er will totale leidenschaftliche Nähe, und sie ringt ständig um Abstand, Freiheit und mehr Unabhängigkeit.

Diese Kombi ist möglich, wenn

■ ... beide sich so unwiderstehlich voneinander angezogen fühlen können, sie ihn inspiriert, beeindruckt und amüsiert, er sie emotional aufreißen und erotisch erfüllen kann, sie nach Strich und Faden verwöhnt.

SEIN MOND IN DER EMPFINDLICHEN WEIBLICHEN JUNGFRAU

Unglückselig!

Mit ihren verrückten Ideen und ihrer individualistischen Weltanschauung, ihrer intellektuellen Überlegenheit und ihrer emotionalen Coolness lehrt sie ihm geradezu das Fürchten!

Er, der nach materieller Sicherheit, klaren Strukturen und extremer Ordnung strebt, wird durch ihre unorthodoxen und außergewöhnlichen Lebensvorstellungen, ihren Hang zum Abenteuer und zur Unbürgerlichkeit zutiefst verunsichert und irritiert. Andererseits bietet ihre überschäumende Fantasie ihm den Ausgleich zu seinem extremen Realismus und seiner Nüchternheit. Dafür organisiert er ihr gemeinsames Leben nach klaren Richtlinien und sorgt dafür, dass im Alltag alles reibungslos klappt.

Jeder konfrontiert den anderen mit für ihn völlig ungewohnten Gedanken, Vorstellungen, Wünschen, Erwartungen, Zielen und Verhaltensweisen. Das führt zwar zu Befremdlichkeiten, aber jeder bekommt dadurch auch die Möglichkeit, eigene Grenzen zu sprengen, seinen Horizont zu erweitern und über sich selbst hinauszuwachsen.

Solange er ihr die Freiheit lässt, die sie braucht, kann sie es mit ihm aushalten, auch weil er ihr problemlos genau all die Dinge abnimmt, die ihr extrem lästig sind. Selbst wenn ihre Seelen so gar nicht auf einer Welle schwingen, hält er meist lange an der Beziehung fest. Er ist irgendwie fasziniert und beeindruckt von ihrer Andersartigkeit, auch wenn er ihr wahres Wesen weder jemals ergründen noch verstehen und akzeptieren kann. Und selbst wenn sie ihn irgendwann mit anderen Männern betrügt, schon längst nicht mehr auf seine Bedürfnisse eingeht und die Beziehung für ihn eigentlich zur Qual geworden ist, schafft er oft nicht den Absprung.

Und sie hält an der Verbindung fest, weil er sie so gut versorgt, ihr das Leben so schön bequem macht. Außerdem hat sie mit ihm die beste Ausrede anderen Liebhabern gegenüber, sich nicht so eng und verbindlich auf sie einzulassen. Es sei denn, einer verliebt sich ernsthaft in einen neuen Partner, der ihn aus dieser unglückseligen Symbiose reißt. Dann kommt es zur Trennung. Im Grunde sind beide von vornherein unvereinbare Charaktere, die sich auch durch ihre Reibungspunkte nur bedingt in ihrer Entwicklung fördern können!

Diese Kombi ist schwierig, weil

■ … beide durch extreme Unterschiede kaum die Chance haben, sich gegenseitig zu verstehen, zu würdigen und zu lieben. Er ist eher ein bürgerlicher, braver Ordnungsfanatiker und Sparfuchs, scheu, pflichtbewusst und mimosenhaft empfindlich. Sie ist eine intelligente Individualistin, die ständig neue geistige Anregungen sucht und sich auf nichts festlegen und sich von niemandem einengen lässt, ihre Freiheit wie die Luft zum Atmen braucht.

Diese Kombi ist möglich, wenn

■ … sie sich so miteinander arrangieren, dass er sich durch die gegenseitigen Freiräume, die sie sich eingestehen, nicht verloren und ausgenutzt an ihrer Seite fühlt, und sie all das, was er für sie tut, zu achten und zu würdigen weiß.

SEIN MOND IN DER KÜNSTLERISCHEN MÄNNLICHEN WAAGE

Schön, wenn …

Immer auf der Suche nach dem Besonderen und Außergewöhnlichen, hat er mit ihr genau die Partnerin gefunden, von der er immer geträumt hat. Ihre Klugheit, ihre ungewöhnlichen Ideen, ihre gewisse Extravaganz und sogar ihre innere Unerreichbarkeit faszinieren ihn. Sie macht ihn total neugierig und gibt seiner Fantasie herrlich viel Spielraum. Beide sind charmant, kreativ, flexibel, unberechenbar und spontan, intelligente Freiheitsfreaks und Individualisten, die sich nicht vereinnahmen und schon gar nicht in irgendeine Schublade pressen lassen. Bei aller Liebe halten sie immer eine gewisse Distanz zueinander.

Er ist ein harmoniebedürftiger Ästhet, eine schöngeistige Künstlernatur und sie ein brillanter Kopf, der intellektuelle Meisterleistungen vollbringen kann. Sie verstehen sich auf Anhieb blendend, können sich wundervoll miteinander austauschen, sich anregen, sich inspirieren und sich amüsieren. Jeder akzeptiert die innere geistige Fantasiewelt und Insel, die sich der andere geschaffen hat und auf die er sich in seinen inneren Gedankenreisen gelegentlich zurückzieht, um neue Kraft zu tanken.

Sie hat schnell erkannt, dass er die Dinge so erlebt, wie sie darüber denkt. Keiner hat so viel Verständnis für ihre eigenwilligen Ideen, bestätigt und unterstützt sie darin so wie er. Er himmelt sie an und tut in seinem extremen Harmoniebedürfnis (fast) alles, um ihr gerecht zu werden. Dabei übersieht er leicht die Gefahr, dass er eigene Wünsche unterdrückt und trotz emotionaler Schutzdistanz seelisch von ihr abhängig wird.

Sie ist eine große Individualistin und schätzt es, wenn er seine Individualität ebenfalls entwickelt, auch wenn es dadurch manchmal Streit gibt. *Ein Problem:* Wenn er, nur um des lieben Friedens willen, Auseinandersetzungen mit ihr meidet, sich nicht stark macht und sich auch mal gegen sie durchsetzt, verliert sie die Achtung vor ihm. Sie erwartet von ihm, dass er seine Standpunkte auch ohne ihre Zustimmung vertritt und erkennt, dass er nur deshalb auch ein anziehender und würdiger Partner für sie sein und bleiben kann. Gute Glückschancen.

Diese Kombi ist schwierig, weil

■ ... sie ihn total manipulieren, ihre Stärke und Überlegenheit ausnutzen könnte. *Außerdem:* Wenn er sich ihr völlig unterwirft, sich von ihr zum Hampelmann machen lässt, verliert sie den Respekt vor ihm.

Diese Kombi ist möglich, wenn

■ ... beide ihre tollen Chancen nutzen! Denn an seiner Seite können sich ihre Schwächen in Stärken wandeln. Beide sollten ihre vielen Gemeinsamkeiten pflegen, immer miteinander im Gespräch über ihre unerfüllten Wünsche und Sehnsüchte bleiben und niemals aufhören, ihre Liebe in traumhaften Ritualen zu zelebrieren.

SEIN MOND IM VERLETZBAREN
WEIBLICHEN SKORPION

Extreme Kämpfe und Zerreißproben

Er ist ein emotionaler Geheimniskrämer, denn er hat Angst vor der Wucht seiner eigenen Gefühle, die sich in ihrer unbändigen Leidenschaft derart verselbstständigen können, dass er große Mühe hat, sie unter Kontrolle zu halten und bei Ausrastern wieder in den Griff zu bekommen. Sie ist ein cooler Kopfmensch, kann sich zwar ganz in ihre abgehobenen Gedankenwelten verlieren, schottet aber ihre Gefühle eisern ab, aus Angst, sich jemandem auszuliefern und wieder verletzt zu werden wie damals als Kind.

Ihn, der mit seinen feinen Antennen, seiner untrüglichen Intuition die zartesten Regungen seines Gegenübers wahrnehmen und erspüren kann, stößt sie besonders heftig weg, entzieht sich ihm, um ihre emotionale Schutzdistanz auf keinen Fall zu gefährden. Das irritiert ihn, er fühlt sich abgelehnt, sogar angegriffen und empfindet sie schnell als Gegnerin. Sie fühlt sich durch seine Versuche, sie emotional zu vereinnahmen, geradezu bedroht. Er ist durch ihre beißende Ironie und den bitteren Sarkasmus, mit dem sie ihn abwehrt und in die Flucht zu schlagen versucht, tief verletzt. Ihr Bemühen, sich gegenseitig näherzukommen, führt genau zum Gegenteil: extrem heftige Abwehrmechanismen, feindselige Gefühle.

Kommt es trotzdem zu einer engeren Verbindung, ist für beide das Misstrauen und der Gedanke, verlassen zu werden, so unerträglich, dass jeder sich auf seine Weise bemüht, den Partner von sich abhängig zu machen. Sie versucht das über ein schlechtes Gewissen, das sie ihm einpflanzen will, und entwickelt ein unglaubliches Manipulationsgeschick. Er reißt Verantwortung an sich, übernimmt Aufgaben, da-

mit er sie in seiner Angst und Eifersucht besser kontrollieren kann. Das geht auf Dauer nicht gut, fangen sie doch an,
sich zu bespitzeln, weil jeder schon durch sein kompliziertes und konträres Naturell den anderen missversteht, ihn
unbewusst immer wieder verletzt.

Zwei Seelen aus völlig unterschiedlichen, fremden Welten, deren emotionale Begegnungen zwar immer wieder
sehr aufwühlend, leidenschaftlich und exzessiv sein können, aber auch ebenso aufreibend und explosiv. Auf Dauer
extrem anstrengend – kaum auszuhalten.

Diese Kombi ist schwierig, weil

■ ... er ihre innere Distanz und Coolness nicht als ihre Ei-
genart akzeptiert – Folge ihrer ganz persönlichen Ge-
schichte –, sondern auf sich bezieht, sich angegriffen, abgelehnt und verletzt fühlt. Sie hat dagegen Angst davor, von
ihm überrollt und vereinnahmt zu werden, und vor seinen
unberechenbaren, abgründigen Gefühlsausbrüchen. Aus
Anziehung oder Liebe kann Hass werden.

Diese Kombi ist möglich, wenn

■ ... beide starke, geläuterte und reife Persönlichkeiten
sind, die nicht an der Illusion und dem Wunsch festhalten,
miteinander eins zu werden, sondern ihre großen Unterschiede erkennen und akzeptieren.

SEIN MOND IM LEIDENSCHAFTLICHEN MÄNNLICHEN SCHÜTZEN

Liebe möglich

Beide wollen einen Partner, mit dem sie Intimität, Liebesglück und Leidenschaft erleben, lassen aber nur äußerst
begrenzt wirkliche Nähe zu. Und das auch nur, wenn der
Partner ihr Bedürfnis nach ausreichend Freiräumen und
seelischer Unabhängigkeit akzeptiert und jeder viel Verständnis für die unterschiedlichen Interessen, Freunde und
Vorliegen sowie für Alleingänge des anderen hat. Und das
haben beide reichlich: Jeder lässt dem anderen großzügig
seine Freiheiten, weil er sie ja auch selbst braucht!

Damit gehen sie zwar eine Beziehung miteinander ein,
schließen aber allzu große und vereinnahmende Nähe sowie echte emotionale Begegnungen zunächst aus. Sie reagiert auf zu große seelische und körperliche Nähe mit (unbewusster) Angst und ringt dadurch ständig neu um ihren
inneren Abstand zu ihm. Er, der sich von ihr in keiner Weise
bedrängt fühlt, idealisiert sie gänzlich, ohne wirklich in die
Tiefen ihrer Seele vorzudringen. Auch bei sich selbst will er
nicht hinter die Fassade schauen, scheut die Einsicht und
Erkenntnis über eigene Schwächen und innere Verletzungen. Meist ist sie es, die sich ab der zweiten Lebenshälfte bemüht, ihre Vergangenheit aufzuarbeiten, ihre wahre Natur
und ihre tiefen Bedürfnisse zu erkennen und durchzusetzen.

Dann kommt es darauf an, dass er mitzieht und auch bereit ist, an sich selbst zu arbeiten. Sonst fängt sie an, sich für
andere, flexiblere (oft jüngere) Männer zu begeistern. Sie
könnte auf erotische Abwege geraten und der Beziehung
entwachsen. Von ihr ernüchtert, enttäuscht und abgewiesen,
schaut auch er sich nach anderen um, ist leicht entflamm-

bar und kann schnell untreu werden, weil er Sex und Liebe trennen kann.

Im Grunde haben sie genügend Übereinstimmungen und eine ausreichend erregende, geheimnisvolle Fremdheit, um spannend und reizvoll füreinander zu bleiben und gut zusammenzupassen. Der Eros allein spielt für beide nicht die größte Rolle in ihrer Beziehung, der geistige Einklang ist ihnen auf Dauer vielleicht sogar noch viel wichtiger.

Diese Kombi ist schwierig, weil

■ … beide in ihrem großen Bedürfnis nach Freiräumen und in ihrer Großzügigkeit, diese sich auch gegenseitig zuzugestehen, Grenzen der Toleranz überschreiten könnten, mit denen sie ihre Beziehung aufs Spiel setzen.

Diese Kombi ist möglich, wenn

■ … jeder selbstbewusst zu sich, seinen Eigenarten, Einsichten und Absichten steht, sich nicht vom anderen verbiegen lässt, sondern ganz er selbst bleibt.

SEIN MOND IM EHRGEIZIGEN WEIBLICHEN STEINBOCK

Zwei Unerfüllte

Sie ist eine hochintelligente, kreative Gedankenakrobatin, die ihn zwar fasziniert, aber ihm in ihren eigenwilligen, abgehobenen, intellektuellen Sphären und umgeben von einem coolen, undurchdringlichen Schutzwall völlig unerreichbar scheint. Er ist zwar emotional zunächst genauso ängstlich, vorsichtig und blockiert wie sie, aber ehrgeizig, bodenständig, praktisch und realistisch. Dadurch kann er ihre Unfähigkeit, den Alltag zu organisieren, sehr gut ausgleichen. Die beiderseitige Schwierigkeit zu Gefühlsäußerungen verstärkt sich in ihrem Zusammenleben immer mehr, weil ihre Charaktere, ihre Lebensauffassungen, ihr Weltverständnis und ihre Ziele eigentlich unvereinbar sind.

Jeder verstärkt im anderen das emotionale Schutzverhalten, beide werden gefühlsmäßig immer verschlossener, kommunizieren nur über rein organisatorische Dinge und treffen formale Absprachen. Bei gemeinsamen sozialen oder gesellschaftlichen Aktivitäten überspielen sie ihre innere Fremdheit und Unvereinbarkeit.

Beide sind saturnisch diszipliniert und können sich mit einem kargen, leidenschaftslosen Gefühlsleben arrangieren. Er hält deshalb auch noch an der Beziehung fest, obwohl er längst weiß, dass sie sich gegenseitig kein Glück bringen können, die Beziehung und der Zusammenhalt extreme Opfer von ihm fordern und emotional längst auf seine Kosten gehen. Eine Trennung empfände er aber als persönliches Scheitern, was er vor sich selbst nicht verantworten und nicht ertragen kann. Sie leben in zu unterschiedlichen, fremden Welten, bleiben nur wegen ihrer schwierigen Psychomuster, die in der Kindheit geprägt wurden, zusammen. Danach »glaubt« jeder unbewusst, trotz großer Sehnsucht nach Liebe und Erfüllung, sie im Grunde nicht verdient zu haben und deshalb mit dem »richtigen« falschen Partner verhindern zu »müssen«.

Für sie bestätigt sich mit ihm ihre unbewusste Überzeugung, dass ein Mann ihr Herz nicht öffnen, sie weder verstehen noch lieben, sondern nur verletzen kann. Und für ihn bestätigt sich, dass er einer Frau nicht trauen, ihr seine Gefühle nicht offenbaren sollte, um nicht enttäuscht und verletzt zu werden. Beide leben innerlich zurückgezogen in ihren emotionalen Schutzpanzern und ihrer eigenen, völlig voneinander abgegrenzten Welt. Meist können sie in Freundschaft zusammenleben oder sich in geschäftlicher Partnerschaft ergänzen, aber als Liebespaar finden sie höchst selten Erfüllung.

Diese Kombi ist schwierig, weil

■ ... beide sich unabhängig voneinander aus Angst, verletzt zu werden, emotional gänzlich verschließen und daher gefühlsmäßig nebeneinander »verhungern«. Da sie sich auch noch so fremd sind, sich gegenseitig nicht sonderlich anziehen, strengt sich letztlich keiner wirklich an, hinter die Fassade des anderen zu blicken, geschweige denn, Gefühlsvorschuss zu geben.

Diese Kombi ist möglich, wenn

■ ... andere Aspekte in ihren persönlichen Horoskopen spannende Konstellationen bilden und ihr gegenseitiges Interesse aneinander wecken.

SEIN MOND IM DISTANZIERTEN MÄNNLICHEN WASSERMANN

Zu ähnlich

In ihrer Beziehung geht es darum, dass jeder die emotionale Distanz, die er zu sich selbst und damit auch zum Partner hat, überwindet und lernt, sich selbst wie auch den anderen zu erspüren, sich zu öffnen und Gefühle und Leidenschaft zuzulassen.

Sie fliegen geradezu aufeinander, weil sie sich sehr ähnlich sind und jeder tiefes Verständnis für die Eigenarten und die emotionalen Abgrenzungen des anderen hat. Sie flirten charmant, intelligent und sehr humorvoll miteinander, können sich stundenlang unterhalten, sich alle Möglichkeiten der Zukunft ausmalen, in Fantasiewelten abdriften und dabei alles um sich herum vergessen.

Sie hat ein tief verwurzeltes Misstrauen Männern gegenüber und lässt deshalb immer einen Hauch Luft zwischen sich und dem Partner. Genauso geht es ihm mit Frauen. Beide haben den großen Wunsch nach partnerschaftlicher Nähe, sind aber auch blockiert, sich einem anderen emotional wirklich zu öffnen und entfesselte Leidenschaft miteinander zu genießen. *Grund:* schwierige Vaterbeziehung bei ihr, besitzergreifende, manipulierende und unterkühlte Mutterbeziehung bei ihm.

Da sie sich gegenseitig fast grenzenlose Freiheiten lassen, gefährden sie ihre Beziehung immer wieder. Nicht weil sie chronisch untreu sind, sondern weil sie sich gefühlsmäßig nicht wirklich nah aufeinander einlassen und sich durch die großen Freiräume, die jeder dem anderen zugesteht, noch mehr entfremden können, zumal die Beziehung keine grundsolide Basis hat. Da auch die Sexualität in ihrer Verbindung meist keine so große Rolle spielt, können andere Partner dazwischenfunken. Kleinere, unbedeutende Fehltritte verzeihen sie sich sogar, aber nur, solange sie durch gemeinsame Ziele und Ideale eng verbunden an einem Strang ziehen.

Es kann Jahre mit den beiden gut gehen – bis doch mal einer kommt, der bei einem von beiden den emotionalen Schutzwall durchbricht, ihm das Herz aufreißt. Beide könnten sich dann von sehr viel jüngeren Partnern unwiderstehlich angezogen fühlen.

Diese Kombi ist schwierig, weil

■ ... beide ähnliche Schwächen und Stärken haben, sich zwar gut verstehen, aber sich gegenseitig nicht genug anspornen, an sich selbst zu arbeiten, wodurch wenig kreative Spannung, Reibung und Entwicklung möglich sind.

Diese Kombi ist möglich, wenn

■ ... sie durch ihre große Vertrautheit, ihr gegenseitiges Verständnis und die enorme Toleranz, mit der sie sich begegnen, immer mehr Momente erleben, in denen jeder ganz er selbst sein kann. *Folge:* gegenseitige Achtung, Dankbarkeit und Liebe.

SEIN MOND IN DEN EINFÜHLSAMEN WEIBLICHEN FISCHEN

Vereinsamung

Er ist durch und durch Gefühl, ein sehnsuchtsvoller Romantiker, sie ein innerlich distanzierter, hochintelligenter, kreativer Kopfmensch. Beide ringen um Bodenhaftung, schweben meist über der Erde – aber in völlig unterschiedlichen Welten. Sie surft in Gedanken durch utopische Fantasien. Er träumt sich in selige Himmelssphären. Sie braucht Unabhängigkeit und Freiheit, will sich eine ureigene Welt kreieren, er möchte sinnliche und seelische Verschmelzung und Liebe total. Sein Herz sehnt sich von der Erde in den Himmel, und sie düst geistig auf andere Planeten, ergötzt sich an außergewöhnlichen Theorien.

Wenn er mit seinen feinen Antennen ihre Stimmungen erfühlt, mit seinen sanften Zärtlichkeiten auf dem Weg ist, ihr Herz zu erobern, bekommt sie Panik! Sie hat Angst, sich ihm zu öffnen und sich gefühlsmäßig auszuliefern, fürchtet um ihre emotionale Schutzdistanz und entzieht sich ihm deshalb lieber ganz. Seine unglaubliche Intuition, sein untrüglicher Spürsinn erschrecken sie. Ihre abgehobenen Gedankenwelten inspirieren ihn höchstens für kurze Momente, rühren ihn aber überhaupt nicht und haben deshalb keine große Bedeutung für ihn. Sie unterstützen sich weder in ihren Stärken noch gleichen sie ihre Schwächen aus.

Auch wenn er sich ihr eine Weile anpasst, um aufreibende Konflikte zu vermeiden, sich eventuell von ihr sogar dominieren lässt, schwingen sie geistig-seelisch weder auf einer Welle noch fordern sie sich durch kreative Spannung zu reizvollen Auseinandersetzungen heraus. Er träumt von einer Partnerin, die den Funken in ihm entzündet, der ihn im berauschenden Liebesgefühl an sich zerfließen lässt und seine illusionären Verschmelzungssehnsüchte zumindest immer wieder für Augenblicke stillt.

Sie braucht einen Partner, der mit ihr in stundenlangen philosophischen Gesprächen erforscht, was die Welt im Innersten zusammenhält, was sie verbessern und retten kann. Sie will diskutieren, mit ihren Theorien und in ihren Gedankenwelten alle Grenzen sprengen. Er will fühlen, schwelgen, schweben und schweigen. An ihrer Seite platzt die Illusion und schwindet die Hoffnung, dass seine Sehnsucht nach himmlischer Liebe auf dieser Erde sich doch noch erfüllt. Auf tragische Weise »vereinsamen« sie mit- und nebeneinander immer mehr, verlieren Lebensmut und Motivation, können sogar depressiv werden oder flüchten in Dreiecksbeziehungen. Unüberbrückbare Unterschiede. Lieber nicht.

Diese Kombi ist schwierig, weil

■ … schon allein der kühle Schutzwall, den sie um ihre Gefühle baut, ihn »erfrieren« lässt und die Welt, in der jeder lebt, dem anderen völlig unverständlich und unzugänglich ist.

Diese Kombi ist möglich, wenn

■ … in seinem persönlichen Horoskop Planeten im Wassermann oder in anderen Luftzeichen (Zwillinge, Waage) stehen und sie sich deshalb intellektuell gut austauschen könnten. Oder wenn sie Planeten in den Fischen oder anderen Wasserzeichen (Krebs, Skorpion) hat, wodurch beide mehr emotionale Berührungspunkte hätten.

SIE SONNE IN DEN MITFÜHLENDEN WEIBLICHEN FISCHEN

SEIN MOND IM FEURIGEN MÄNNLICHEN WIDDER

Keine Brücke

Sie weicht erschrocken zurück, wenn er sie feurig bestürmt. Ihr Zögern reizt ihn und steigert zunächst seinen Eroberungsdrang. Aber wenn sie immer wieder in für ihn illusionäre und unerreichbare Traumwelten entschwebt, erlahmt sein Interesse, und er stellt seine Bemühungen um sie schnell ein: Er ist zwar feurig und leidenschaftlich, aber ein ungeduldiger Kurzstreckenläufer mit geringer Frustrationstoleranz. Er will einerseits leidenschaftliche Nähe, hat aber andererseits Angst vor dem Gefühl des Ausgeliefertseins und bangt um seine Freiräume und emotionale Unverbindlichkeit. Und sie will mit ihrem Liebespartner sogar das Unmögliche – vollkommen und für ewig zu einer Einheit verschmelzen!

Er ist emotional schnell entflammt, geht auf Beutefang, sie, hochromantisch, ist eine Seelenfängerin, die erst ihr Herz verschenkt und dann ihren Körper. Selbst wenn es beiden gelingt, über ein gemeinsames soziales Engagement eine freundschaftliche Basis zu finden, wobei er von ihrer Feinfühligkeit profitiert und sie von seiner praktischen Art: Letztlich bleiben sie aber doch fremde Wesen füreinander.

Sie ist gutmütig, mitfühlend, ausnutzbar, opfert sich für Notleidende förmlich auf. Er ist fair und gradlinig, aber hoffnungslos egozentrisch und in seiner Selbstbezogenheit nur begrenzt fähig, eine enge emotionale Beziehung mit einem Menschen auf Dauer auszuhalten. Er hat große Erwartungen an seine Liebespartnerin, wünscht sich eine anbetungswürdige Schönheit, eine entfesselte Geliebte, die ihr Leben ganz nach seinen Vorstellungen und Bedürfnissen ausrichtet. Sie möchte geistigen Austausch, einen Seelenpartner, der sie ohne große Worte versteht, ihre Wünsche erahnt und keine Probleme hat, wenn sie immer wieder in ihre visionäre, himmlische Welt entrückt. Er braucht eine Feuer-Frau und Amazone, die sich bedenkenlos in Abenteuer mit ihm stürzt, keine Herausforderung scheut und ihn uneingeschränkt bewundert. Sie aber kann den Eros nur genießen, wenn der Partner sich bemüht, ihr Herz und ihre Seele zu berühren. Zwei Menschen, die auf Dauer keine stabile Brücke zueinander schlagen können.

Diese Kombi ist schwierig, weil

■ … er ein feuriger, egozentrischer und manchmal rücksichtsloser Draufgänger ist, der sich kaum in sie einfühlen und wenig mit ihren immer stärker werdenden spirituellen und geistigen Interessen anfangen kann. Er brennt vor Leidenschaft, will Sex, sie ist eine hoffnungslose Romantikerin, braucht viel Zeit und Zärtlichkeit.

Diese Kombi ist möglich, wenn

■ … sie ausschließlich in Bereichen, in denen sie Berührungspunkte miteinander haben, kommunizieren und sich ansonsten völlige Freiheit gewähren.

SEIN MOND IM BEHARRLICHEN WEIBLICHEN STIER

Ergänzung

Sie geben sich gegenseitig den Schutz und die Geborgenheit, die jeder braucht, um sich in einer Partnerschaft wohlzufühlen. Mit ihrem feinen Empfinden erahnt sie förmlich seine Wünsche, spürt, wie er fühlt und was ihm guttut. Er ist bodenständig, ausdauernd und realistisch, ihre Stütze in der rauen materiellen Welt, in der er alles perfekt organisiert und regelt, für klare Strukturen und materielle Sicherheit sorgt. Sie entführt ihn in ihre romantische Gefühlswelt, in der er die Schwerelosigkeit der Seele, der Träume und Illusionen als sehr wohltuend empfindet, und er genießt ihre Sanftmut und ihre Zärtlichkeiten. Die beiden ergänzen sich blendend.

Sitzt er mal wieder auf seinen Ersparnissen und klebt allzu sehr an materiellen Gütern oder hält stur an längst Überholtem fest, gelingt es ihr, ihn vorsichtig und geschickt an ideelle Werte zu erinnern, an sein Herz zu appellieren oder ihn zu neuen Sicht- und Denkweisen zu »verführen«.

Er mag starr und stur sein, aber da sie etwas nicht aggressiv fordert, sondern ihn auf eine unbeschreiblich einfühlsame Weise, indem sie vorlebt, was sie meint, bezaubert, fühlt er sich durch sie nicht bedroht, sondern ist gerührt von ihrem Einfühlungsvermögen und Idealismus. Sie kommen sich mit ihren Interessen sowie Stärken und Schwächen nicht ins Gehege, also gibt es auch keine Macht- und Konkurrenzkämpfe.

Beide sind äußerst zärtlich und sinnlich, können über Körperkontakt und berauschende Sinnlichkeit viele Unstimmigkeiten schnell ausgleichen. *Gefahren:* Wird er zu stur, vereinnahmend und egozentrisch, entzieht sie sich seelisch seinem Einfluss und flüchtet in ihre idealistische, geistige Traumwelt. Lässt sie sich allerdings gehen und wird sie zu nachlässig mit ihrem Äußeren, zu unzuverlässig in ihren Pflichten oder innerlich zu verschlossen, geht er fremd und hält sich eine Geliebte, was über Jahre unentdeckt bleiben kann.

Rüttelt sein Seitensprung sie irgendwann auf und motiviert sie zur Kehrtwende, renkt sich zwischen ihnen wieder alles ein. Von der Geliebten kann er trotzdem nicht so leicht lassen – auch weil er sich an sie gewöhnt hat und sie inzwischen ein fester Bestandteil seines Lebens geworden ist. *Dennoch:* gute Chancen auf ein gemeinsames Glück.

Diese Kombi ist schwierig, weil

■ … sie sich durch seine materialistische Einstellung, innere Schwere und seinen Dickkopf manchmal eingeengt und ihrer Leichtigkeit beraubt fühlt. Außerdem geht ihm ihre Nachlässigkeit gegen den Strich, er hat Angst vor ihrem Leichtsinn, der schnell zum finanziellen Chaos führen kann.

Diese Kombi ist möglich, wenn

■ … er sie aus Verlustangst nicht so besitzergreifend und eifersüchtig klammert, sondern ihr die Freiräume zugesteht, die sie braucht, um sich entfalten zu können. Außerdem darf sie ihn nicht cool abweisen, wenn er ihre Nähe und Sinnlichkeit sucht.

SEIN MOND IN DEN UNVERBINDLICHEN MÄNNLICHEN ZWILLINGEN

Enttäuschung

Durch ihre große Empfindsamkeit und tiefe Emotionalität fühlt er sich regelrecht bedroht. Er fürchtet sich, wenn Emotionen Oberhand gewinnen, und verschanzt sich ängstlich hinter seinem Verstand, tausend Argumenten und häufigem Redeschwall, um bloß nicht zu sehr mit seinen Gefühlen und schon gar nicht mit denen anderer in Berührung zu kommen.

Ihre einfühlsame Sanftmut, ihre untrügliche Intuition, ihre feine Wahrnehmung und ihre »unheimlichen« Vorahnungen irritieren ihn ganz und gar. Ihr Wunsch, sich seelisch ganz nah auf den Liebespartner einzuschwingen, sich offen mit ihm über Sehnsüchte, Wünsche und Träume auszutauschen, schlägt ihn in die Flucht.

Seine Unfähigkeit, sich in Gefühle fallen zu lassen, seine Manie, Stimmungen zu zerreden, statt sie zu empfinden und zu genießen, enttäuschen und frustrieren wiederum sie. Immer häufiger setzt sie eine ihrer berühmten coolen »Fische-Masken« auf, erscheint plötzlich ganz unbeteiligt, auch wenn es in Wirklichkeit in ihr brodelt wie in einem Vulkan. Sie sendet wortlose Signale und erwartet, dass er sich in sie einfühlt und richtig deutet.

Das überfordert ihn maßlos, weil er nur über Worte kommunizieren und sich nicht so sensibel in sie einfühlen kann. Sie will seelisch tief tauchen, immer neue Gefühlsregungen in ihrem Partner auslösen und seine Reaktionen wahrnehmen. Er ist froh, wenn seine Beziehung in gewisser Weise oberflächlich und unverbindlich bleibt. Er will seine Ruhe und Freiheit behalten. Und obwohl er sich eine

Partnerschaft wünscht, beschleicht ihn die heimliche Angst, in einer engen Beziehung seine Unabhängigkeit und Kreativität einzubüßen.

Mag er auch von einer Beziehung mit ihr geträumt haben – wirklich realisieren kann und möchte er sie im Grunde gar nicht. Sie fühlt sich an seiner Seite einsam und völlig unverstanden. Für ihn ist ihr Gefühlsreichtum zu dünnes Eis. Beide haben kaum Chancen auf ein echtes und anhaltendes Glück.

Diese Kombi ist schwierig, weil

■ ... er seine Gefühle hinter seinem Verstand verschanzt, emotional unberührbar für sich selbst und vor allem für sie bleibt, ihre intensiven Gefühle ihn zutiefst verunsichern und völlig überfordern. Beide sind seelisch unerreichbar füreinander.

Diese Kombi ist möglich, wenn

■ ... er weitgehend an seinen Gefühlsblockaden gearbeitet hat und beide sich so anziehen und sich so lieben, dass sie sich gegenseitig helfen, den Prozess weiter voranzutreiben, um zusammenbleiben zu können. Andererseits muss sie für ihn die interessante Gesprächspartnerin sein, die seine Ideen aufgreift, ihn anregt und inspiriert.

SEIN MOND IM EMPFINDSAMEN
WEIBLICHEN KREBS

Hartes Ringen

Er hat ein unersättliches Bedürfnis nach Liebe, Anerken-
nnung, Wärme und Geborgenheit, und sie gehört zu den
wenigen, die ihm das alles geben kann! Beide sind extrem
einfühlsame Empfindungsmenschen, denen keine Seelen-
regung des anderen entgeht. Allerdings ist sein Anspruch
an sie dabei maßlos – zum Beispiel wenn er erwartet, dass
sie seinen geheimsten Geburtstagswunsch ahnt, erspürt
und dann auch noch präzise erfüllt. Damit ist sie völlig
überfordert und kann und will seinem übermäßigen Anspruch auf Dauer nicht gerecht werden. Er ist dann zwar
tief enttäuscht von ihr, aber auch von sich selbst, weil er
sich über das von ihr ausgesuchte Geschenk nicht so freuen
kann, wie er glaubt, dass sie es von ihm erwartet. Ihr nicht
gerecht werden zu können verursacht bei ihm Seelenqualen
und ein schlechtes Gewissen.

Sie kann zwar auch in massive Stimmungstiefs fallen, ist
aber niemals so schwankend und launenhaft wie er. Er ist
besonders in seiner Empfindlichkeit sehr egozentrisch.
Und so erwartet er, dass das Leben seiner Partnerin sich im
Wesentlichen um ihn dreht, er ihr Zentrum und Lebens-
inhalt ist. Sie ist als »dienendes« Winterzeichen (das letzte
im Tierkreis) emotional eher überpersönlich, hat hohe
Ideale, ist voller Mitgefühl für Notleidende und Bedürftige,
möchte mit einem Partner bei einer übergeordneten sozialen und geistigen Aufgabe immer mehr zusammenwach-
sen, um dann gleichzeitig dabei mit ihm gefühlsmäßig zu
verschmelzen.

Bekommt er von ihr nicht die Aufmerksamkeit, die er
sich erträumt hat, kann er sogar Hass gegen sie entwickeln

und sie stellvertretend für seine Mutter, von der er nicht so viel Liebe bekam, wie er gebraucht hätte, »bestrafen«, verletzen und erniedrigen. Dann flieht sie in ihre Traumwelt und lebt mehr oder weniger neben ihm. Die beiden müssen sich harten Herausforderungen stellen, sich ihrer selbst, ihrer Absichten und Ziele ganz bewusst werden und um ihr Liebesglück ringen, damit es sich wirklich erfüllt.

Diese Kombi ist schwierig, weil

■ … seine Launen, sein Beleidigtsein und sein Selbstmitleid sie so sehr berühren, bedrücken und seelisch beeinträchtigen, dass sie selbst immer wieder in tiefe Stimmungslöcher fallen kann. Er liebt zwar den Gefühlsreichtum ihrer Seele, versteht als Egozentriker aber nicht, dass sie ihn nicht ausschließlich an ihn verschwendet, sondern auch noch an so viele bedürftige Seelen.

Diese Kombi ist möglich, wenn

■ … beide sich auf der emotionalen Ebene sehr nahekommen und sich gut verstehen können. *Außerdem:* Mit ihrem großen Herzen kann sie gerade ihm so viel verzeihen.

SEIN MOND IM FEURIGEN
MÄNNLICHEN LÖWEN

Zu verschieden

Er will von ihr bewundert, bestätigt und uneingeschränkt geliebt werden, will sie formen, beherrschen, dominieren und erträgt es nicht, kritisiert zu werden. Wenn der Funke überspringt, glaubt er, in ihr die liebevolle und angepasste treue Traumpartnerin gefunden zu haben, die ihn anhimmelt und niemals infrage stellt. Seine Liebesbeteuerungen, sein feuriges Begehren sowie seine fantasievollen Verführungskünste und seine großzügigen Geschenke gefallen ihr zwar sehr, aber sie durchschaut seine Eitelkeit und seine Egozentrik auch sehr schnell und hat keine Lust, ihm ständig zu schmeicheln, ihn zu huldigen und kritiklos anzuhimmeln.

Von einer sensiblen Partnerin wie ihr in seinen Fehlern und Schwächen durchschaut zu werden, irritiert und stört ihn gewaltig. So versucht er, an ihrer Seite den energischen, alles beherrschenden Pascha herauszukehren, um nicht als Schwächling oder gar Versager entlarvt zu werden. Dazu gehört natürlich auch, dass er inneren Abstand zu ihr wahrt.

Sein Bedürfnis nach einer faszinierenden, schillernden und viel bewunderten Powerfrau, auf die er stolz sein kann, um die ihn alle beneiden, kann sie meist nicht befriedigen. Ihre spirituellen Interessen, ihr gelegentlicher Weltschmerz, verbunden mit tiefer Melancholie, ihr Engagement für karitative Hilfsorganisationen und ihre gewisse Nachlässigkeit mit sich selbst (weil ihr innere Werte und geistige Ideale wichtiger sind) turnen ihn eher ab.

Er will keine Weltverbesserin, die in höheren Sphären schwebt, sondern eine gestandene, tüchtige, erotische und verführerische Frau, die ihn sexuell erregt. Sie will Händchen halten, kuscheln, in seinen Armen träumen und in Mondnächten am See spazieren gehen. Er will Abenteuer, wilde Leidenschaft, vor Liebe brennen und wünscht sich große gegenseitige Begeisterung füreinander. Er ist ein praktischer Optimist, sie eine verträumte Idealistin. Zu gravierende Unterschiede!

Diese Kombi ist schwierig, weil

■ ... ihr Sonnenelement das Wasser, sein Mondelement das Feuer ist. Kommen Feuer und Wasser zusammen, zischt es gewaltig. *Außerdem:* Das eine löscht das andere. Und so prallen zwei viel zu verschiedene Welten aufeinander. Unvereinbare Temperamente.

Diese Kombi ist möglich, wenn

■ ... sie, unabhängig von ihrer Sonnenposition, auch noch Planeten in Feuerzeichen hat und er, unabhängig von seiner Mondposition, auch noch Planeten in Wasserzeichen hat, sodass sie über gemeinsame Interessen noch eine Brücke zueinander schlagen können.

SEIN MOND IN DER
MIMOSENHAFTEN
WEIBLICHEN JUNGFRAU

Beide wachsen

Er ist praktisch, sachlich und nüchtern, strebt ein Leben in überschaubaren, geordneten Verhältnissen an und steht manchmal fassungslos vor dem Chaos, das sie anrichten kann: finanziell, gefühlsmäßig, beruflich. *Das Unglaubliche:* Wie von himmlischen Mächten gelenkt, kommt sie meist völlig ungeschoren davon und profitiert sogar noch von ihren gegen jede Logik getroffenen Entscheidungen, die sie mit traumwandlerischer Sicherheit trifft. Für ihn ist ihre Fühl-, Denk- und Lebensweise undurchschaubar. Und obwohl er, im Gegensatz zu ihr, realistisch und überaus korrekt ist, hat sie in entscheidenden Augenblicken die Nase weit vorn mit ihrer untrüglichen, genialen Intuition und ihren fast medialen Vorahnungen.

Trotz (oder gerade wegen) ihrer Unterschiedlichkeit üben sie, besonders am Anfang, eine starke Anziehung aufeinander aus und ergänzen sich in ihren Fähigkeiten wunderbar, auch wenn es immer wieder Spannungen und Auseinandersetzungen gibt, weil jeder ganz unterschiedliche Blickwinkel, Sichtweisen und Einschätzungen zu den meisten Dingen des Lebens hat.

Er hilft ihr, wenn sie praktisch überfordert ist, nimmt ihr lästige, organisatorische Pflichten ab, bei denen er ihr weit überlegen ist. Sie berät ihn in Lebensfragen, die sich mit dem Verstand allein nicht klären lassen. Durch sie lernt er, Gefühle, Ahnungen, Sehnsüchte und Träume zuzulassen, ihnen zu trauen und ihren tieferen Sinn zu ergründen. Und sie hat in ihm einen Partner gefunden, der ihr hilft, mit der irdischen Realität fertigzuwerden. Jeder kann durch den anderen über sich selbst hinauswachsen und seinen Horizont erweitern.

Einzige Gefahr: Er ist zwar mimosenhaft empfindlich und ihr dankbar, dass sie sich so einfühlsam auf ihn einschwingt, aber nimmt sie im Alltag nicht so ernst, weil sie mit den praktischen Herausforderungen und der Routine nicht so gut fertigwird wie er. Das kann sie derart verletzen, dass sie sich innerlich immer mehr von ihm zurückzieht. Außerdem nerven sie seine Nörgelei, seine Pedanterie, seine Sparsamkeit (grenzt für sie manchmal schon an Geiz) und seine ewigen Einwände. Kein Wunder, wenn sie eines Tages mit einem anderen durchbrennt.

Etliche Hindernisse und Gefahren, aber auch realistische Chancen, wenn sie ihre illusorischen »Märchenprinz-Träume« relativiert und er seiner Seele mal Flügel verleiht.

Diese Kombi ist schwierig, weil

■ … er sich auf Dauer eine geregelte, überschaubare Partnerschaft wünscht und sie selige Liebesgefühle, berauschende Zärtlichkeiten und seelischen Einklang erwartet.

Diese Kombi ist möglich, wenn

■ … vor allem sie ihre überzogenen Erwartungen an Einswerden und Verschmelzen mit dem Partner aufgibt, der Realität anpasst und sich mit Freundschaftsliebe sowie harmonischer Partnerschaft zufriedengibt.

SEIN MOND IN DER UNVERBINDLICHEN MÄNNLICHEN WAAGE

Frühstück zu viert …

Hypersensibel, fast medial spürt sie schnell, dass er hinter seiner verbindlichen Liebenswürdigkeit emotional nicht wirklich erreichbar für sie ist. Und während sie mit ihrem Partner in Liebe verschmelzen möchte, sich nach geradezu himmlischer Einheit mit ihm sehnt, macht ihn ihr Anspruch auf große Nähe, vollkommene Intimität und seliges Glück immer nervöser. Er fühlt sich schnell vereinnahmt und seiner Freiheit beraubt, wenn eine Partnerin einen festen Platz in seinem Herzen beansprucht, ständige Liebesbeteuerungen und Treueschwüre erwartet. Seine innere Unruhe versucht er durch permanente äußere Veränderungen im Leben auszugleichen. Sie sucht die seelische Heimat mit einem Partner, er will aus nackter Angst vor dem Verlust seiner Freiheit gar nicht erst eine finden. Er scheint ständig auf dem Sprung, möchte sich alle Möglichkeiten offenhalten und braucht im Laufe der Zeit sogar immer mehr Freiräume innerhalb einer Beziehung, um Verbindlichkeit, Routine und Nähe in einer engen Partnerschaft überhaupt ertragen zu können.

Wenn er ständig unterwegs, körperlich nur selten anwesend und seelisch für sie sowieso völlig unerreichbar ist, nimmt sie sich einen Liebhaber und übersieht, tolerant wie sie ist, auch seine kleinen Seitensprünge. Da er harmoniebedürftig und sie konfliktscheu ist, können sie – ohne Streit! – auf diese Weise Jahre miteinander verbringen. Beide sind sehr tolerant. Gut möglich, dass eines Tages sogar jeder seinen jeweils aktuellen Liebespartner mit nach Hause bringt und alle morgens friedlich zusammen frühstücken. Das geht so lange gut, bis ihr die große Liebe begegnet und ein bodenständiger, besitzergreifender Partner sie kurzerhand da heraus und zu sich nach Hause holt. Er begrüßt seine neue Freiheit, »benutzt« sie, falls sie auf dem Papier verheiratet bleiben, höchstens noch als willkommenes Alibi bei all den neuen Eroberungen, die ihn wieder in eine feste Beziehung locken könnten.

Diese Kombi ist schwierig, weil

■ … sie mit ihm in Liebe zur Einheit verschmelzen möchte, er um seine Individualität und Freiheit ringt. Unvereinbar!

Diese Kombi ist möglich, wenn

■ … beide sich alle Freiheiten zugestehen und sich in einem äußerst toleranten Rahmen miteinander arrangieren.

SEIN MOND IM VERLETZBAREN WEIBLICHEN SKORPION

»Erlöserin«!

Sie kann der glorreiche Friedensengel seiner Seele werden! Nicht nur, dass sie mit ihren sensiblen Antennen mühelos die Tiefen seiner komplizierten Psyche ausloten kann, sie hat auch ein riesiges Herz und unendliches Verständnis für seine innere Zerrissenheit, seine Schwächen und Seelenqualen. Nichts Menschliches ist ihr fremd, und so kann sie ihn mit ihrer Liebe vor seinem gnadenlos strengen Urteil sich selbst gegenüber schützen.

Und nur weil er sich im Laufe der Zeit von ihr verstanden und angenommen fühlt, lernt er allmählich, sich selbst und ihrer Liebe zu trauen. Denn tief im Inneren glaubt er (unbewusst), er sei es nicht wert, geliebt zu werden, und verbirgt deshalb sein wahres Ich vor ihr und anderen, will vermeiden, jemals wieder so verletzt zu werden wie damals als Kind (vor allem von seiner Mutter). Sie als Fische-Frau gehört zu den wenigen, die seine »Erlöserin« werden können.

Die Wucht seiner Gefühle und sein besitzergreifendes Verhalten kommen ihrem Bedürfnis, mit ihm eins zu werden, sehr entgegen. Sein Wunsch, sie sich förmlich einzuverleiben (aus Angst, verlassen zu werden), und ihre Verschmelzungssehnsucht steigern zunächst ihre Liebeslust und bescheren beiden einen einzigartigen Sinnesrausch. Da beide höchst feinfühlig sind, wächst ihr gegenseitiges Verstehen immer mehr. Sie können die große Liebe erleben, die, wenn keiner den anderen mehr bekämpft und verletzt, ein Leben lang hält – vorausgesetzt, keiner versucht, die Individualität und damit die Entwicklung des anderen einzuschränken oder gar zu bekämpfen.

Einzige Gefahr: Falls sie ihn immer mal wieder zu hart kritisiert, startet er verletzende Gegenangriffe. *Folge:* Jeder verschließt dem anderen den Zugang zu seiner Seele, greift aus Verzweiflung und Einsamkeit zu Rauschmitteln (Alkohol). Dann stürzen beide von höchsten Höhen in tiefste Tiefen.

Diese Kombi ist schwierig, weil

■ ... er, geprägt durch eine komplizierte Mutterbeziehung, die Partnerin, die extrem liebevoll zu ihm ist, verletzend zurückweist. Der Grund: Unbewusst glaubt er, ihrer Liebe nicht wert zu sein und sie deshalb nicht verdient zu haben. Sie braucht viel Geduld, um ihm zu helfen, sein Misstrauen und seine Selbstbestrafungsmechanismen zu überwinden.

Diese Kombi ist möglich, wenn

■ ... ihre Liebe zu ihm so stark ist, dass sie anfängliche Belastungen durchsteht und selbst auf seine verletzte Seele heilsam wirkt.

SEIN MOND IM FEURIGEN MÄNNLICHEN SCHÜTZEN

Das Chaos!

Seine feurig-charmanten Eroberungsversuche schmeicheln ihr zwar, aber sein extremer Freiheitsdrang und seine Neigung, ständig auch noch andere mit bewundernden Blicken zu verfolgen, während er mit ihr Händchen hält, wecken schon früh ihr Misstrauen. Richtig problematisch wird es,

wenn sie erkennt, dass sein Verlangen nach Nähe gleichzeitig mit dem Wunsch nach größtmöglicher seelischer
Unabhängigkeit verbunden ist und sie mit ihm niemals zu
der unauflösbaren »himmlischen« Einheit verschmelzen
kann, die sie sich in ihrer Liebesillusion ersehnt.

Je mehr sie sich ihm gefühlsmäßig öffnet, desto mehr
weicht er zurück – in panischer Angst, sich ihr emotional
auszuliefern und von ihr vereinnahmt zu werden. Er will
zeitlich und räumlich unabhängig von ihr auch eigene Interessen und Freundschaften pflegen können. Gerade nach
Zeiten äußeren Abstands entstehen für ihn nicht emotionale Distanz, sondern eher emotionale Nähe und neuer
Reiz. Das versteht sie nicht, ist ihr völlig fremd und verletzt
sie tief. Hat er erst einmal ihr Vertrauen verloren, sie möglicherweise mit einer anderen betrogen, was für ihn keine
große Bedeutung haben muss, weil er Sex und Liebe trennen
kann, wird für sie nichts mehr wie früher! Sie verbirgt ihre
Enttäuschung und ihre Gefühle jetzt hinter einer undurchdringlichen Maske, sucht ihr Glück darin, Bedürftigen zu
helfen, und träumt meist heimlich weiter vom Märchenprinzen, der sie wieder ins Paradies der Liebe führt.

Ihre außergewöhnliche Feinfühligkeit und Intuition be-
unruhigen ihn. Denn sie erkennt schnell, dass er ein enor-
mes Geltungsbedürfnis hat, aus dem heraus er völlig unrealistische Vorstellungen und Ansprüche entwickelt, die
in ihren Augen auf Selbstüberschätzung, sogar Hochmut
hinweisen. Beide haben Probleme mit der Realität. Aber
während sie dabei äußerlich bescheiden bleibt, möchte er
etwas ganz Außergewöhnliches sein. Er ist ein vitaler Abenteurer mit ständig neuen Ideen, der sich oft verzettelt und
es schon deshalb nicht schafft, sie zu realisieren. Und sie
hat hoffnungslos illusorische Verschmelzungssehnsüchte,
die ihr keiner je erfüllen kann, weil sie die Individualität
eines Partners völlig unterschätzen und unberücksichtigt

lassen. Sie können sich beide in einem Chaos verlieren, in dem einer dem anderen nur noch Vorwürfe macht. Und irgendwann sucht sich jeder einen Partner, an dessen Seite er der sein kann, der er ist, und der ihm hilft, sein volles Potenzial zu entwickeln.

Diese Kombi ist schwierig, weil

■ … beide zu unterschiedliche und hohe Ansprüche aneinander haben, die keiner dem anderen je erfüllen will und kann. *Außerdem:* Er braucht jemanden, der sein feuriges Temperament zu schätzen weiß, die Herausforderungen des Lebens als Abenteuer schätzt und mit ihm um die Welt reist. Sie braucht jemanden, der mit ihr meditiert, philosophiert, träumt, Musik, Kunst und die Natur genießt.

Diese Kombi ist möglich, wenn

■ … sie eine Fernbeziehung führen, sich immer nur dann treffen, wenn beide mal das Gleiche vorhaben.

SEIN MOND IM BELASTBAREN WEIBLICHEN STEINBOCK

Ein Glücksfall

Hat er erst einmal ihr Vertrauen gewonnen, gibt sie sich ihm emotional auch ganz hin. Mit ihrem unglaublichen Einfühlungsvermögen und ihrer sicheren Intuition weiß sie genau, wie sie seinen Gefühlspanzer aufbrechen und die Wunden seiner Seele heilen kann. Sie braucht allerdings Zeit und Geduld, besonders mit dem verletzten inneren

Kind in ihm, um sein Herz für die Liebe zu öffnen. Er dankt es ihr, indem er die Organisation des Alltags übernimmt, sie beschützt, ihre Schwächen ausgleicht und sie sicher und zuverlässig durch Krisen begleitet. Je größer die äußeren Schwierigkeiten und das Chaos, in das sie sich gelegentlich selbst hineinmanövriert, desto mehr fühlt er sich gefordert und krempelt die Ärmel hoch, um sie zu retten. Das vergisst sie ihm nie!

Sprechen nicht andere Konstellationen in seinem persönlichen Horoskop dagegen, ist er ihr absolut treu. Sie hat ein großes Herz, ist leicht verführbar und könnte schon mal auf erotische Abwege geraten. Er ist Gefühlsfrust und Leid aus seiner Kindheit gewohnt und sehr zäh, belastbar und unglaublich hart im Nehmen. Er leidet, hält aber tapfer an ihrer Seite aus und wartet, dass sie ihre Affäre beendet. Solange sie seine Interessen und Aktivitäten teilt, ist er sogar bereit, sexuelle Durststrecken mit ihr in Kauf zu nehmen.

Große Chance: Wenn beide sich für höhere Ziele, zum Beispiel für sozial Schwächere, einsetzen oder einen gemeinsamen geistigen Weg gehen, schweißt dieses Engagement sie immer enger zusammen. Während sie die Mystikerin ist, möglicherweise immer stärkere spirituelle Fähigkeiten entwickelt und derartige Erfahrungen macht, ist er der Organisator, der den praktischen Rahmen schafft, um ihre gemeinsamen Ideale zu realisieren. Sie kann ihn derart für geistige Ziele begeistern, dass er alles daransetzt, sie zu verwirklichen. Beide sind eigentlich ein Glücksfall füreinander, ergänzen sich und fördern ihre gegenseitige Entwicklung.

Diese Kombi ist schwierig, weil

■ … sie erst einmal seine grundsätzlichen Bedenken, Zweifel und Ängste gegenüber allen ungreifbaren geistigen Werten und Zielen ausräumen muss und er, trotz aller Liebe, seine Gefühle ihr gegenüber nicht so offen und frei fließen lassen kann wie sie.

Diese Kombi ist möglich, wenn

■ … sie durch ihre tiefe Liebe sein Vertrauen gewinnen kann und seinen Einsatz für sie, seine Talente und Treue zu schätzen und zu würdigen weiß.

SEIN MOND IM UNTERKÜHLTEN MÄNNLICHEN WASSERMANN

Wärme fehlt

Er strahlt unnahbare Kühle aus, wirkt emotional unberührbar. Manche empfinden ihn sogar als arrogant, weil er ständig bemüht ist, zu allen, die sich ihm nähern, eine gewisse Distanz zu wahren. Sie dagegen will mit ihrem Liebespartner in Romantik und Gefühlen baden, will Nähe pur und ist frustriert, wenn er ihr die verweigert. Er versucht, sie sehr geschickt zu manipulieren, zum Beispiel über ein schlechtes Gewissen, wenn sie nicht nach seiner Pfeife tanzt. Sie möchte Konflikte vermeiden, die selige Harmonie um keinen Preis stören, und so fügt sie sich zunächst in äußere Gegebenheiten, fühlt sich aber unverstanden, einsam und missachtet von ihm, leidet Seelenqualen. Ihre emotionale Tiefe, ihre Wärme und ihr Einfühlungsvermögen tritt er mit Füßen, nur weil er unfähig ist, ihr auf einer intensiven Gefühlsebene zu begegnen, und Angst davor hat, die Kontrolle über sich selbst zu verlieren, sich ihr auszuliefern.

Je liebevoller und aufopfernder sie sich um sein Wohlergehen bemüht, desto heftiger schnürt es ihm die Kehle zu und desto unmöglicher wird es ihm auch, Sex mit ihr zu haben. Ihre aufrichtigen Gefühle, ihre hohen inneren Werte und ihre guten Taten verleihen ihr für ihn geradezu einen »Heiligenschein«, der sie unberührbar für ihn machen kann, weil Sex unbewusst etwas »Schmutziges« für ihn ist. Andererseits sucht er eine Partnerin, mit der er stundenlang diskutieren kann, die ihm zuhört und ihn intellektuell inspiriert. Sie aber hat weder Lust auf lange Debatten und intellektuelle Gedankenakrobatik noch ist sie ihm darin auch nur im Entferntesten gewachsen. Sie will empfinden, fühlen, spüren und ebenso von ihrem Liebespartner wahrgenommen werden. Sie kommuniziert am liebsten schweigend über die Fenster der Seele: die Augen! Ein Blick in die Augen ihres Liebsten und sie weiß, wie es um ihn steht.

Sein Anspruch an sie: gemeinsame intellektuelle und geistige Höhenflüge. Ihr Anspruch an ihn: wortloses Verstehen und seelisches Verschmelzen. Unvereinbar! Sie stärken nur gegenseitig ihre Unsicherheiten, Ängste und Minderwertigkeitsgefühle, behindern sich in ihrer Entwicklung. Zu verschieden.

Diese Kombi ist schwierig, weil

■ … sie besonders in der Liebe ein extrem empfindsamer, seelenvoller Fühlmensch ist und eine Romantikerin, die sich an der Seite eines intellektuellen, emotional beherrschten Rationalisten fremd und einsam fühlt.

Diese Kombi ist möglich, wenn

■ … jeder in seinem persönlichen Horoskop ähnliche und ausgleichende Konstellationen wie der andere hat, damit sie sich zumindest über gemeinsame Interessen verstehen und eine gewisse Zeit Wegbegleiter sein können.

SEIN MOND IN DEN EINFÜHLSAMEN WEIBLICHEN FISCHEN

Überirdisch

Tief berührt von einem nächtlichen Traum, in dem ihr jemand einen Kelch mit köstlichem Wein reicht und ihr dabei die Liebe ihres Lebens verspricht, meldet sie sich kurzerhand zu einer Single-Wochenendreise an – und begegnet IHM! Er, der eigentlich mit seiner Mutter verabredet war, entschloss sich ganz spontan, die gleiche Reise zu buchen, weil ihn das Mädchen auf dem entsprechenden Werbeplakat an seine erste Liebe erinnerte. Und dann steht ER plötzlich vor IHR! Wie von himmlischen Mächten gelenkt: zwei Seelenverwandte, die beim ersten Blickkontakt wissen, dass sie füreinander bestimmt sind. Und so verläuft ihr ganzes Leben – intuitiv, unberechenbar, mysteriös. Beide haben diese unglaubliche Intuition, der sie folgen und auf die sie sich meist auch verlassen können.

Sie sucht ihren Märchenprinzen, er seine Traumfrau. Und beide glauben anfangs auch, das Idealpaar zu sein, wenn sie in totalem Romantik-Flash auf gleicher Wellenlänge in überirdische Sphären entschweben. Aber leider holt die Realität sie irgendwann ein. Und dann zeigt sich meist, dass sie sich zwar aufrichtig lieben, aber der rauen Wirklichkeit nicht gewachsen sind. Beiden fehlt es an Disziplin und praktischem Geschick. Außerdem guckt sich jeder den anderen durch eine rosarote Brille schön und verliebt sich in das völlig idealisierte Bild, das er sich vom anderen macht.

Und dieser Täuschung folgt natürlich irgendwann die Ent-Täuschung. Ihr Seelenband beschert ihnen zwar die große Liebe, aber für eine geregelte, zuverlässige Partnerschaft im Alltag und die damit verbundenen Prüfungen sind beide nur bedingt geeignet. Und das nicht nur, weil der andere eben doch anders ist als die eigene Vorstellung von ihm, sondern vor allem, weil der Glücksrausch, nach dem beide geradezu süchtig sind, durch den ernüchternden Alltag seine erlösende Intensität verliert, was keiner so gut verkraftet. *Einzige Chance:* Sie engagieren sich für höhere Ziele und verlagern damit ihre Glückserwartung zumindest teilweise auf die Ebene geistiger Erfüllung (zum Beispiel gemeinsame Meditation oder das Engagement in Hilfsorganisationen).

Diese Kombi ist schwierig, weil

■ … jeder genau die intensiven Liebesgefühle im anderen auslösen kann, nach denen der sich immer sehnte, die aber durch die gemeinsame Bewältigung der »schnöden« Alltagsroutine erheblich beeinträchtigt werden können. *Das Problem:* Desillusionierung und Ernüchterung.

Diese Kombi ist möglich, wenn

■ … beide schon durch Desillusionierungen geläuterte und gereifte Persönlichkeiten sind, die das Geschenk ihrer großen Übereinstimmung und Liebe pflegen, schützen und immer wieder zu »feiern« wissen. *Außerdem:* Die Erkenntnis, dass hinter ihrer Sehnsucht nach Verschmelzung die Sehnsucht nach göttlichem Einssein steht, könnte sie auch auf einen spirituellen Weg führen, der beide eng zusammenhält, weil er sie über die Mühsal des äußeren Lebens erhebt.

Fußnoten

[1] Schmerzliche Erfahrungen und Gefühle der Kindheit werden ins Unterbewusstsein verdrängt, damit sie nicht als unerträgliche Wahrheiten ins Wachbewusstsein gelangen und unkontrollierbare Emotionen freisetzen (zum Beispiel Hass, Wut, Angst). *Häufige Auswirkung:* akute Schlafstörungen!

Warum? In der Einschlafphase, dem entspannenden Übergang von Bewusstsein zu Unbewusstem, lockert sich das innerseelische Kontrollsystem. Bevor Erinnerungsfetzen zu bewusst werden, schreckt der Betreffende immer wieder aus dem Schlaf auf. Manche können deshalb schlecht einschlafen, nicht durchschlafen und sich nicht auf Entspannungsübungen einlassen. Die Abwehrmechanismen, sich mit dem Verdrängten zu konfrontieren, sind einfach zu groß und angstbesetzt. *Lösungen:* unterschiedliche Therapien (Aussöhnung mit dem inneren verletzten Kind, Hypnose, Homöopathie, Akupunktur oder intensives Tagebuchschreiben als Mittel der Selbstreflexion) nutzen.

[2] *Ein Beispiel aus meiner astrologischen Praxis:* Eine Fische-Mond-Klientin berichtete, dass sie von einer Einladung zum Pferderennen überrascht und gedrängt wurde, auf ihren Favoriten zu setzen. Da sie sich nie zuvor mit Pferdesport beschäftigt hatte, sich aber keine Blöße geben wollte, sagte sie spontan: »Ich setze auf die älteste Stute, die heute im Rennen ist.« Alle belächelten ihre Entscheidung, staunten aber nicht schlecht, als diese dann haushoch gewann.

Literatur

Michael Mari: »Und sie verstehen sich doch«, Bastei Lübbe 2006

Michael Roscher: »Der Mond«, Hugendubel 1986

Peter Schellenbaum: »Aggression zwischen Liebenden«, dtv 1996

Kontaktmöglichkeit

Mehr von unserer Autorin erfahren Sie auf ihrer Website www.Mauretania-Gregor.de.

Dort deutet die engagierte Astrologin »Im Namen der Liebe« in zehnminütigen Videos für jedes Sternzeichen die monatlichen Liebeskonstellationen. Sie nennt die besten Flirt- und Datingtermine, analysiert herausragende Begegnungszeitpunkte, die zum Beispiel auch auf die Persönlichkeit schließen lassen, die Ihnen unter bestimmten Planeteneinflüssen begegnen kann.

Natürlich gibt es auch jede Menge astropsychologische Beziehungstipps fürs Singles und Paare.

Einzigartig: die aus hochwertigem Sterling-Silber zu astrologisch errechneten Zeitpunkten gegossenen Glücks- und Liebesamulette.

Um einen Beratungstermin für Ihr persönliches Horoskop bei der *Bild der Frau*-Astrologin zu buchen, erreichen Sie sie am besten von Montag bis Freitag in der Zeit von 12 bis 14 Uhr und von 16 bis 18 Uhr unter der Rufnummer 04561/559731.

Über den App-Store können Sie auch die *Bild der Frau*-Astro-App mit Wochen-, Monats- und Jahreshoroskopen von Mauretania Gregor buchen.

Das Hörbuch zum Weltbestseller »Die Hütte«

WILLIAM PAUL YOUNG
Die Hütte
Ein Wochenende
mit Gott
6 CDs, 458 Min
€ 29,95 / sFr 42,90
ISBN 978-3-89903-
523-0

In einer Welt, in der Religion zunehmend
bedeutungsloser zu werden scheint, ringt »Die Hütte«
mit der zeitlosen Frage: »Wo ist Gott in einer Welt,
die so voll ist mit unaussprechlichem Leid?« Die Ant-
worten, die William Paul Young gibt, werden Sie
in Erstaunen versetzen und vielleicht Ihr Leben
verändern. Ein Buch, das in den USA und auch hier-
zulande alle Bestsellerrekorde geschlagen hat. Gelesen
von Johannes Steck.

Große Lebensweisheiten in kleinen Büchern

MICHAEL KORTH
Auch das geht vorbei
Das Mantra der Gelassenheit
€ [D] 7,99
€ [A] 8,30 / sFr 12,90
ISBN 978-3-548-74523-7

Das Mantra der Gelassenheit beeinflusst seit rund 2300 Jahren Menschen positiv. Es fokussiert die Energie der Gedanken, die in diesem Buch wirksam werden und verändert jeden, der sie in sich aufnimmt – mit durchschlagender Wirkung.

Große Lebensweisheiten in kleinen Büchern

MICHAEL KORTH
Weniger ist mehr
Das Mantra der Bescheidenheit
€ [D] 7,99
€ [A] 8,30 / sFr 12,90
ISBN 978-3-548-74522-0

Wie wenig man zum glücklichen Leben wirklich braucht – geschildert in 14 ausführlichen Beispielen dafür, wie Bescheidenheit zu Unabhängigkeit führt – von Blaise Pascal über Mahatma Gandhi bis Zuckmayer und Epiktet.

Das spannendste Buch des neuen Jahrtausends

JAMES REDFIELD
Die zwölfte Prophezeiung
von Celestine
Deutsche Erstausgabe
Geb., 320 Seiten,
€ [D] 19,99
€ [A] 20,60, sFr 33,90
ISBN 978-3-7934-2205-1

Das Vermächtnis von Celestine birgt eine neue Einsicht, mit der die Welt verändert werden kann. Die Suche nach der Zwölften Prophezeiung entwickelt sich zum Kampf für eine freie, selbstbestimmte Spiritualität, die der Menschheit das Überleben sichern soll. Wer die Zwölfte Prophezeiung erfüllt, kann die Menschheit vernichten oder in eine neue Zukunft führen. Am Berg Sinai beginnt ein tödlicher Kampf zwischen den Fundamentalisten der alten Weltreligionen und einem kleinen Kreis von Menschen, die die wahre Botschaft von Celestine verstanden haben...